国家社会科学基金青年项目
"残疾人职业能力评估发展对策研究"（批准号：15CGL044）研究成果
绥化学院学术著作出版基金项目成果

# 残疾人职业能力评估概论

周姊毓 著

重庆大学出版社

**图书在版编目（CIP）数据**

残疾人职业能力评估概论／周姊毓著. -- 重庆：
重庆大学出版社，2024.6. -- ISBN 978-7-5689-4516-5

Ⅰ. D669.69

中国国家版本馆 CIP 数据核字第 202493N5S0 号

# 残疾人职业能力评估概论
## CANJIREN ZHIYE NENGLI PINGGU GAILUN

周姊毓 著

策划编辑：陈曦

责任编辑：傅珏铭　　版式设计：张　晗
责任校对：王　倩　　责任印制：张　策

\*

重庆大学出版社出版发行

出版人：陈晓阳

社址：重庆市沙坪坝区大学城西路 21 号

邮编：401331

电话：（023）88617190　88617185（中小学）

传真：（023）88617186　88617166

网址：http://www.cqup.com.cn

邮箱：fxk@ cqup.com.cn（营销中心）

全国新华书店经销

重庆华林天美印务有限公司印刷

\*

开本：787mm×1092mm　1/16　印张：13.25　字数：254千
2024 年 6 月第 1 版　　2024 年 6 月第 1 次印刷
ISBN 978-7-5689-4516-5　定价：52.00 元

# 前　言

就业是民生之本。残疾人就业问题受到了国际社会的广泛关注,我国也是如此,近年来国家出台一系列政策法规来保障残疾人就业的权益,制定了"按比例就业"等促进残疾人就业的优惠政策,但是仍然有一部分残疾人不能顺利就业,即使就业,工作也不稳定,质量不高。解决这个问题的方法在于可以通过职业能力评估了解残疾人的职业性向和职业能力,开出"处方",最终为残疾人就业安置提供有针对性的指导意见。职业能力评估能发掘残疾人的职业潜能,发展残疾人的社会属性,有利于残疾人职业训练内容,是制定残疾人职业康复计划的基础,有效促进残疾人的职业生涯发展,并为残疾人提供就业安置建议,促进残疾人公平就业。

本书共有十个部分,第一部分为绪论,对研究设计进行阐述。第二部分为残疾人职业能力评估的必要性和意义,从促进残疾人就业的角度向读者介绍了残疾人职业能力评估的必要性和意义等问题。第三部分介绍了国外残疾人职业能力评估的经验与启示。第四部分阐述了我国残疾人职业能力评估的发展概况。第五部分介绍了残疾人职业能力评估的内容、原则和方法。第六部分提出了我国残疾人职业能力"综合评估模式"构建的方式,从理念、特征、构建方式三方面系统论述了"综合评估模式"。第七部分讨论了残疾人职业能力评估的应用,分别从职业指导、职业训练、职业介绍、就业服务、就业后指导、职业康复的通用过程等方面阐述了职业能力评估的应用领域和方法。第八部分探讨了我国残疾人职业能力评估的发展对策,包括转变人们的残疾观念及评估意识、加大对残疾人职业能力评估的宣传、提高职业能力评估人员的专业水平、完善残疾人职业能力评估的保障机制、大力发展残疾人职业康复事业、积极推进残疾人支持性就业服务。第九部分阐述了以职业能力评估为导向的残疾人职业能力培养。第十部分探讨了残疾人职业能力评估视角下的残疾人职业康复服务资源整合的资源类别、整合的必要性、整合的对策等。此外,为了方便专业人员开展残疾人职业能力评估工作,本书在结尾列出了残疾人职业能力评估的相关量表,供读者参考。

本书是国家社会科学基金青年项目"残疾人职业能力评估发展对策研究"(批准号:15CGL044)的最终研究成果,受绥化学院学术著作出版基金资助。在本书的编写过程中,作者参阅了大量的文献资料,虽然对参考的文献尽量做到了明确标注,但难免挂一漏万,在此,对未列入注释和参考文献的作者,表示诚挚的歉意。由于时间仓促,本书的编写难免有疏漏和欠妥之处,敬请各位同仁能够不吝赐教。

# 目 录

# 绪　论

## 第一节　研究背景

　　《特殊教育提升计划（2014—2016年）》指出："加强残疾人职业培训,提高就业创业能力。"《残疾人就业条例》也明确指出,"机关、团体、企业、事业单位和民办非企业单位应当依照有关法律、条例和其他有关规定,履行扶持残疾人就业的责任和义务",要"为残疾人提供职业适应评估等服务"。由上述规定可以看出,国家和社会十分关注残疾人的就业问题,残疾人实现就业,不仅是一个国家政治稳定的体现,也是一个国家精神文明进步的标志。对残疾人个体来讲,就业不仅能让残疾人实现经济独立,还能得到社会的认可和尊重,就业是实现残疾人融入社会的最有效途径,能使残疾人回归社会主流环境,增强其生活勇气和信心。同时,残疾人就业也为社会了解和接纳残疾人提供了机会和平台,能有效优化帮残、助残的社会环境,促进社会的安定和团结。

　　残疾人就业问题一直倍受国际社会关注,自20世纪70年代以来,各国陆续颁布了一系列关于残疾人就业的有关法律、宣言和行动纲领。1975年,联合国颁布了《残疾人权利宣言》,规定："残疾人有权享有经济和社会保障,过上像样的生活。他们有权按照其能力获得并保有职业,或担任有用处的、生产的、有报酬的工作,并加入社会。"联合国还通过了《关于残疾人恢复职业技能的建议书》《禁止一切无视残疾人的社会条件的决议》等,这些文件从不同的角度阐述了对残疾人就业问题的关注,有效推进了残疾人就业工作的开展。1983年,国际劳工大会还通过了《残疾人职业康复和就业公约》。自1983年起,联合国大会每年都评议《关于残疾人世界行动纲领》执行情况,并通过决议。由此可见,残疾人就业问题是国际社会普遍关注的一个社会问题,关注残疾人就业,让残疾人与普通人享有平等参与社会的权利,是消灭社会对残疾人的歧视,保障残疾人的权益。

　　同样,我国在20世纪90年代陆续出台相关的法律法规来保障残疾人就业的权益。1990年我国颁布《中华人民共和国残疾人保障法》,规定："机关、团体、企业事业组织、城乡集体经济组织应当按一定比例安排残疾人就业,并为其选择适当的工种和岗位。"该法律颁布后,我国开始实行残疾人按比例分散就业。2007年,我国颁布了《残疾人就业条例》。2008年,我国又颁布《中华人民共和国就业促进法》,这两部法律法规从不同角度规定了国家和社会对残疾人就业要采取保护措施,在一定范围内给予优惠政策,并加强残疾人的职业能力评估和职业训练,以及就业培训,开发就业工作岗位,从而促进保障残疾人就业的工作的开展。根据《中华人民共和国残疾人保障法》,目前我国残疾人就业的方针是:"集中与分散相结合,采取优惠政策与扶持保护措施,通过多渠道、多层次、多种形式,使残疾人劳动就业逐步普及、稳定、合理。"我国除了制定残疾人就业法律法规,还建立各级各类残疾人就业服务机构,为残疾人提供各种就业服务,对残疾人就业的服务实施动态跟踪,有效促进残疾人就业质量的提高。经过不懈的努力,近几年,我国的残疾人就业事业得到了长足发展,据《2023年中国残疾人事业发展统计公报》,截至2022年底,全国城乡持证残疾人就业人数达到905.9万人,与以往相比,不仅就业人数明显增加,就业安置形式也更加多元化,就业培训的数量和质量都得到明显提高。

但是,我国残疾人就业问题仍旧不乐观。截至2006年底,我国就业年龄段残疾人口有3400多万,2006年第二次全国残疾人抽样调查数据显示,就业年龄段未参加工作的城镇残疾人占60%以上,其中40%以上是具有就业能力和就业需求的残疾人。尽管国家制定了促进残疾人就业的优惠政策,但是仍然有一部分残疾人不能顺利就业,究其原因,主要是因为社会上有一部分人对残疾人就业的可能性和必要性持怀疑态度,对残疾人就业存在歧视。虽然有些人对残疾人就业持有积极的态度,认为残疾人就业不仅可以为社会创造一定的物质财富,也可以增加残疾人接触社会的机会,对自身康复有积极的促进作用,但是,由于人们对残疾人的工作能力不甚了解,不能对残疾人进行有效的就业安置,残疾人在工作岗位上不能充分发挥自身能力,导致残疾人就业不稳定的现象出现,或者残疾人在企业表面就业,实则是虚假挂靠。

因此,在残疾人就业前对其开展相应的职业能力评估是十分必要的。残疾人职业能力评估是对残疾人的职业兴趣、职业能力,以及与就业相关的一些间接技能的评估,在评估过程中,评估人员会采用观察、测评、实际操作等方式,对残疾人的职业能力进行综合地判断,分析其职业能力与就业岗位的匹配程度,从而为残疾人就业提供有价值的参考信息。残疾人职业能力评估的结果不仅可以服务于残疾人,还可以服务于用人单位和特殊教育教师,用人单位可以根据职业能力评估的结果为残疾人安排适合其特点的岗位,特殊教育教师也可以根据职业能力评估的结论调整职业训练的内容,为残疾人提供有针对性的职业训练。总之,残疾人职业能力评估是残疾人职业训练和就业指导的重要依据,对于促进残疾人就业有重要的指导作用。

## 第二节　主要概念

### > 一、残疾人

《中华人民共和国残疾人保障法》中提出，残疾人是指在心理、生理、人体结构上，某种组织、功能丧失或者不正常，全部或者部分丧失以正常方式从事某种活动能力的人。然而，ICF（《国际功能，残疾和健康分类》）的提出，对人们重新认识残疾现象提供了新视角，残疾不仅仅是生物的，还是环境的，残疾是生物和环境交互作用的产物。这就意味着残疾不再是专属概念，不再是一成不变的，残疾仅仅是伴随而来的一种个体状况而已。个体会因为遗传、疾病、后天等因素出现损伤、活动受限、参与受限，但更重要的是，个体会因为所处环境条件的不同而有不同的障碍表现，ICF 视角下的残疾概念是一种动态的残疾概念，环境不改善，任何个体都有可能表现出障碍，而在无障碍环境下，身体损伤的个体也可能是没有障碍的。因此，ICF 视角下的残疾人是指，由于生理、心理、环境等因素表现出活动受限和参与受限的人。

### > 二、残疾人职业能力评估

国际劳工组织（International Labour Organization，ILO）将残疾人职业能力评估定义为："是在实际操作中用通常的作业耐性（即普通的操作速度，无疲劳地持续工作和对噪声、速度等各种外界因素的忍耐度）评定个人成绩，增加残疾人自信心和对社会的责任感，让他们了解自己的潜在能力，帮助残疾人接受残疾事实，确定合理的职业方向。"[①]王丹、汤明瑛认为，残疾人职业能力评估是指运用科学的方法，对残疾人的知识水平、人格特征、兴趣倾向、发展潜力、自身能力与技能等进行分析、测量、评鉴的过程，以评估残疾人的实际能力和职业发展途径，分析其职业适合的方向，为其提供职业选择的手段与方法[②]。根据 ICF 的理念，完整的残疾人职业能力评估应该包括两方面，即残疾人工作能力的评估和残疾人工作环境的评估。所以，本研究认为，残疾人职业能力评估是一个系统的动态过程，在评估的过程中需要采用不同的评估方法。一般来讲，残疾人职业能力评估的方法有医学评估法、心理评估法、访谈法、观察法、测验法、工作样本评估法、情境评估法和在职评估法。在评估内容方面，残疾人职业能力评估

---

① 王莲屏.残疾人职业能力评估的内容与方法[J].中国康复,2005(4):120-121.
② 王丹,汤明瑛.认识残疾人职业能力评估[J].中国残疾人,2011(12):50-51.

不仅要考虑与工作直接相关的技能，还要考虑沟通能力、生活自理能力、情绪管理能力等与工作间接相关的技能，以及评估和分析残疾人所处的工作环境、工作条件、工作限制，需要评估人员提供的服务和辅助等。

> ### 三、生态性评估

生态(ecology)是指残疾人所处的社会环境，每个个体都处于一定的生态环境中，并且生态中的各因素是彼此联系的，一个因素的变化会导致其他因素的变化，生活在生态环境中的个体，会因为生态环境中的因素发生变化，而在功能状态方面发生变化，如就业环境中的物质条件、人际关系、工作制度等发生了变化，残疾人的身心状态就会相应发生变化，从而出现适应不良等障碍的情况。所以，生态性评估，就是一种通过观察和收集残疾人资料的方式，直接对残疾人在其所处的各项环境(家庭、学校、社区及职场等)中所表现出来的各种能力进行评估分析，以利于设计职业训练目标及内容，合理给予就业安置建议的过程。对环境进行分析是生态性评估的重要环节，环境分析要指出环境适应与发挥个人能力之间的适应程度、残疾人能力与工作目标的吻合程度，以及残疾人所处的生态环境因素之间的相互影响，这是生态性职业能力评估的关键。以生态性评估结果为依据，评估人员可以为残疾人制定个别化的就业服务计划，对残疾人的职业生涯进行合理规划，让残疾人实现与环境的良好互动，从而提高残疾人的就业成功率。

> ### 四、支持性服务

从ICF出发，残疾是一种状态，改善环境可以减轻残疾人克服障碍的难易程度，提高职业能力和就业成功率。而环境的复杂性需要专业人员在评估的过程中为残疾人提供持续的支持性服务。本研究认为，支持性服务是指，在评估中，评估人员不仅要评估残疾人的职业能力、职业兴趣、职业训练需求，以便根据残疾人的现有能力、水平和兴趣进行就业安置，而且评估人员更应该评估残疾人现在所处的环境和未来的就业环境，深入分析残疾人的现有能力与就业岗位需求之间的差距，以及就业环境准备和就业持续性条件支持，对残疾人就业前景进行预测，并根据评估结论，充分发挥残疾人的优势，为残疾人设计出有针对性的职业训练方案，指导残疾人职业训练和就业过程，或提出改善的建议。在残疾人顺利就业后，有关职能部门更应该做好后续的跟踪服务和协调工作，随时了解残疾人的工作状态、兴趣志向、家庭生活等情况，保证残疾人对所从事职业的认同感。持续的支持服务不仅由评估人员提供，还需要其他相关人员配合，如用人单位管理者、政府、家长以及残疾人本人，他们在残疾人职业能力评估中扮演不同的角色,共同为残疾人就业提供支持性服务。其中,用人单位管理者接纳残疾人工作,为其提供就业机会;政府单位提供必要的经费、制定适宜的法规;专业人员提供职业能力评估与训练;家长可以选择工作环境,并为残疾人提供工作相关领域之外的帮助;残疾人本人则选择是否接受评估服务方案。

> ### 五、综合评估模式

传统的残疾人职业能力评估是针对残疾人的工作能力进行评估,评估人员将评估结果运用在指导残疾人就业实践中,评估结果的运用局限性较大。而在 ICF 视角下,残疾人职业能力评估不再是孤立的环节,职业能力评估应该被纳入到残疾人职业教育、就业和康复的大系统中,强调评估的综合性,即评估人员不仅要对残疾人本身具备的职业能力进行科学合理的评估,评估人员还要运用评估结果为残疾人制定出有针对性的职业训练计划,为其进行适宜的就业安置,并对就业后的效果进行持续的跟踪服务,从而促进残疾人的康复。评估分为四个连续的阶段,每一阶段任务完成的结果都会为下一阶段的评估工作提供依据和资料,并且,评估的整个过程体现出生态性和支持性,因此评估需要各方面专业人员通力配合,有关职能部门予以保障。残疾人职业能力"综合评估模型"如图 1-1 所示。

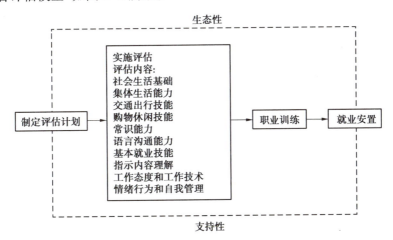

图 1-1　残疾人职业能力综合评估模型图

## 第三节 理论基础

> ### 一、明尼苏达工作适应理论

20 世纪 60 年代，戴维斯和罗圭斯特等人提出了明尼苏达工作适应理论，该理论的主要观点是：个体在选择职业和进行生涯发展规划时，应该注意就业后的适应问题，特别是对残疾人而言，就业是否稳定，决定着未来生活、工作的信心与发展前途。基于此，戴维斯等人从工作适应的角度，分析工作适应的影响因素。他认为每个个体都会主动探寻个体与工作环境的符合性，如果工作环境能满足个体的需要，个体又能完成工作任务，那么，个体与环境的符合度就高，反之，符合度就低。当然，个体与工作环境之间的互动，会让个体与环境的符合度发生变化，因为个体的需求会因社会的变化而变化，如果个体通过努力能实现与环境良好的互动，个体与环境就会保持一致，个体对工作的满意度就会提高，在该领域的工作也能持久。工作适应理论强调个体在工作情境中的适应问题，强调个体就业后的满足感，同时也要考虑到个体要满足工作环境的要求，因此只有在个体满足工作环境，也能达成工作的要求时，个人在该领域才能得到长久的、稳定的发展，这是一个互动的过程，是一个平衡的关系，个体与工作的匹配结果给个体和雇主双方均带来满足感。

> ### 二、职业测评理论

美国著名心理学家、职业生涯指导专家霍兰德提出了职业测评理论。他将人分为现实型、社会型、传统型、研究型、企业型、艺术型六大类，并将社会上的职业归为数量有限、适合操作、名称同样的六大类。职业测评理论认为，个体依据自身兴趣、爱好和倾向对职业进行选择，个体的人格和兴趣影响了职业选择的方向，如果人格与职业能够相匹配，个体对工作的满意度就高，因此，同一类型的人和同一类型的职业相匹配，会大大提高个体工作的积极性，有效发挥个体的才能。

> ### 三、ICF 理论

ICF 是世界卫生组织提出的用来描述个体身体健康状况的架构，它由四部分构成，分别是身体功能和结构、活动和参与、环境因素、个人因素①。在 ICF 中,残疾是指损伤、活动受限、参与受限以及受环境因素限制四项内容中的任何一种或全部。具体言之,损伤是指个体在身体功能和结构方面有明显的异常,如感官障碍或肢体缺失;活动受限是指个体在活动时有一定的困难,如进餐、如厕、出行等活动不能顺利进行;参与受限是指个体在实际生活中遇到困难,如沟通不畅等;环境限制是指个体在自然、社会环境中不能充分发挥自身能力,如视觉障碍人士在没有盲道的马路上不能独立行走。在 ICF 框架中,所有成分都是独立的,又是相互联系的,ICF 的提出,对人们重新认识残疾现象提供了新视角,残疾不仅仅是医学和生物的,还是环境和社会的,残疾人发展需要更多的社会支持。在残疾人就业中,需要相关人员为他们提供持续的支持,包括工作环境的改进、职业再设计、职业培训等,以提高残疾人就业的稳定性和持久性。

## 第四节 研究设计

> 一、研究内容

残疾人职业能力评估是评估人员采用科学合理的方法对残疾人的职业能力做出综合分析和判断的过程,是促进残疾人就业,实现残疾人康复的重要环节。本书以 ICF 理念和融合教育理念为指导,对残疾人职业能力评估问题展开研究,内容涉及残疾人职业能力评估的现状分析、综合评估模式的探讨、职业能力评估发展对策的提出等,课题组还针对黑龙江省残疾人职业能力评估和就业发展的情况,提出了黑龙江省残疾人就业服务发展的对策,基本内容分为以下十个部分:

第一部分,提出研究背景,阐述主要概念、理论基础、研究设计、研究意义与创新之处等问题;

第二部分,探讨残疾人职业能力评估的意义;

第三部分,介绍国外残疾人职业能力评估的经验与启示;

第四部分,阐述我国残疾人职业能力评估的现状及存在的问题;

第五部分,介绍残疾人职业能力评估的内容、原则和方法;

第六部分,论述我国残疾人职业能力"综合评估模式"构建的方法;

第七部分,讨论残疾人职业能力评估的应用;

---

① 刘春玲,马红英.智力障碍儿童的发展与教育[M].北京:北京大学出版社,2011(5):3-4.

第八部分,探讨我国残疾人职业能力评估的发展对策;

第九部分,阐述以职业能力评估为导向的残疾人职业能力培养现状、原因和策略;

第十部分,探讨残疾人职业能力评估视角下的残疾人职业康复服务资源整合的资源类别、整合的必要性、整合的对策等;

## > 二、研究对象

本书的对象是残疾人职业能力评估的发展对策。研究者对残疾人职业能力评估的对象、方法、内容、原则、模式、工具使用等现状进行分析,在此基础上构建残疾人职业能力"综合评估模式",对我国残疾人职业能力评估的发展提出有益的发展对策。

## > 三、研究方法

### (一)文献分析法

研究者查阅残疾人职业能力评估方面的书籍,以及对中国知网等数据库进行论文检索,了解国内外残疾人职业能力评估发展的现状,并对中外文献进行分析和对比,进而构建本课题研究的总体框架。

### (二)问卷法

研究者在广泛查阅国内外文献的基础上,编制《残疾人职业能力评估问卷》,问卷包括残疾人职业能力评估观念、评估对象、评估方法、评估内容、评估模式、评估人员专业能力、评估工具等方面内容(问卷具体内容详见附录1),并在全国范围内展开调查,掌握我国残疾人职业能力评估发展的现状及存在的问题。调查工作主要依托各省市残联、各地特殊教育学校、开设残疾人高等教育的高校专家等完成,调查范围涵盖东北地区、华中地区、华南地区、西南地区各地,有北京市、上海市、广州市、重庆市、黑龙江省、辽宁省、山东省、江苏省、江西省、陕西省、湖北省,保证调查结论具有代表性。调查共回收有效问卷2836份,并对全部数据进行统计分析和处理。

### (三)访谈法

研究者选取10名残疾人家长、10名特殊教育教师、5名高校专家进行深度访谈,访谈的内容围绕残疾人职业能力评估的好处,评估对残疾人的生活带来的变化等问题进行。研究者通过访谈主要了解社会对残疾人职业能力评估的看法,进而总结出残疾人职业能力评估的意义。

### (四)个案法

研究者选取20名残疾人个案,个案残障类型主要为听力障碍和自闭症,运用自编的《残疾人基本情况及职业能力调查表》(详细内容见附录 2)对个案进行基本情况和职业能力调查。基本情况调查包括姓名、性别、年龄、主要生活来源、主要残疾等级、致残主要原因、医疗保障情况、医疗情形、生活自理程度、日常生活情形、教育背景、职业训练/实习经验、工作经验等方面;职业能力调查包括感官功能(视觉、听觉、其他感觉)、认知功能(语言、数学、问题解决能力)、身体功能(上肢活动、姿势维持、姿势变换、行动能力、搬运、抬举)、工作行为(工作专注性、注意力、沟通能力、社交技巧、处理事务、启动性、工作效率、时间观念、出勤情况、职场人际压力与应对方式、面对工作改变、服装仪容、其他干扰个人工作状况或影响职场人际关系的行为)、兴趣、价值观等方面。研究者对残疾个案开展基本情况调查和职业能力调查的目的,是通过对残疾人职业能力评估的实际操作,改进研究方案,为残疾人职业能力评估对策的提出提供可参考的建议。

## (五)比较法

研究者对国外的残疾人职业能力评估情况进行比较、分析和总结归纳,了解国外研究动态和研究方向,总结归纳出有建设性的观点和意见,构建符合我国国情的残疾人职业能力"综合评估模式",并参考国外残疾人职业能力评估发展的情况,提出我国残疾人职业能力评估发展对策。

## (六)行动研究法

研究者长期参与残疾人职业能力评估的研究,积累丰富的研究成果,在研究过程中对研究活动进行反思,不断完善课题研究方案和计划,提出有效的残疾人职业能力评估发展的对策。

# 第五节 研究意义与创新之处

## > 一、研究意义

残疾人职业能力评估是相关部门开展残疾人职业训练,推动残疾人就业的重要环节,关于残疾人职业能力评估的研究,国外已经有三十多年的历史,研究成果丰硕,而我国在此方面的研究起步较晚,还停留在较宏观的层面,因此,探讨残疾人职业能力评估的现状等具体问题,并就现存问题提出改进的对策,颇具意义。

### (一)理论意义

首先,本书研究内容选取了当前我国社会亟须解决的现实问题——就业问题为研究对象,有利于提高人们对残疾人就业的认识,促进我国残疾人职业能力评估的科学发展。其次,立足在融合教育理念基础上,注重对残疾人就业环境的评估,有利于丰富残疾人职业能力评估的理论。再次,以往研究多是从残疾人就业能力评估的角度出发,残疾人在评估中较为被动,本研究重视残疾人职业能力评估的主动权,让残疾人参与到评估方案的制定中来,使职业能力评估的发展更加人性化、伦理化。

## (二)实践意义

本书的研究有重要的实践意义。第一,研究成果可以应用于残疾人就业服务,尤其是支持性就业服务体系的构建,有利于提高残疾人就业的稳定,促进社会和谐发展。第二,以残疾人职业能力评估方法、内容、工具等为研究内容,微观而具体,能有效指导残疾人职业能力评估工作的开展,促进残疾人的就业,进而促进残疾人康复,提高残疾人融入社会的可能性。第三,采用行动研究法,在职业能力评估过程中对研究活动进行反思,有利于解决研究中存在的实际问题,能够提出有针对性的、可操作的残疾人职业能力评估发展对策。

## > 二、创新之处

### (一)学术思想的开放性

本书以 ICF 理念和融合教育理念为指导,采用生态性的观点对残疾人职业能力评估问题开展研究,将残疾人职业能力评估纳入到残疾人康复的大系统中进行探讨,使残疾人能够顺利就业,最终回归主流社会,学术思想具有开放性。

### (二)学术观点的新颖性

从已有研究来看,研究者对残疾人职业能力评估的研究集中在宏观层面,缺乏微观、具体问题的研究,本研究的核心正是对残疾人职业能力评估的具体问题进行研究,开创残疾人职业能力"综合评估模式",学术观点具有开拓性。

### (三)研究方法的先进性

本书将定性研究和定量研究相结合,研究者采用调查法进行定量研究,通过文献分析法、比较法和行动研究法进行定性研究,二者结合更有利于收集数据,保证研究结论可靠有效。

# 第一章
# 残疾人职业能力评估的必要性和意义

## 第一节　残疾人职业能力评估的必要性

职业能力是个体从事某一职业活动所表现出来的适应性能力,个体要想从事某一职业活动,必须以一定的生理、心理条件为前提,通过学习、锻炼,从而掌握一定的知识和技能,才能完成某一职业活动。残疾人在身体和心理方面都存在一定的特殊性,他们与普通人相比,表现出不同的职业活动方式与特征,在就业方面也表现出不同的需求。是否具备一定的职业能力决定了残疾人就业的方向和质量,职业能力是残疾人就业和融入社会的必要条件。

目前,我国残疾人就业问题已经得到社会各界人士的重视,残疾人就业发展势态良好,但仍然有很大的发展空间。我国现有残疾人口 8502 万人,《2022 年中国残疾人事业发展统计公报》显示,2022 年全国城乡新增残疾人就业 59.2 万人,全国城乡持证残疾人就业人数达到 905.5 万人,由上述数据可以分析出,残疾人的就业率不高,在仅有的就业人口中,从事农业种植和养殖的比例较大,这说明残疾人就业面狭窄,就业质量不高。出现这种状况的原因,主要在于残疾人职业能力不强,与普通人群相比,就业优势薄弱。残疾人职业能力评估可以有效改善上述状况,通过职业能力评估,可以确定残疾人的职业兴趣和职业发展方向,并依据评估结果制定职业训练的内容和方案,实现职业训练内容与就业岗位需求的有效对接,从而提高残疾人的就业率。因此,残疾人职业能力评估工作的开展是十分必要的。

## 第二节　残疾人职业能力评估的意义

为了总结出残疾人职业能力评估的意义,研究者对残疾人家长、特殊教育教师、高校专家进行了访谈,访谈摘要如下:

残疾人家长 1:通过评估,残疾人能知道自己的就业优势,学习和就业就不盲目了,还能增加自信。

残疾人家长2:职业能力评估最大的好处就是能知道自己的残疾孩子会做什么,我们家长该怎么帮助他们。

残疾人家长3:我认为残疾人职业能力评估不仅能让残疾人了解自己,也能方便雇主根据残疾人的特长安排工作,做到人尽其才。

残疾人家长4:职业能力评估很好,残疾人能了解自己的职业特长,根据职业兴趣去工作,残疾人也是社会的一份子,他们也有工作的权利,他们更需要这种有针对性的指导。

残疾人家长5:我认为通过职业能力评估,残疾人应该更了解自己应该从事什么样的工作,能胜任什么样的工作,学校如果根据这个结果教学的话,应该更有针对性,更节约时间和资源。

残疾人家长6:应该对残疾人进行职业能力方面的评估,普通人在工作中没有障碍,他们可能更多的是凭借兴趣和需求去工作,但是残疾人应该更多地考虑自己的能力,能做什么工作就做什么工作,这样一来,评估就很重要了。

残疾人家长7:我想残疾人就业是一件很难的事情,之所以就业不成功,除了社会歧视等原因外,残疾人技能差,不能胜任工作应该是就业难的主要原因了,解决这个问题的最好方式就是对他们强化训练,那么通过评估了解他们的优势和长处就很重要了。

残疾人家长8:我想残疾人职业能力评估最大的意义就是能让残疾人清楚地知道自己能干什么,根据这个特长去找工作,就有成功的希望了。

残疾人家长9:我不知道我的孩子他能具体干什么工作,后来残联的工作人员对他进行了工作技能评估,发现他手部灵活,可以做整理、收捡等方面的工作,这对于我的孩子来讲,就是一个出路,这要归功于残联的工作人员开展的评估。

残疾人家长10:职业能力评估能让残疾人找到自己的就业优势,能增加自信,残疾人自信了,就能多与外界接触,也就是常说的融入社会,这对于社会和谐发展也有好处。

特殊教育教师1:职业能力评估能为我们教师提供一些基本的资料,比如言语发展、肢体灵活性、颜色辨认能力、人际交往能力等,方便我们为残疾人制定职业训练计划。

特殊教育教师2:职业训练前的评估可以让职业教育课程更有针对性,比如学校开设什么课程,需要根据残疾学生的需求而定,残疾学生的需求就是通过职业能力评估而了解到的。

特殊教育教师3:职业能力评估能让残疾人的职业训练更有计划性和针对性,可以节约教育资源,提高职业训练的效果。

特殊教育教师4:作为一名教师,当然希望自己的教学有效果,如果不了解残疾学生的职业能力和职业兴趣,我们的教学无法开展,也就谈不上效果了。

特殊教育教师5:职业能力评估能让我们教师做到因材施教,这是设置职业教育课程的必要条件。

特殊教育教师6:我认为对残疾人开展职业能力评估很有必要,尤其在特殊教育学校里,在职业训练之前,教师根据残疾学生的职业兴趣和职业能力进行有针对性的职业训练,能大大缓解毕业后的就业指导环节的压力。

特殊教育教师7:我认为残疾人职业能力评估最大的好处是让残疾学生了解自己,也让用人单位在安排工作时有所依据,残疾学生找到了适合自己的工作,用人单位也能获得一定的经济效益,这是一个双赢的局面。

特殊教育教师8:我认为残疾人职业能力评估的意义在于残疾人的职业教育更有针对性,有利于我们教师的教学。平时,我们的教学一般都是根据残疾学生的障碍类别来设置一些职业课程,比如为听力障碍学生设置艺术设计、计算机应用等课程,为视力障碍学生设置按摩等课程,课程设置没有充分考虑到残疾学生是否能有兴趣,是否具备学好这些课程的能力和基础,所以职业训练是比较盲目的,而职业能力评估恰恰能弥补这一不足,为残疾学生的职业训练提供可参考的建议。

特殊教育教师9:作为一名教师,主要任务是育人,把学生培养成身体和道德都有所发展的人是教师的职责所在。但是,作为一名特殊教育教师,身上的担子更重,特殊教育教师不仅有育人的职责,还有促进残疾学生康复的职责。残疾学生康复的手段很多,有医学康复、教育康复,我认为职业康复也是很重要的一种康复形式,残疾学生拥有一定的职业特长,能增强他们的自信心,他们通过就业能更多地与社会接触,就业是残疾学生迈入社会的第一步。为了能实现这样的康复目标,职业能力的获得就显得十分重要,为了让职业训练有效果、有针对性,在训练前可以开展相应的评估。

特殊教育教师10:我认为残疾人职业能力评估最大的意义在于,残疾人可以通过获得职业能力,实现就业并参与社会,恢复人的社会属性。人是社会性动物,需要互相沟通和交流,残疾人在没有就业之前,生活的环境比较单一,一般是家庭、社区、学校,如果残疾人能走向职场,就可以扩大生活环境的范围,对于恢复残疾人的社会属性是比较有利的。

高校专家1:残疾人职业能力评估的意义体现在残疾人职业教育、就业安置等各个环节,评估的结果应用于这些环节上,能让工作开展得更加顺利,更有针对性。

高校专家2:残疾人职业能力评估能让残疾人了解自己的职业潜能,有利于残疾人就业安置。

高校专家3:残疾人职业能力评估是残疾人职业康复链条上的重要一环,职业能力评估能让残疾人了解自己的就业优势,让用人单位根据残疾人的优势安排工作岗位,残疾人能做自己喜欢和擅长的工作,能保证就业的持久性,对于提高残疾人就业的质量很有意义。

高校专家4:残疾人能与普通人一样在职场中实现就业,本身就是一种社会公平的体现,残疾人不需要怜悯,他们需要的是通过自身的努力得到社会对他们的尊重和认可,他们也有自我实现的需求,而残疾人职业能力评估能为用人单位提供关于残疾人的身体功能、职业兴趣等信息,为残疾人顺利就业提供了可操作的标准,是残疾人实现公平就业的必要条件。

高校专家5:普通人群会根据自身的兴趣选择自己的职业,但是,由于残疾人对自身认识不足,不会像普通人一样剖析自己的能力和特长,据此制定个人的职业发展规划,这就需要有专门的人员为残疾人开展此方面的服务。残疾人职业能力评估正是对残疾人的职业能力和职业兴趣进行评估,残疾人可以更清楚地了解自身的特征,为将来的职业发展进行规划。所以,残疾人职业能力评估可以为职业发展提供依据。

通过访谈残疾人家长、特殊教育教师、高校专家可以看出,人们对残疾人职业能力评估的重要性有一定的认识,总结起来,残疾人职业能力评估的意义主要体现在以下几个方面。

### > 一、职业能力评估能发现残疾人的职业潜能

在残疾人个体内部往往是劣势和优势并存的,尽管残疾人在认知、语言、动作等方面存在一定的障碍,对于他们学习知识,获得职业技能有不利影响,但是,残疾人也会表现出潜能,在职业训练中,残疾人只要充分利用优势,就能扬长避短,获得一技之长,顺利就业。例如,视觉障碍人士虽然丧失了视觉功能,但是可以充分利用触觉优势学习按摩技能,甚至可以在此领域获得比普通人士更高的技能水平,在职场中处于优势地位。因此,残疾人的职业技能训练需要充分挖掘其潜能,利用优势在职场中获得一定岗位。这就要求评估人员要对残疾人开展职业能力评估,评估出残疾人的身体健康状况,了解残疾人的残存功能,并对残疾人的职业兴趣进行调查,综合运用医学、心理学等手段对残疾人的职业能力进行全面的评估,对残疾人的职业潜能做出科学合理的判断。家长、教师和用人单位就可以根据职业能力评估的结果,对残疾人开展有针对性的职业训练,提供适当的工作岗位,保证残疾人就业的兴趣和就业的稳定性。

> ## 二、职业能力评估能发展残疾人的社会属性

残疾人生活自理能力的提高或在家庭环境中有一定程度的独立活动,仅是残疾人自然属性的恢复,残疾人只有获得社会的适应能力和就业能力,参与社会劳动,为社会创造财富,才是其社会属性的恢复。残疾人职业能力评估能有效促进残疾人就业,为残疾人参与社会提供机会,是恢复残疾人社会属性的有效途径。

> ## 三、职业能力评估有利于残疾人职业训练内容的制订

通常情况下,残疾人职业训练内容制订的主要依据是残疾人的障碍类别和特点,比如适合视觉障碍人士职业训练的内容有按摩,适合听觉障碍人士的职业训练内容一般是计算机应用、电子商务、艺术设计、汽车修理等,适合智力障碍人士的职业训练内容一般有烘焙、家政服务、手工制作等,所以,针对残疾人职业训练内容的安排更多地依据"理所当然",比较缺乏针对性。实际上,残疾人能从事的职业也非常广泛,不应仅仅局限于上述几种,残疾人究竟适合何种职业训练,还应根据每一残疾人的特长和兴趣,为残疾人打造个别化的职业训练方案。而要想全面了解残疾人的特长和兴趣,就需要依赖残疾人职业能力评估,评估人员采用科学的方法对残疾人进行身体功能、智力、人格、工作态度等各方面的评估后,对残疾人的职业能力做出综合的判断,职业训练人员再根据评估的结论制定职业训练内容,再对残疾人进行有针对性的训练,这样会使残疾人的职业训练有的放矢,避免"一刀切",不仅能提高职业训练的有效性,还能让残疾人从事自己擅长和感兴趣的职业,保证了残疾人就业的稳定性,也确保了残疾人能够享有同普通人一样的受教育权利,促进我国教育公平的实现。

> ## 四、职业能力评估是制定残疾人职业康复计划的基础

我国是国际劳工组织 ILO 制定的《残疾人职业康复和就业公约》的承认国之一,对残疾人包括边远地区和贫困地区的残疾人进行职业康复是我国义不容辞的责任①。职业康复是残疾人全面康复的一部分,它与医学康复、教育康复具有同等的重要地位,职业康复能让残疾人通过就业这一途径深度融入社会并参与社会,从而有效促进残疾人康复。职业康复需要以一定的社会经济、文化和科技发展为基础,是比较高层次的康复手段。职业康复的临床应用,包括以下三个主要部分:职业能力评估、职业能力强化、辅导就业,重返社会②。其中职业能力评估是残疾人职业康复

---

① 王莲屏.谈谈残疾人职业咨询的内容和方法[J].中国康复,1996(9):141.
② 关永宏.临床康复医学[M].汕头:汕头大学出版社,811.

过程中的重要环节,是为残疾人能否就业,从事何种职业开出的一张"诊断书"①。残疾人职业能力评估在残疾人职业康复中具有重要作用,是制定残疾人职业康复计划的基础,主要表现在:第一,职业能力评估指明了残疾人职业发展的方向;第二,职业能力评估提供了残疾人职业训练的内容;第三,职业能力评估促进了残疾人职业训练支持条件的改善,优化了残疾人的就业服务。

> ### 五、职业能力评估能促进残疾人的职业生涯发展

残疾人同普通人一样,也需要对自身进行职业生涯规划。在进行职业生涯规划之前,残疾人需要对自身的职业能力有所了解,但是,残疾人由于身心存在缺陷,会影响到他们自我意识的发展,致使残疾人对自身的缺陷和潜能认识不足,不能制定科学合理的职业生涯发展规划。但是,残疾人职业能力评估可以有效解决上述问题,通过评估,评估人员可以向残疾人提供在现有能力条件下,残疾人可以从事何种职业的建议,为残疾人职业发展的可能性进行预测,并提供残疾人职业训练的内容。因此,职业能力评估能够有效促进残疾人的职业生涯发展。

> ### 六、职业能力评估能为残疾人提供就业安置建议

残疾人职业能力评估的最终目的是有效指导残疾人就业,可以为残疾人提供就业安置建议。目前我国残疾人就业有多种形式,国家充分落实按比例就业的政策,为残疾人提供多种公益性就业岗位,社会各界也积极为残疾人开辟就业岗位,充分保障残疾人就业安置工作的进行。为保证残疾人能够寻找到适合自己的就业岗位,保证残疾人个人能力与就业岗位需求的高契合度,评估人员需要对残疾人开展职业能力评估,以了解残疾人的现状,根据其现状为残疾人适合从事何种职业给出建议。另外,职业能力评估的结果还可以帮助用人单位确定在就业过程中需要为残疾人提供哪些服务,在工作设计和环境改造方面需要开展哪些工作,以缩小残疾人能力和就业岗位需求之间的距离,确保残疾人就业安置工作的顺利进行。

> ### 七、职业能力评估能促进残疾人公平就业

一个社会进步和文明的标志之一是残疾人权益的充分实现。我国政府一直关心残疾人就业问题,能让残疾人与普通人一样享有公平就业的权益,是我国政府一直努力的目标。随着近几年我国残疾人就业事业的发展,残疾人已经充分实现了就业的权

---

① 何青,陈湘平.职业康复在全面康复中的地位和作用[J].中国康复,1994(4):188-189.

益,残疾人参与社会的范围不断扩大。尽管如此,目前我国残疾人就业问题仍旧比较突出,主要表现为残疾人就业稳定性差、就业层次和就业收入低。解决上述问题的有效方法之一就是在职业能力评估环节上下足功夫,扩大评估的对象,拓展评估的范围和领域,进而为残疾人公平就业提供科学的操作性标准,让残疾人根据自己的长处选择喜欢的和适合的工作岗位,让残疾人掌握就业的主动权,让就业变得有针对性。

综上所述,职业能力评估能发现残疾人的职业潜能,发展残疾人的社会属性,有利于残疾人职业训练内容的制订,是制定残疾人职业康复计划的基础,有效促进残疾人的职业生涯发展,并为残疾人提供了就业安置建议,促进了残疾人公平就业,由此可见,发挥残疾人职业能力评估的作用,是残疾人就业事业发展的必由之路。

## 第二章
# 国外残疾人职业能力评估的经验与启示

　　残疾人职业能力评估是使用一定的评估工具,运用一定的评估方法,对残疾人与就业直接相关和间接相关的能力进行评估的过程[①]。残疾人职业能力评估关乎残疾人职业训练和就业安置的内容、方向及效果。国外残疾人职业能力评估开展较早,不断探索职业能力评估的内容、模式、方法和工具[②],而且尝试为更多种类、重度和多重障碍的残疾人提供服务,鼓励残疾人在职业能力评估中的主动参与[③]。我国残疾人职业能力评估起步较晚,较重视与工作直接相关的技能评估(职业知识、职业技能、职业态度等),轻视间接技能如人际交往、沟通、环境适应等能力的评估[④],且评估对象多局限于听力障碍人士和肢体残疾人士,对智力障碍、自闭症、精神残疾等群体的职业能力评估关注较少[⑤]。因此,对美国、英国、澳大利亚和国际其他地区的残疾人职业能力评估发展状况进行梳理,可以总结出各地残疾人职业能力评估发展经验,为我国残疾人职业能力评估的发展提供科学及合理的建议。


## 第一节　国外残疾人职业能力评估发展概况

### ＞　一、美国残疾人职业能力评估发展概况

　　在美国,残疾人职业能力评估属于职业重建的一部分,各州均设立职业重建部门(Division of Vocational Rehabilitation,简称 DVR),有些州的职业重建部门属独立部门,有些州与其他部门(如教育、福利、劳动单位)合并[⑥]。美国各州政府的职业重建部门都会与民间职业重建单位签约,委托其进行残疾人职业能力评估,提供支持性就业,或评估后再转介相关的心理、医学康复或职业教育及训练单位,必要时还会不定期针对

①　王丹,汤明瑛.认识残疾人职业能力评估[J].中国残疾人,2011(12):50-51.
②　杜林.残疾人职业评估:以 M 中心为例[D].武汉:华中师范大学,2014.
③　刘东刚.残疾人生态性职业评估模式初探[J].中国特殊教育,1999(4):13-15.
④　王娇艳,何侃.国内外残疾人康复人才培养模式比较研究[J].残疾人研究,2012(1):39-43.
⑤　何侃,范莉莉,李强等.残疾人职业能力评估系统改进研究[J].残疾人研究,2014(1):58-62.
⑥　牟晓宇,昝飞.美国残疾人职业康复[J].社会福利,2011(3):33-34.

残疾个案召开跨专业间的小组咨询会议。美国的职业能力评估重视从多元且整合的角度来评估残疾个案的能力、兴趣与需求，其内容必须涵盖个案的兴趣、价值观、气质、工作相关行为、职业性向与技能、身体健康状况、学习形态及训练需求等[①]。以美国 Hiram G.Andrews 职业重建中心的残疾人职业能力评估实施过程为例，该中心组成跨学科评估团队，成员包括 4 位职业能力评估人员、1 位硕士学位的职业咨询师、1 位临床心理治疗师及 3 位助理，为个案提供为期 2 周的职业能力评估。当个案进入职业能力评估中心，该中心会先以测验的方式初步了解个案，第二步则开始收集与该个案相关的心理、教育、医疗信息，并结合其身体检查及阅读能力评估的结果，将个案经过小组成员一对一的评估后，此跨学科小组成员将撰写出一份书面的个别化职业训练计划，此计划将寄送至残疾个案就读学校的教师与辅导人员。

　　在美国，联邦与各州皆有法律明令规定公立中等学校必须将职业能力评估列入残疾学生的生涯发展及职业训练工作中，各州的做法会有所不同。例如，弗吉尼亚州因评估单位每周工作时数有限，每次评估必须连续进行 4 个小时，而无总时数的规定。艾奥瓦州的职业重建部门认为，残疾人职业能力评估应该视残疾个案需要，来安排职业能力评估的时数，但总时数不得超过 90 小时[②]。在美国的大学有相关院系和部门培训从事职业能力评估工作的专业人员及研究人员，包括康复咨询师与职业能力评估师等。各州职业重建部门中皆有合格的康复咨询师来负责残疾个案管理与相关工作，包括接案晤谈、初步需求评估、协调职业能力评估师，或其他专业人员进行个案职业能力及身心发展的评估，最后再汇整各项结果与个案共同拟定个别化职业训练计划，并根据计划内容安排个案进一步的服务[③]。

## ＞　二、英国残疾人职业能力评估发展概况

　　英国的残疾人职业能力评估也是残疾人职业重建制度中的一部分，依据 1944 年制订的《残疾人就业法》（Disabled Persons Employment Act,1944），残疾人职业能力评估是由评估人员在脱离环境影响的情况下，对残疾人进行静态的职业能力评估，通过职业能力评估，将残疾人分为适合竞争性就业者与适合庇护性就业者两个类型，从而为残疾人提供不同的职业训练方案[④]。但从 20 世纪 90 年代开始，由于社会对残疾的

---

①　CASTON H L, WATSON A L.Vocational Assessment and Rehabilitation Outcomes[J]. Rehabilitation Counseling Bulletin, 1990,34(1):61-66.

②　LEVINSON E M.Current Vocational Assessment Models for Students with Disabilities[J]. Journal of Counseling & Development, 1994,73(1):94-101.

③　花敬凯.欧美、日本等国职业重建服务之发展历程与趋势.特殊教育季刊[J],2013(6):27-37.

④　BERGESKOG A. Labor Market Policies, Strategies and Statistics for People with Disabilities:A cross-national comparison[J]. IFAV-Office of Labor Market Policy Evaluation Working Paper,2001(2002):13.

观念逐渐改变,无障碍环境渐渐受到重视,因而职业能力评估也转变成除了评估残疾人职业能力之外,同时注重对残疾人就业环境的评估。因此,评估人员一般会同治疗师以及工程师,一同到工作现场评估工作环境如何调整,以使残疾人可以顺利在此环境中工作。也就是说,英国的残疾人职业能力评估是采用动态的观点来考虑残疾人的职业能力,评估人员不会用很短的时间就判定残疾人的职业能力,而是必须经过各种评估工具的使用、工作的实作,以及各种就业措施的尝试运用之后,才会慢慢了解并判断残疾人的职业能力[1]。英国残疾人职业能力评估的基本逻辑认为,残疾人的职业能力是可能并且可以借由适应和学习逐渐养成的。所谓就业环境评估可能包括:残疾人所需的辅助器材、设备,也可能是各种工作调整。此外,英国残疾人职业能力评估服务,由公立的就业服务中心,或是民间的非营利残疾团体所提供,由政府补助其所需经费。若是职业能力评估服务是由公立的就业服务中心所提供,则残疾人不需付费,但若由民间非营利残疾团体所提供,则残疾人需要自行支付部分费用购买服务,付费金额通常视这些民间团体得到政府的经费补助多寡而定[2]。

## > 三、澳大利亚残疾人职业能力评估发展概况

澳大利亚的残疾人职业能力评估不是独立的体系,而是建构在整个残疾人职业重建体系之中。澳大利亚的残疾人职业重建体系,主要由国家就业和劳资关系部(Department Of Employment And Workplace Relations,DEWR)负责规划,再委托人文服务部(Department Of Hun Services,DHS)、联邦职业重建服务中心(Center Of Rehabilitation Services,CRS)及相关民间团体执行。国家就业和劳资关系部(DEWR)在全澳大利亚共有235个委托服务据点,原则上每次服务契约期限为3年,除规划及委托外,还要依据所建的信息系统按执行进度给付各项委托服务费用。自2005年起,国家就业和劳资关系部支付委外单位经费的计算方式,改为依服务个案数计价(据残疾人服务委外单位估计,提供每一个案的经费每年约为澳币5000元,约为人民币25000元),这种付费方式致使各委外单位服务案量随之增加约30%,目前正规划将新增的30%业务委外办理[3]。

以联邦职业重建服务中心为例,澳大利亚的残疾人职业重建由专业团队提供服务,团队成员包括社会工作者、康复咨询师、心理咨询师、作业治疗师、言语病理学家、物理治疗师、康复顾问及就业专家等。其服务的范围包括:返回工作计划、初步康复评

---

① 王育瑜.瑞典、英国中途致障者职业重建模式[J].小区发展季刊,2013(10):445-452.
② 王云东.英国身心障碍者职业重建制度[J].就业安全,2015(2):108-113.
③ 许靖兰.澳大利亚灾后职业重建机制[J].就业安全,2015(2):97-107.

估、职业辅导评估(功能评估)、职场评估、工作分析、职务调整建议、完全需求评估与康复计划、教育与职业训练、建议或协助就业安置与求职技巧、康复报告、工作强化计划、功能教育(例如教育如何增进功能或避免再受伤)、辅具需求评估与辅具制作的组织等。此外,过去澳大利亚对于接受残障福利金(Disability Support Pension,DSP)的谋职者,首先会建议若在2年内未接受过职业能力评估,则必须先接受评估,且在评估过其能力可以接受就业服务时,就会将其所领取的残障福利金(DSP)停止,而改以就业相关补助与服务来提供残疾人协助。残疾人是否接受此服务为自愿行为,若个案同意,则进入评估流程。

但澳大利亚在2005年5月10日发布了新的《残障福利金(DSP)领取办法》,为了鼓励残疾人就业,澳大利亚政府提出了为有工作能力的残疾人提供就业服务。残疾人首先会通过职业能力评估,了解是否可以在无须就业支持的情况下,每星期工作最少15小时,或是在需要协助与培训下的情况下,2年内可以无需就业支持,而有能力每星期工作最少15小时,若符合上述情况,则该残疾人的残障福利金将会被取消,而转变为更积极的就业服务。对在2005年5月10日前申请到残障福利金的残疾人而言,则依然适用于前述非强制性接受就业服务与职业能力评估的残疾个案。由此可见,澳大利亚不但将职业能力评估视为协助残疾人就业的工具性服务,也用来作为筛检出可就业的残疾劳动者,以及决定福利发放内容与方式的服务,属于有强制性且具公信力的服务内容,担任了福利是否发放或取消的把关角色。

## 第二节　国外残疾人职业能力评估法的启示

由于不同国家和地区的国情、文化与社会制度等均不相同,因此国际各地区残疾人职业能力评估做法各有特色,很难定论孰优孰劣、利弊如何。然而,这些国家与地区的残疾人职业能力评估做法,确实值得我国学习与借鉴。

### ＞　一、建立健全残疾人职业能力评估相关法律法规

上述国家和地区残疾人职业能力评估工作的开展,均有健全的法律法规提供依据和指导。美国联邦与各州皆有法律明确规定公立中等学校必须将职业能力评估列入残疾学生的生涯发展及职业训练工作中。英国早在1944年就制定了《残疾人就业

法》,规定了残疾人职业能力评估的形式,而后英国在1995年又通过《反障碍歧视法》,开始重视对残疾人就业环境的评估,残疾人职业能力评估由静态评估转变为动态评估。澳大利亚依据《残障福利金(DSP)领取办法》,规定了残疾人职业能力评估的对象和范围,以协助残疾人职业能力评估工作的有效开展。

可见,健全的法律法规是残疾人职业能力评估工作顺利开展的前提,是残疾人职业能力评估得以有效实施的依据。因此,我国残疾人职业能力评估工作的开展,应该首先在健全法律法规以及落实已有关于残疾人职业能力评估方面的政策法规上入手。我国关于残疾人职业能力评估方面的政策和法规主要是《残疾人就业条例》,条例中明确指出:"机关、团体、企业、事业单位和民办非企业单位应当依照有关法律、条例和其他有关规定……为残疾人提供职业适应评估等服务。"《残疾人就业条例》还规定:"单位安排残疾人就业比例不能低于本单位在职职工总数的1.5%,如达不到该比例,则应当向国家缴纳残疾人就业保障金。"因此,我国有关部门和各级残联首先应该采取有效措施监督和落实《残疾人就业条例》中的残疾人职业能力评估方面的规定,同时,应该根据《残疾人就业条例》制定《反残疾歧视条例》,以保证残疾人就业的公平性。另外,有关部门还应该根据《残疾人就业条例》制定《残疾人职业能力评估实施计划》,严格规定相关人员的职责、评估对象和范围、评估内容、评估方法等,并且不同省市要根据本地区具体情况制定保障残疾人职业能力评估实施的政策,让残疾人职业能力评估工作做到有章可循、有法可依。最后,政府等部门要监督用人单位,充分落实残疾人分散按比例就业的政策,用人单位要按1.5%的比例雇佣残疾人,达不到要求的用人单位,要缴纳一定额度的罚款。

## > 二、借助其他团体和组织力量开展残疾人职业能力评估

美国各州政府的职业重建部门(DVR)都会与民间职业重建单位签约,委托其进行残疾人职业能力评估。英国的残疾人职业能力评估服务,可能由公立的就业服务中心提供,也可能是由民间的非营利残疾团体所提供。澳大利亚主要是由其中央部门的就业和劳资关系部(DEWR)负责规划,再委由人文服务部(DHS)、联邦职业重建服务部门(CRS)及相关民间团体执行。可见,借助其他团体和组织的力量开展残疾人职业能力评估是普遍采用的方式。

我国的残疾人职业能力评估主要由中国残联和各地方残联开展,可以借鉴国际上的先进经验,联合其他单位、团体和组织开展残疾人职业能力评估。首先,与特殊教育学校联合。残疾人教育属于教育部门,而残疾人就业属于残联部门,二者分属于不同体系会导致残疾学生毕业后进入就业市场存在不适应情况。特殊教育学校的残疾学

生在毕业之后想进入市场就业必须经历两个门槛,第一是从学校到职业培训机构,第二是从职业培训机构到工作单位。可见,各级残联应该联合特殊教育学校,在学生未毕业时就开展相关职业技能方面的评估,进行相关职业技能培训和心理辅导,提高残疾学生进入就业市场的适应性。其次,与企事业单位联合。残疾人职业能力评估的最终目的是实现残疾人的适应性就业。因此,各级残联可以与当地企事业单位合作,根据市场需求,开展职业能力评估,根据评估结果,结合企事业用人需求,为残疾人提供有针对性的职业训练,这样做不仅可以提高残疾人就业的成功率,也可以合理配置劳动力资源,为企事业单位创造一定经济效益。

> ### 三、开展跨领域专业团队合作

国际上残疾人职业能力评估均强调通过跨领域专业团队的方式来提供职业能力评估服务。美国 Hiram G.Andrews 职业重建中心的职业能力评估人员为跨学科的组成成员,包括 4 位职业能力评估人员、1 位硕士学位的职业咨询师、1 位临床心理治疗师及 3 位助理。英国的职业能力评估人员会与作业治疗师以及工程师一同到工作现场进行工作环境评估。澳大利亚的联邦职业重建服务部门(CRS)由专业团队的方式来提供服务,团队成员包括社会工作者、康复咨询师、心理师、职能治疗师、言语病理学家、物理治疗师、康复顾问及就业专家等。

而目前我国残疾人职业能力评估人员队伍不稳定、素质参差不齐、专业知识缺乏、专业化水平较低,在各级残联系统中,尤其是在基层残联中,受过职业能力评估方面培训的人员较少[1]。这种情况导致评估人员无法有效应用评估工具对残疾人展开客观、科学的评估,这必然会影响残疾人职业训练和就业工作服务的质量。残疾人职业能力评估是一项专业性很强的工作,评估人员要具备特殊教育学、心理学、社会学、法学等多门相关知识才能胜任这项工作,因此我国应该开展跨领域专业团队合作,在医院、高校、科研部门挑选和组建具有康复医学、心理学、特殊教育学等多学科背景的专业团队,同时应该加强现有评估人员的专业素质,定期开展理论学习,接受在职培训。

> ### 四、加强残疾人职业能力评估个案管理

上述地区均强调使用个案管理方式、与个案共同拟定个别化职业训练计划,并根据计划内容安排个案进一步的服务。美国重视从多元且整合的角度来评估残疾个案的能力、兴趣与需求。英国是在动态评估过程中逐渐了解一个残疾人的职业能力。澳

---

① 赖德胜,廖娟,刘伟.我国残疾人就业及其影响因素分析[J].中国人民大学学报,2008(1):10-15.

大利亚为残疾个案提供的服务有返回工作计划、初步康复评估、功能评估、职场评估、职务调整建议、教育与职业训练、评估辅具需求与组织辅具的制作等。

因此,我国残疾人职业能力评估工作的开展,应借鉴上述国家和地区的经验,加强残疾人职业能力评估个案管理,完善残疾人职业能力评估服务流程,使残疾人职业能力评估工作更加程序化和系统化。残疾人职业能力评估个案管理可以分成两条主线,分别由职业能力评估部门和用人单位完成,职业能力评估部门负责评估、职业规划和提供职业训练,用人单位负责了解用工需求,对残疾人和工作任务进行匹配,并为残疾人提供适宜的工作岗位,两条主线在残疾人就业处汇合,共同为残疾人就业提供就业追踪服务。

## > 五、将职业能力评估置于职业重建系统中

上述国家和地区,均强调将职业能力评估建构在整个残疾人职业重建体系之中,而非单独处理,也就是说这些国家和地区的残疾人职业能力评估工作与工作津贴、职业陶冶、职业训练等有配套,且这样的服务内容是广泛性而非仅针对残疾人,也就是针对个案去做促进就业,而非仅认定残疾人才需要协助。如澳大利亚的经验显示,接受就业服务的残疾人是必须要负起责任的,若使用了资源却不愿意就业,或是评估被认定具备就业能力却不愿意接受职业训练,是必须接受删减补助或津贴福利等惩罚的,可见澳大利亚的残疾人职业能力评估是全面性联结的,且与残疾人福利津贴的发放有密切的联动,可以相对节省资源。

职业重建即指职业康复,残疾人通过系统、专业及相关资源的支持,可以就业或重新就业,能够获得自立以及公平参与社会活动的机会。残疾人职业康复结合个案管理、心理辅导、职业能力评估、就业安置、医疗康复等各项专业服务资源,可以帮助残疾人训练职业和社会技能,获取收入,增强自信和自我认同,提高生活质量,较好地回归社会。所以,我国要借鉴国际先进经验,大力发展残疾人职业康复事业。首先,建立残疾人职业康复机构,落实职业康复具体事宜。当前,我国残疾人职业康复机构较少,职业康复人员数量不足,设备落后,远远不能满足我国残疾人职业康复的需求[①]。政府可以建立街道或社区残疾人职业康复中心,接纳残疾人就近康复。职业康复中心在运行上可以采取民办公助的形式,鼓励和支持社会资源为残疾人服务。其次,完善残疾人职业康复服务,建立权责明确的服务流程。残疾人职业康复机构要建立从职业评估、职业训练、职业指导、就业安置、持续支持服务的全过程,并且,各服务环节要紧密协

---

① 石茂林.构建国内残疾人职业康复体系的构想与建议[J].北京劳动保障职业学院学报,2013,6(3):20-23.

调,保证残疾人职业康复工作的顺利进行。最后,完善残疾人职业康复的制度保障,建立残疾人职业康复相关法律,政府部门对残疾人职业康复事业提供经费支持,用于康复设备等硬件设施的更新,康复人员素质等内在条件的提高等。

美国、英国、澳大利亚的残疾人职业能力评估起步较早,在发展过程中不断完善,其先进经验给予我国残疾人职业能力评估的实施提供良多启示。在借鉴其先进经验的同时,我国还应依据国情,注意将其经验与残疾人职业能力评估的实际情况相结合,探索出一条适合我国残疾人职业能力评估发展的科学化和本土化之路。

# 第三章
# 我国残疾人职业能力评估发展概况

## 第一节　我国残疾人职业能力评估发展主要的七项内容

### ＞　一、评估观念

研究者运用《残疾人职业能力评估问卷》进行调查发现,残疾人职业能力评估侧重点百分比由高到低依次是:身体功能>工作能力>职业兴趣>职业人格>人际交往>沟通>环境适应,直接技能所占比例明显高于间接技能(详见表3-1)。这种现象说明,在评估中,人们普遍关注残疾人与工作相关的直接技能,包括身体功能、工作能力、职业兴趣、职业人格,而间接技能,如人际交往、沟通、环境适应则显得不那么重要,可见,人们在评估中普遍关注残疾人的生理缺陷,倾向于采用"医学"模式的评估观念,对残疾人就业环境以及支持服务方面的要求不高。

表 3-1　残疾人职业能力评估侧重点汇总表

| 数据类型 | 总数 | 直接技能 | | | | 间接技能 | | |
|---|---|---|---|---|---|---|---|---|
| | | 身体功能 | 工作能力 | 职业兴趣 | 职业人格 | 人际交往 | 沟通 | 环境适应 |
| 人数(n) | 2836 | 759 | 708 | 505 | 481 | 208 | 98 | 77 |
| 百分比(%) | 100% | 26.76% | 24.96% | 17.81% | 16.96% | 7.33% | 3.46% | 2.72% |

### ＞　二、评估对象

研究者通过查阅文献以及在调查和访谈中发现,我国目前残疾人职业能力评估的对象主要是针对肢体残疾人士和听力障碍人士。如刘艳虹、韦小满、肖非等的《〈北京市肢体残疾人职业适应性量表〉的编制》和刘艳虹、朱楠、罗薇等的《〈北京市聋人职业适应性量表〉的编制》两篇文章,分别阐述了肢体残疾人士和听力障碍人士职业能力评估量表的编制和使用。何侃等在《残疾人职业能力评估系统改进研究》中也指出,中国残疾人联合会设计的"残疾人职业能力评估系统"的测评对象是肢体残疾和听力障碍两类人群。另外,我国学者也在探索为自闭症人士进行职业能力评估的工具和方法,如华东师范大学王芳和杨广学于 2017 年开发设计了《广泛性发展障碍青少年自立能力评价量表》,该量表主要用于广泛性发展障碍人群(自闭谱系障碍)的职业能力评估,重庆师范大学特殊教育系教授也于 2017 年开发设计了"自闭症儿童发展本位行为评量系统",系统中包含对自闭症儿童进行职业能力评估的部分。综上,我国目前残疾人职业能力评估的对象主要包括三类人群,即肢体残疾人士、听力障碍人士和自闭症谱系障碍人士。

> ### 三、评估方法

为了了解评估人员对残疾人进行职业能力评估时采用的方法的基本情况,研究者运用《残疾人职业能力评估问卷》进行了调查,并查阅了大量的文献资料,结果发现,目前我国对残疾人进行职业能力评估采用的常用方法有三种,即纸笔测试、网络测试、操作测试,它们运用的基本情况见表 3-2。由表 3-2 可知,我国残疾人职业能力评估常用的方法是网络测试,比例为 43.12%,其次是纸笔测试,比例是 38.33%,运用最少的是操作测试,比例为 18.55%,说明我国评估人员在对残疾人进行职业能力评估时倾向于采用网络测试。

表 3-2　残疾人职业能力评估方法运用情况汇总表

|  | 总数 | 纸笔测试 | 网络测试 | 操作测试 |
| --- | --- | --- | --- | --- |
| 人数(n) | 2836 | 1087 | 1223 | 526 |
| 百分比(%) | 100% | 38.33% | 43.12% | 18.55% |

纸笔测验、网络测试、操作测试三种测试的操作方法具体内容如下:

(一)纸笔测试

纸笔测试是指采用试题本和答题卡的形式进行测试,施测流程如下:

第一步:确定主试者和被试者。

根据主试者人数和被试者人数,以及测试房间的条件,将主试者和被试者按照恰当的比例安排在相对固定的位置内,实行专人负责。由主试者通过手语(针对听力障碍人士)或口语形式向被试者解释测试的目的和基本要求。

第二步:明确测试信号。

对于听力没有问题的被试者,可以直接发出"开始"或"结束"的声音信号,也可以用铃声和吹哨声示意；

对于有听力障碍的被试者，主试者高高举起一只手，迅速落下表示"开始"，或者主试者双手竖立靠拢，掌心向外，然后做开门动作，表示"开始"；主试者敲桌子两下（提醒被试者抬头），一手平伸，掌心向下，另一手竖伸，指尖抵于其掌心下，模仿裁判叫停的动作表示"结束"，或者主试者拇指与四指相对，逐渐并拢，再向下一甩，表示"结束"。

第三步：发放试题本。

主试者发给每个被试者试题本、白纸、笔等测试工具。

第四步：填写说明。

填好试题本的基本信息。

第五步：开始测试。

统一开始做测试题目，有些分测试需要计时，做好的测试题本放在桌子的右上角。

第六步：回收试题本。

测试完毕，主试者统一回收试题本，收试题本时，主试者认真检查被试者的作答情况，并及时指导被试者完善测试。

### （二）网络测试

网络测试是近几年比较常用的残疾人职业能力评估方法，中国残联开发设计了"残疾人职业能力评估系统"，各地残联纷纷组织专业人员进行培训，对当地的残疾人开展了职业能力评估，一些高校科研机构也研发了残疾人职业能力评估系统，对残疾人进行测试，例如重庆师范大学于2017年开发设计了"自闭症儿童发展本位行为评量系统"，对自闭症儿童开展职业能力评估。由于网络测试操作方便、节省资金、测试结果便于比较，是目前我国主要采用的残疾人职业能力评估方法。网络测试的操作流程简单，具体步骤如下：

第一步：主试者指导被试者登录残疾人职业能力评估网站。

第二步：主试者指导被试者注册，按要求填好基本信息。

第三步：主试者提醒被试者按照自上而下的顺序点击屏幕左方的栏目，按对话框的要求完成所有测试。

第四步：主试者加强现场巡视，及时回答被试者的问题。

第五步：主试者不许被试者之间相互交流，确保每个残疾人独立完成测试。

第六步：测试完毕，主试者引导每个被试者有序退场。

### （三）操作测试

操作测试耗时较长，需要一对一地进行测试，从ICF的角度出发，操作测试需要在残疾人实际工作的环境中进行。基于这个原因,操作测试较少被评估人员采用,但是操作测试却是最能真实反映残疾人职业能力的评估方法。在刘艳红主编的《中国部分省市三类残疾人职业适应性状况调查》一书中,对操作测试的方法进了明确的说明,具体内容如下①:

操作测试包括感知觉测试、日常基本活动的测试、体能测试、上肢功能测试、下肢功能测试、手眼协调测试、手指手腕灵活性测试,共七个部分。在进行操作测试时,被试者可以使用身体的任何一部分,可以请求他人的帮助,可以提出改变环境条件的要求,也可以使用辅助器具,但主试者在记录时要详细注明是使用身体的哪一部位,需要随同人员还是主试者的帮助,需要提供什么样的环境条件,辅助器具的名称等。例如,被试者可以用嘴咬筷子完成电话按键的任务,备注要记录:"用嘴咬筷子完成";在实施每一个项目的测试前,由主试者首先向被试者说明测试的要求与步骤(动口不动手),确定被试者听清楚指令后即开始测试。

**第一部分:感知觉测试**

A.嗅觉测试

目的:评价嗅觉的敏锐性能。

器材:小瓶 3 个,各盛酒精、水、白醋。

步骤:a.被试者入座。b.主试者随机拿出一个小瓶子,打开盖子,请被试者闻后说出瓶子里面装的是什么。c.主试者从剩下的两个小瓶中随机拿出 1 个,打开盖子闻后,请被试者说出瓶子里面装的是什么。d.主试者拿起最后 1 个小瓶子,打开盖子闻后,请被试者说出瓶子里面装的是什么。

记录:根据测试内容在感知觉记录卡相应的位置上,回答正确写"√",错误写"×"。

注意:每瓶只测 1 次;不要有任何暗示动作。

B.实体觉测试

目的:评价实体觉的敏锐性能。

器材:1 枚曲别针,1 枚回形针。

步骤:a.被试者入座。b.请被试者闭上眼睛,主试者随机拿一件小物品放在被试者手中,请被试者说出物品的名称。c.重复 b 步骤两次。

记录:用判断准确的次数为分子,用测试的次数为分母,在感知觉记录卡相应的位置上写"√"。

---

① 刘艳虹等.中国部分省市三类残疾人职业适应性状况调查[M].北京:华夏出版社,2013:39-46.

注意:测试的全过程被试者不能睁开眼睛看物品;在测试过程中,不要纠正错误。

C.听力测试(限于肢体残疾者)

目的:评价听力的敏锐性能。

器材:两张质地、大小、形状相同的干燥纸片。

步骤:a.被试者入座。b.主试者位于被试者身后,两手用拇指和食指各持一张纸片。c.主试者两手分别置于被试者两侧外耳道口的水平延长线外约1厘米处,其中一只手的拇指搓纸片发出响声(不能让被试者看见),请被试者说出哪侧耳听到声音。d.主试者换手或不换手,重复步骤c。e.重复步骤d(如步骤d没换手,此步骤必须换手,保证每侧耳至少被测听一次)。

记录:用每侧耳准确判断声源位置的次数为分子,每耳测听的次数为分母,在感知觉记录卡相应的位置上写"√"

注意:保持室内安静,不要让被试者看到手搓纸的动作。保证每侧耳至少要测听1次,不能听见搓纸声侧耳至少测听2次。

D.视力测试

目的:评价近视力的敏锐性能。

器材:小五号字卡片。

步骤:a.被试者入座。b.卡片与眼相距30厘米。c.每一行指认一个字,一共指认3~5个字。

记录:被试者能够很迅速地正确认出所有主试者指的字符者,则在近视力≥0.6的位置上写"√",否则在<0.6的位置上写"√"。

注意:室内光线充足;戴眼镜者不必摘眼镜。主试者要排除非视力因素引起的误读/错读。

E.色觉测试(限于听力障碍)

目的:评价对颜色的敏锐性。

器材:彩色积木1副,样本图1个。

步骤:a.被试者入座。b.出示样本图。c.被试者在规定的2分钟内用积木搭出样本图形。

记录:在规定时间内正确完成拼图视为正常,否则,详细记录错误的种类,如超时多长时间,图形错误样式、混淆哪些颜色的积木等。

注意:待被试者理解测试要求后再计时。测试过程中不纠正错误,不给提示。

**第二部分:日常基本活动的测试**

A.戴帽子

目的:测查上肢上举、上肢与头部协调能力。

器材:帽子1顶。

要求:帽子戴正后,取下放回原处。

B.穿上衣

目的:测查上肢伸展、双手协调、上肢与躯干协调、精细动作的能力。

器材:上衣1件。

要求:整齐地穿上上衣后(拉拉链、扣扣子),脱下上衣放回原处。

C.穿裤子

目的:测查屈伸下肢以及上肢、躯干、下肢协调能力。

器材:运动裤1条。

要求:整齐地穿上裤子后(将带子系成活扣),脱下裤子放回原处。

D.穿袜子

目的:测查手脚协调能力。

器材:袜子1双。

要求:将袜子穿上后,脱下放回原处。

记录:能独立完成的项目在日常基本活动测试记录卡的"独立完成"一栏写"√",不能完成的项目在"不能完成"一栏写"√",辅助完成的项目在"辅助完成"一栏详细注明辅助情况。

**第三部分:体力测试**

目的:测查工作时应该具备的体力,测查每天可以工作的时间及劳动强度。

器材:可调式哑铃1个。

步骤:a.连续三次提起10磅哑铃至腰部。b.如能完成步骤a则继续让被试者连续三次提起20磅哑铃至腰部;不能,则停止测试。

记录:用成功提起哑铃的次数为分子,提哑铃的次数为分母,在体能记录卡的相应位置上写"√"。

**第四部分:上肢功能测试**

说明:上肢功能测试主要是对残疾人运用上肢使用工具的情况进行测试,评估人员对残疾人手部和上肢的基本技能进行评估。残疾人在从事文秘、技工等职业时必须要进行上肢功能的测试。

A.写信封

目的:测查书写、使用工具书、手眼协调的能力。

器材:铅笔 1 支,橡皮 1 块,卡片 8 张(印有地址,其中 4 张带有"＊"号),信封 4 个,邮编册 1 本,胶水 1 瓶。

要求:a.将带星号卡片的地址分别抄在 4 个信封上。b.查找每一个信封上地址的邮编,并抄在信封相应的位置上。c.将八张卡片中同一省市的卡片装入对应的信封。d.用胶水粘上信封。

记录:记录时间及辅助情况。

B.整理信件

目的:测查使用剪刀、整理资料、使用文件夹的能力。

器材:信封 4 个,剪刀 1 把,文件夹 1 个,废纸篓 1 个。

要求:a.沿着信封的一端剪开信封,取出卡片。b.按卡片左下角的数字从小到大排序卡片。c.将整理好的卡片用文件夹夹好,放在桌子右上角。d.整理桌面,将废弃的信封和纸屑扔进废纸篓。

记录:记录时间及辅助情况。

C.打电话

目的:测查打电话(击键)的能力。

器材:按键电话机 1 台,印有电话号码的卡片 1 张。

要求:按主试者指定卡片上的号码拨电话。

记录:能否以正常速度拨打电话以及需要辅助器具的情况。

注意:拨出的电话号码以显示屏显示的数字为准。每拨完一个号码后,放下话筒,待显示屏号码不呈现号码时再拨新号码。

D.技工板工艺

目的:测查手的抓握力及使用工具的能力,手指操作小物件的能力。

器材:技工操作板 1 块[阀门环 1 个,螺丝 2 套,三相电源插头 1 套,二相电源插头 1 套,插棒 8 根(4 根长棒、4 根短棒),接线端子两个,电线 2 根],扳手 1 个,螺丝刀 1 把,去电线皮钳子 1 把。

要求:a.将阀门拧开至开口最大后再拧紧。b.将 2 个螺丝上的螺母卸下来放在桌上,并将垫圈取出(垫圈下面的螺母不要动),再将垫圈和螺母装回原处,并用扳手拧紧。c.将 8 根插棒从插板抽起,再插到对应的插孔上(深浅不一),露出插棒高度一致。d.将 2 个电源插头从插板拔起,再还原插在插板上(与插板无间隙)。e.用钳子将红黑 2 根电线一头的塑料皮去掉 1 厘米,暴露里面的铜线,再将红黑两根电线分别连接在各自的输出端上。

记录:分别记录各个环节所用的时间以及辅助情况。

E.钉钉子

目的:测查使用工具(榔头)的能力。

器材:榔头 1 把,钉子数枚,木方 1 块。

要求:将钉子钉在木方上指定的位置。

记录:能或否。

F.绘图

目的:测查使用三角板、圆规的能力。

器材:三角板 1 副,圆规 1 个,铅笔 1 支,橡皮 1 块,样本图 1 幅,样板图 1 幅,绘图纸 1 张。

要求:绘制尺寸与样本图一致的图形;限时 15 分钟。

记录:时间以及辅助情况。

G.碎图复原

目的:测查思维、注意、工作习惯以及视觉综合能力。

器材:拼图 1 副。

要求:用零散的拼板将凹陷的图案复原;限时 5 分钟。

记录:完整复原图案所用的时间及辅助情况。

H.拼立体图

目的:测查空间定向、色觉、视觉运动综合协调能力。

器材:彩色积木 1 副,样本图 1 幅。

要求:用积木搭出样本图;限时 5 分钟。

记录:搭出样本图所用的时间及辅助情况。

**第五部分:下肢功能测试**

说明:允许被试者使用辅助器具。只有(偶尔或经常)使用轮椅者才测试轮椅转移的项目。做好安全保护工作。

A.站立

目的:测查下肢持重与身体平衡能力。

要求:立正姿势站立 3 分钟。

记录:立正姿势站立 3 分钟为正常;不到 3 分钟者,记录从开始到身体开始摇晃的时间及辅助情况。

B.行走

目的:测查步行能力。

要求:行走 50 米(根据实际情况确定往返次数)。

记录:行走 50 米所需的时间及辅助情况。

C.蹲起

目的:测查屈髋、屈膝的能力。

要求:最大限度屈髋、屈膝蹲下再起立。

记录:1 分钟的蹲起次数及辅助情况。

D.上、下台阶

目的:测查步行能力。

要求:上、下台阶各 8 级。

记录:完成任务所需的时间及辅助情况。

E.轮椅转移

目的:测查移动能力。

要求:从轮椅转移到普通座椅上,再从椅子转移到轮椅上。

记录:完成往返一次轮椅转移所需要的时间及辅助情况。

说明:仅测试坐轮椅者。

**第六部分:手眼协调测试**

器材:回形图一张,铅笔一支。

说明:本测验采取操作形式,主要考察被试者的手眼协调能力。由主试者通过口语、手语等形式向被试者解释测试的要求和步骤(有条件者,测验前请主试者播放回形图测验的示范录像),确定被试者明白以后即开始测试。

要求:a.在图中灰色的地方画一条连续的线,不允许中途停笔,不允许转动纸。b.从箭头方向进入,从起始位置 A 处划到末端 B 处。c.笔尖不允许碰两边。d.不准修改。

记录:笔尖碰壁前所通过的线段数。

**第七部分:手指手腕灵活性测试**

器材:珠子 25 颗(其中 5 颗作为备用),外包有塑料皮的细铜线一根,计时表 1 个,指导语卡片 1 张。

说明:本测验采取操作形式,主要考察被试者的手指和手腕灵活度。测试前请主试者播放穿珠子测试的示范录像,或者由主试者出示该部分的指导语卡片,并通过口语、手语等形式向被试者解释测试的要求和步骤,确定被试者明白以后即开始测试。

要求:a.用准备好的细铜线连续穿 20 颗珠子。b.如果中途珠子掉了,用备用珠子代替,直至穿满 20 颗珠子。c.穿完珠子后,仿照线的另一端,把线头对折起来,再拧三下。

记录:被试者完成任务所需要的时间及完成情况。

以上三种残疾人职业能力评估的方法是我国目前使用的方法,其中网络测试和纸笔测试比较常用,操作测试虽然较少被使用,却是能够客观反映出残疾人职业能力的好方法,值得在残疾人职业能力评估中应用和推广。

## ＞　四、评估内容

本研究从目前我国常用的针对肢体残疾人士、听力障碍人士、自闭症人士的评估工具中所涉及的内容来探讨残疾人职业能力评估的内容,可以发现,针对肢体残疾人士和听力障碍人士的职业能力评估主要内容有三方面,即职业能力、职业人格、职业兴趣,具体评估内容详见表 3-3 和表 3-4。而对自闭症人士的职业能力评估的主要内容有基本的社会生活能力、集体生活能力、交通出行能力、购物休闲能力、常识能力、语言沟通能力、基本就业技能、指示与内容理解、工作态度和工作技术、情绪行为与自我管理 10 项能力,具体评估内容详见表 3-5。

### (一)残疾人职业适应性量表主要内容

《残疾人职业适应性量表》由北京师范大学刘艳红教授编制,分为《北京市肢体残疾人职业适应性量表》和《北京市聋人职业适应性量表》两个量表,分别针对肢体残疾人士和听力障碍人士进行职业能力评估。该量表分析年龄、性别、残疾等级、城乡地域等因素对残疾人的影响,同时也调查残疾人感知觉状况,以评价其感知外界、规避工作风险的能力。在基本信息收集方面,除一般共性的年龄、性别、文化水平、残疾类型、残疾等级等信息外,对不同残疾类型的残疾人在收集基本资料时各有侧重,如对肢体残疾人士侧重收集一般基本生活自理能力的信息(如吃、穿、洗衣裤等)、社区生活自理能力的信息(购物、乘车等),对于轮椅使用者,还要了解轮椅转移的情况。针对听力障碍人士的资料收集则侧重他们与人交流方式、口语交流水平等信息[①]。该量表经过修订,应用于全国,使用范围比较广泛,主要内容见表 3-3。

表 3-3　残疾人职业适应性量表内容一览表

| 一级指标 | 二级指标 | 评估目的 |
|---|---|---|
| 基本信息 | 一般情况 | 了解年龄、性别、残疾类型、残疾等级、居住地等基本情况 |
| | 交往方式 | 了解听力障碍人士与人交往的方式 |

① 刘艳虹等.中国部分省市三类残疾人职业适应性状况调查[M].北京:华夏出版社,2013:39-46.

续表

| 一级指标 | 二级指标 | | 评估目的 |
|---|---|---|---|
| 身体功能 | 感知觉 | 嗅觉 | |
| | | 实体觉 | 了解接受信息渠道的灵敏性;评价感知外界、规避风险的能力 |
| | | 听力 | 听力测试只对肢体残疾人士进行 |
| | | 视力 | |
| | | 色觉 | 了解对色彩的灵敏性及视觉搜索速度 |
| | ADL | | 评价身体各部分的代偿、协调、自我照顾能力(肢体残疾) |
| | 体能 | | 评价工作所具备的体力,预测每天可以工作的时间和劳动强度(肢体残疾) |
| | 上肢功能 | | 评价上肢握持及灵活运用工具的能力(肢体残疾) |
| | 下肢功能 | | 评价下肢持重、移动的能力(下肢残疾) |
| 职业能力 | 言语能力 | | 评价字词知识、言语运用、言语推理等能力 |
| | 数理能力 | | 评价对基本数学规律的掌握以及解决应用问题的能力 |
| | 知觉能力 | | 评价符号知觉、空间关系、平面图形知觉和推理能力 |
| | 运动协调能力 | | 评价手眼协调能力 |
| 职业人格 | 坚持性 | | 评价做事的耐心和专心,抗拒外界诱惑和干扰的能力 |
| | 严谨性 | | 评价做事有条理,注意检查和纠正错误的能力 |
| | 情绪稳定性 | | 评价自我调整情绪的能力 |
| | 自信心 | | 评价安全感及对未来的信心 |
| | 责任心 | | 评价做事认真负责,自觉遵守规章制度的能力 |
| | 管理能力 | | 评价做事的计划性以及调动他人工作积极性的能力 |
| | 交际能力 | | 评价表达和沟通的能力 |
| | 抗挫折能力 | | 评价遇到困难时沉着镇定、想办法解决问题的能力 |
| 职业兴趣 | 现实型 | | 评价对有规则的劳动和需要基本操作技能的工作的兴趣 |
| | 艺术型 | | 评价对借助于音乐、文字、形体、色彩等形式表达自己感受的工作的兴趣 |
| | 研究型 | | 评价对理性思考的方式探究事物,独立解决问题的工作的兴趣 |
| | 社会型 | | 评价对社会交往类型工作的兴趣 |
| | 企业型 | | 评价对追求经济效益和个人成就类型工作的兴趣 |
| | 常规型 | | 评价对偏爱按部就班的活动,不喜欢过多冒险和创新活动类型工作的兴趣 |

注:本表内容根据刘艳虹编制的《残疾人职业适应性量表》①整理而成

---

① 刘艳虹等.中国部分省市三类残疾人职业适应性状况调查[M].北京:华夏出版社,2013:39-46.

## (二)残疾人职业能力评估系统主要内容

残疾人职业能力评估系统的测试内容包括职业能力测试、人格特征测试、职业兴趣测验三部分,系统测评对象为肢体残疾人士和听力障碍人士两大类。主要评估内容详见表3-4。

表 3-4　残疾人职业能力评估系统主要内容一览表

| 一级指标 | 职业能力测验 | 人格特征测验 | 职业兴趣测验 |
| --- | --- | --- | --- |
| 二级指标 | 言语能力 | 管理能力 | 常规型 |
| | 数理能力 | 坚持能力 | 企业型 |
| | 空间知觉能力 | 交际能力 | 社会型 |
| | 形状知觉 | 抗挫能力 | 现实型 |
| | 符号知觉 | 情绪稳定 | 研究型 |
| | 手眼协调 | 严谨能力 | 艺术型 |
| | | 责任能力 | |
| | | 自信能力 | |

注:本表内容根据残疾人职业能力评估系统的测试内容整理而成

## (三)广泛性发展障碍青少年自立能力评价量表主要内容

针对广泛性发展障碍儿童和青少年终身发展和深度融入社会生活的需求,把工作重心拓展到学校和课堂之外,拓展到生活适应和就业支持的系统构建,已经成为特殊儿童教育干预和社会融合的新方向。《广泛性发展障碍青少年自立能力评价量表》( Autonomy Scale for Teenagers with Pervasive Developmental Disorders , AST-PDD )是由华东师范大学王芳博士和杨广学教授根据日本学者小林重雄编制的《面向自闭谱系等具有发展问题人群自立支持的测试量表》( Checklist for supporting on Persons with Developmental Disorders , CLISP-dd )修订的,该中文版量表的编制突出了"整合"的理念和"生态化"的原则,理论概念更加系统,条目操作更加准确,尤其强调儿童的精神世界、人际关系世界、文化符号世界以及宏观世界的整合。量表包括4个领域,10个能力,对自闭症谱系障碍人士的职业能力进行评估,评估内容详见表3-5。

表3-5　广泛性发展障碍青少年自立能力评价量表主要内容一览表

| 领域 | 能力 | 主要内容 | 题目 |
|---|---|---|---|
| 社会生活领域 | 基本的社会生活能力 | 了解男女性别差异,掌握一般公民应具备的礼仪,在特定情况下保障自身安全的技能。 | 使用公厕;更换衣物;选择着装;个人卫生和日常护理;在外就餐礼仪;躲避危险;传达伤病;卡/票据使用。 |
| | 集体生活能力 | 判定能否作为集体成员中的一员参与活动,以及能否作为社会人,身处不同场所、面对不同对象做出恰当的应对。 | 参与集体活动;遵循活动规则;表现利他行为;辨别所属物;适应特定场景;问候他人;与异性相处;应对计划变更。 |
| | 交通出行能力 | 评定外出时,能否遵守交通规则,能够恰当使用交通工具,考察自立出行的达成度。 | 遵守信号灯;应对路线的变更;路边与他人攀谈;对远处信号做出反应;独立使用交通工具;遵守乘车规则;使用时刻表和路线图;制定出行计划。 |
| | 购物、休闲能力 | 评定是否具备日常生活中必备的购物技能,在休闲时间里能否有效地安排游戏、运动、聚会等活动,特别是能否自己主动参与、组织等。 | 找到物品所在货架;判断购买力;使用口语购物;能够烹调食物;参与休闲活动;参加户外运动;参加聚会或聚餐;进行长途、短途旅行。 |
| 常识与沟通领域 | 常识能力 | 以"读、写、算"为中心,与学校学习的"读、写、算"不同,聚焦于日常生活中使用的知识。关于货币的学习,除了使用各类消费卡付款,还要求掌握付款及判断金额的技能。 | 了解日常生活所用物品的名称;阅读经常接触的汉字、词语及其他符号;书写个人基本信息;在具体任务中数数;使用加减法;分配物品;读写数字;辨识日期与星期;辨识货币单位;辨识测量工具刻度。 |
| | 语言沟通能力 | 在社会交往中,需要根据不同的场所寻求不同的交谈方式,需要掌握表示感谢、表达歉意、求助等较为简单的语言。 | 明确沟通目的和沟通意图;表达清楚;正确传达事件逻辑;区分自身体验与他人体验;选择合适的谈话形式;正确表达情感;学会求助;请示和报告。 |
| 职业生活领域 | 基本就业技能 | 与遵守职场规则相关联的基本内容,评估就业时能否恰当的应对作业状况以及与同事之间的关系。 | 遵守工作安全规定;适应工作场所环境;完成工作准备环节;使用工具类物品;听从工作指令;按工作要求完成工作;工作结束上报;持续工作;工作绩效的影响因素。 |

续表

| 领域 | 能力 | 主要内容 | 题目 |
|---|---|---|---|
| 职业生活领域 | 指示与内容理解 | 作业进展时的基本内容,包括指示内容的理解以及应对。 | 在不同支持的水平下开展作业;完成整理工作;物品辨别与分类;理解工作结果;理解工作评价;完成连续性的工作。 |
| | 工作态度、工作技术 | 为顺利进行作业,需要与周围人群进行互动、共同协作,以及作业时必须集中注意力。此外,还需要具备简单作业的技能与姿势,有一定的持久性。 | 模仿和跟随他人;能够合作完成工作;可接受工作提醒;调整姿态应对工作需求;完成有特殊要求的工作;使用工具;连续工作。 |
| 情绪行为与自我管理领域 | 情绪行为与自我管理 | 为达成社会参与的目的,需要有对自我情绪的调控能力以及自我管理能力。不仅在家庭、学校、职场等经常参与的场景,还包括作为社会公民,在社区、公共场所等的规则。 | 安排一日作息;养成良好的饮食习惯;养成健康的睡眠习惯;具备一定的审美能力;调控自己的情绪和行为;拥有健康、稳定的友谊关系;正确处理青春期身心变化问题;恰当表达对异性的感情;参与基本的社会生活。 |

注:本表内容根据王芳、杨广学编制的《广泛性发展障碍青少年自立能力评价量表》①内容整理而成

### (四)其他文献中提出的残疾人职业能力评估内容

我国学者何青、陈湘平在《残疾人职业评估方法探索——介绍残疾人就业用职业适应性评估方法》中指出残疾人的职业能力评估主要从两个方面展开:一是残疾人身体功能评估,二是残疾人职业能力的评估②。

我国学者王莲屏在《残疾人职业能力评估的内容和方法》一文中指出,残疾人职业能力评估的内容应该包括残存功能、智力检查、职业倾向测验、职业操作能力检查四个方面③,具体内容如下:

1.残存功能

(1)体重负荷检查:通过起立和行走检查下肢支撑身体的重量;坐和站位时双脚轮换踩地检查下肢的屈伸。

---

① 王芳,杨广学.AST 广泛性发展障碍青少年自立能力评价量表[M].上海:上海社会科学院出版社,2017(5):97-119.

② 何青,陈湘平.残疾人职业评估方法探索:介绍残疾人就业用职业适应性评估方法[J].中国康复,1993(4):188-189.

③ 王莲屏.残疾人职业能力评估的内容与方法[J].中国康复,2005(4):120-121.

（2）升降检查：通过在阶梯和斜面上行走，观察平衡状态。

（3）机敏性检查：通过足跟转动，在平行棒内行走、跑、跳、单腿支撑等检查全身运动协调能力和平衡能力。

（4）躯干动作检查：保持正常站位，扭转躯干、侧屈、双手提和搬重物观察躯干灵活度。

（5）低位动作检查：通过爬和蹲，主要观察全身动作的协调性。

（6）手及手指动作的检查：通过手及手指的关节活动，拇指及其他四指对指、抓握、伸展，检查手指功能。手部运动的灵活性、稳定性和和整体功能对残疾人完成工作任务具有相当重要的影响。手及手指动作的检查内容主要有以下几方面：

第一，手和手指的基本功能。手可完成屈伸，内收外展运动。拇指和其他四指对捏，手的抓握功能，如两指捏，三指捏，两指夹握，勾握或球形抓握等方式。

第二，肌力。肌力是个体保持动作产生的张力的能力。通过肌力评估，可以确定肌肉功能损失的程度，范围，确定它对躯干及关节稳定性的影响。

下面介绍三种肌力的评估方法：首先是 Lovett 徒手肌力检查，通过被检者自身重力和检查者用手施加阻力而产生的主动运动来评估肌肉或肌群的力量和功能的方法。其次是握力计，握力的正常值一般用握力指数来表示，握力指数＝健手握力（kg）／体重（kg）×100，正常握力指数应大于50。另外，利手握力常比非利手大5%～10%。最后是捏力计，用拇指分别与其他手指的指腹捏压捏力计来测，捏力的正常值约为握力的30%。

第三，关节活动度。关节活动度指一个关节的运动弧度，是衡量一个关节运动量的尺度。常用的测量工具有量角器、电子角度计、皮尺、拍 X 线片进行分析等。量角器是最常用的测量工具，由固定臂、移动臂、轴心（中心）构成。通过对关节的近端和远端骨运动弧度的测量而获得量化的结果。

第四，手的灵活性。手的灵活性是指用手能很好的操作细小东西的能力。下面介绍两种最常用的评估方法。第一种方法是九孔插板试验，工具包括 13×13cm 插板一块，设 3×3 的 9 孔，孔距 3.2cm，孔深 1.3cm，孔径 0.71cm、插棒为圆柱体，柱高 3.2cm，直径 0.64cm。测试方法是主试者先示范，然后被试者握棒，听指令开始，完成 9 孔插入并取出，计算用时，左右手分别测试。第二种方法是普度钉板（Purdue pegboard）测验，工具包括一块带有四个槽和两排孔眼的木板、若干秃头钉、垫圈和项圈。测试方法是左手、右手、左右手同时操作，记录 30 秒内插入细铁柱的数量；装配测验，记录 1 分钟内的装配数。上述两种测验都有常模。

（7）各种感觉检查：对个体的浅感觉和深感觉进行检查。浅感觉有温度觉、触觉、痛觉等;深感觉有振动觉、运动觉等。

(8)视力及听力检查:对个体的视力和听力情况进行检查。

2.智力检查

(1)韦氏成人智力测验

韦氏成人智力测验(Wechsler Adult Intelligence Scale,WAIS)是韦氏智力量表中的一部分。我国学者龚耀先在1981年主持修订了WAIS(1955年版),成为中国的韦氏成人智力量表(WAIS—RC)。韦氏成人智力测验分城市式和农村式,测试对象是16岁以上人群,采用个别施测的方法进行测量。韦氏成人智力测验包括11个分测验,分成言语量表和操作量表两部分(详见表3-6),各分测验量表的智商之和就是总智商,通过比较各项得分,找出残疾人能力上的强、弱项,便于对智力特点进行分析。

表3-6  韦氏成人智力测验内容及测验功能一览表

| 测验 | 分测验 | 主要测验功能 | 有无时限 |
|---|---|---|---|
| 言语量表 | 知识 | 知识广度、学习及接受能力、材料记忆能力、日常事物辨识能力 | 无 |
| | 领悟 | 一般知识、判断能力、运用实际知识解决新问题能力、抽象思维能力 | 无 |
| | 算术 | 数学计算的推理能力、主动注意能力 | 有 |
| | 相似性 | 逻辑思维能力、抽象思维能力、概括能力 | 无 |
| | 数字广度 | 注意力、短时记忆能力 | 无 |
| | 词汇 | 言语理解能力、抽象概括能力、知识范围、文化背景 | 无 |
| 操作量表 | 数字符号 | 一般学习能力、知觉辨别能力及灵活性、动机强度 | 有 |
| | 图画填充 | 视觉辨认能力、视觉记忆能力、视觉理解能力、智力的G因素 | 有 |
| | 木块图 | 空间关系辨认能力、视觉结构分析和综合能力、视觉运动协调能力 | 有 |
| | 图片排列 | 分析综合能力、因果关系观察能力、社会计划性、预期力、幽默感 | 有 |
| | 图形拼凑 | 局部与整体关系处理能力、概括思维能力、知觉组织能力、辨识能力 | 有 |

(2)瑞文推理测验

英国心理学家瑞文(J.C.Raven)在1938年编制了一个测量个体推理能力的测验,

被人们称为瑞文推理测验(Raven's Standard Progressive trices,SPM),该测验是一种非文字测验,不受文化和地域的限制,可以跨文化和跨地域使用。瑞文推理测验共60张图片,由5个单元的渐进矩阵图片组成,5个单元的题目难度逐渐增加,每个题目由一幅缺少一小部分的大图片和6~8张小图片作为选项组成。测验中要求被测者根据大图片内图形间的某种关系,来选择小图片中的哪一张填入最合适,该测验主要用于智力的了解和筛选。瑞文推理测验适合团体施测,也可单独施测。

3.职业倾向测验

职业倾向测验是由美国学者约翰·霍兰德编制。他认为个体从事的职业与个体的兴趣存在很高的关联性,他将人分为现实型、社会型、传统型、研究型、企业型、艺术型六大类,并将社会上的职业归为数量有限、适合操作、名称同样的六大类。据此,残疾人的职业倾向受三方面因素的影响,分别是兴趣——想做什么、能力——能做什么、人格——适合做什么,具体内容如下:

(1)兴趣倾向:评估人员列举一些具体活动或职业,残疾人根据自己喜好作答。

(2)个体经历:残疾人根据自己能够做得很好,或能够胜任的活动作答。

(3)人格倾向:残疾人根据自己的性格、气质等实际情况作答。

职业倾向测验能够帮助残疾人更加全面、准确地了解自己,在测试过程中,也是残疾人进行学习的一个过程。

4.职业操作能力检查

(1)手腕作业检查盘(Peg Board)测试:该测试用来测量个体的心理运动——手眼协调能力,通过对双手和单手的提取、放置、翻转、插入小圆棒等观察其理解及操作能力、忍耐力、注意力、情绪调整及手指手腕协调性,评定出精细小动作的速度和准确度。

(2)机械能力测验(克劳福小部件灵活测验):该测验用来评定手指与手腕灵活性,用镊子与小改锥将螺栓、小金属插销和小垫圈插入或旋入相应的孔中,以完成两项测试作业的时间作为残疾人的成绩。

> **五、评估模式**

为了说明我国残疾人职业能力评估模式的现状,结合杜林[①]的研究成果,研究者运用《残疾人职业能力评估问卷》进行调查发现,我国对残疾人进行职业能力评估主要采用三种模式,即学校基础上的职业能力评估模式、职业康复模式和跨学科职业能力评估模式,这三种评估模式的比例分配详见图3-1。

---

① 杜林.残疾人职业评估:以 M 中心为例[D].武汉:华中师范大学,2014.

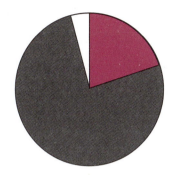

■学校基础上的职业能力评估模式

■职业康复模式

□跨学科职业能力评估模式

**图 3-1　残疾人职业能力评估模式比例图**

学校基础上的职业能力评估模式是指为发展不利学生和轻、中度残疾学生服务的评估模式,评估一般包括两到三个阶段,具体评估内容如表 3-7。

**表 3-7　学校基础上的职业能力评估内容汇总表**

| 阶段 | 时间 | 评估内容 | 评估方法 | 评估目的 |
|---|---|---|---|---|
| 第一阶段 | 小学 | 残疾学生的需要、兴趣、价值、沟通能力、决定能力等 | 访谈法、心理测验等 | 搜集残疾学生的基本资料,了解残疾学生的基本能力 |
| 第二阶段 | 中学 | 残疾学生的职业兴趣、职业态度、工作习惯以及职业成熟度 | 访谈法、观察法、测验等 | 探索残疾学生的职业兴趣、职业能力,同时根据评估结论帮助残疾学生制定职业训练目标 |
| 第三阶段 | 高中 | 针对第二阶段残疾学生的职业训练效果,再次对残疾学生的职业能力进行评估 | 工作样本评估法、情境评估法、现场评估法等 | 发现残疾学生在第二阶段评估和职业训练的成效,以及就业时需要的特别支持,同时第三阶段的评估还用来了解残疾学生在社区生活中所需要的技能 |

职业康复模式是指残联部门和民间职业康复机构为残疾人职业发展而进行的评估,职业康复模式的评估对象一般是有就业需求的成年残疾人,评估的目的一方面在于了解残疾人的职业能力,为残疾人提供就业安置的建议,一方面在于通过职业训练和就业的途径来促进残疾人各项功能的康复。研究者在调查中发现,职业康复模式是目前我国主要采用的残疾人职业能力评估模式,这种情况与我国残疾人康复的最终目标是相符的,我国残疾人康复的目标是让残疾人融入社会并能有效参与社会,而职业训练和就业是最好的途径。残疾人掌握一定的职业技能,在就业中充分发挥自身优势,运用职业技能创造出社会财富,得到用人单位和社会各界的肯定,是残疾人价值的

充分体现,是残疾人自我实现需求的满足,也是残疾人社会属性发展的彰显。另外,残疾人在工作岗位上,通过劳动使身体各项功能得到有效锻炼,并在与同事交往,处理工作中的各项事务中不断提高自身的沟通能力、自我决定能力、解决问题的能力等。因此,在我国目前大力发展残疾人康复事业的背景下,将残疾人职业能力评估纳入到残疾人职业康复的大系统中,充分发挥职业能力评估的作用,是十分必要的。

跨学科职业能力评估模式是指由医学、教育学、心理学、社会学等领域专家组成跨学科评估团队,对残疾人开展职业能力评估,目前我国采用这种评估模式较少,是我国残疾人职业能力评估发展的方向。

## > 六、评估人员专业能力

研究者运用《残疾人职业能力评估问卷》进行调查发现,我国残疾人职业能力评估人员的专业能力主要有先进的评估意识、精熟的评估知识、熟练使用评估工具的能力、灵活采用评估方法的能力、沟通能力、处理评估结果的能力(各种能力的比例情况详见图3-2),由图3-2可见,在各种专业能力中,人们认为熟练使用评估工具的能力最为重要,其次是精熟的评估知识和灵活采用评估方法的能力,沟通能力、先进的评估意识和处理评估结果的能力比例稍低。

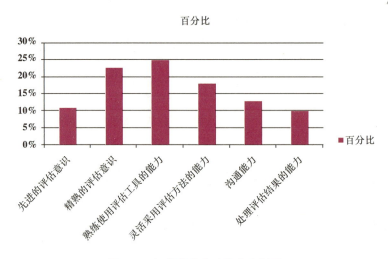

图3-2　评估人员专业能力比例图

除评估人员外,还有哪些人员应该参与到残疾人职业能力评估工作中呢? 为了了解这个问题,研究者运用《残疾人职业能力评估问卷》进行了调查,结果发现,家庭成员、教师、社区管理人员、政府人员和用人单位,都可以参与到评估工作中,他们在评估中的角色各有不同。家庭成员可以提供残疾人基本信息,帮助残疾人选择评估方案,并对方案的执行情况进行监督,随时提出改进的建议;教师需要根据评估结果,对残疾人开展有针对性的职业训练;社区管理人员可以协助评估人员开展评估,对残疾人职业训练环境加以改善;政府人员可以制定残疾人职业能力评估的相关政策,为评估工作的开展提供政策保障;用人单位可以根据评估结果,为残疾人提供适当的工作岗位,做到人尽其才。专业的评估人员与这些人员通力配合,让残疾人职业能力评估工作得以全面开展。

> ### 七、评估工具

研究者通过查阅文献和调查可知,目前我国残疾人职业能力评估使用的工具主要有《残疾人职业适应性量表》,分为《北京市肢体残疾人职业适应性量表》和《北京市聋人职业适应性量表》,中国残联的"残疾人职业能力评估系统",华东师范大学编制的《广泛性发展障碍青少年自立能力评价量表》、重庆师范大学设计的"自闭症儿童发展本位行为评量系统"等,其中《残疾人职业适应性量表》和"残疾人职业能力评估系统"是针对肢体残疾人士和听力障碍人士的评估工具,而华东师范大学编制的《广泛性发展障碍青少年自立能力评价量表》和重庆师范大学设计的"自闭症儿童发展本位行为评量系统"是针对自闭症谱系障碍人士的评估工具,具体情况详见表3-8。

表3-8　残疾人职业能力评估工具及适用对象统计表

| 评估工具 | 适用对象 |
| --- | --- |
| 残疾人职业适应性量表 | 肢体障碍人士、听觉障碍人士 |
| 残疾人职业能力评估系统 | 肢体障碍人士、听觉障碍人士 |
| 广泛性发展障碍青少年自立能力评价量表 | 自闭症谱系障碍人士 |
| 自闭症儿童发展本位行为评量系统 | 自闭症谱系障碍人士 |

## 第二节　香港地区残疾人职业能力评估发展概况

残疾人职业能力评估是指运用科学的方法,对其知识水平、人格特征、兴趣倾向、发展潜力、自身能力与技能等进行分析、测量、评鉴的过程,以评估残疾学生的实际能力和职业发展途径,分析其职业适合的方向,为其提供职业选择的手段与方法[1]。根据《国际功能、残疾和健康分类》(ICF)的理念,职业能力评估既包括对残疾学生工作能

---

① 王丹,汤明琪.认识残疾学生职业能力评估[J].中国残疾人,2011(12):50-51.

力的评估,也包括对残疾学生工作环境的评估。因此,职业能力评估应该遵循生态性原则,即通过各种评估工具对残疾学生进行职业能力评估,并对工作场所进行生态分析①。

## > 一、香港地区残疾人职业能力评估的现状

### (一)制度安排

香港特别行政区政府规定必须提供残疾人必要的职业能力评估,以了解每一位残疾人的服务需求。在香港地区,残疾人职业能力评估的权责单位是职业训练局,同时,职业训练局也是受理执行残疾人职业能力评估的单位,其性质属于公办公营,残疾人可以直接向职业训练局申请职业能力评估服务,职业能力评估报告的作用主要是提供残疾人了解本身的就业相关能力与适合安置的方向等信息②。香港地区残疾人职业能力评估的内容分为两大类:第一类是提供所有残疾人识别自己在工作、训练或再训练方面的潜能、倾向、兴趣与限制的"综合职业能力评估",每个综合职业能力评估所需的时间为三周。第二类是特别为庇护工场个案,以及就读于特殊教育学校毕业班的十五岁以上肢体残疾、听力障碍以及视力障碍等学生而设计的"专项职业能力评估",智障者所需的评估时间为三天,而肢体残疾、听力障碍和视力障碍者则要参加为期一周的评估。每位受评者必须完成整个评估程序,内容包括:身体评估、心理及教育评估、工作评估等。此外,专项职业能力评估的内容包括:学术水平测验、工作能力及表现观察、职业兴趣评估及手眼协调与灵活性等③。

### (二)服务内容

#### 1.评估工具

香港地区残疾人职业能力评估服务在设施及制度上已颇具规模,其采用的评估设施是多元化的,并引用国外的评估器材,修订成适合香港地区文化的测试工具,并建立香港地区残疾人所使用的常模。

#### 2.评估团队

香港地区的职业能力评估服务参考国际已有的职业能力评估程序,集合不同康复专业人员的意见,以综合专业评估小组的方式进行。评估小组的成员包括医生、就业主任、残疾人职业训练主管、特殊教育专家、助理社会工作主任、职业治疗师、注册护

---

① 刘东刚.残疾学生生态性职业评估模式初探[J].中国特殊教育,1999(4):13-15.
② 香港康复计划方案检讨工作小组.职业训练局为残疾学生士提供的职业训练服务[M].香港:职业训练局,2005:232.
③ 陈苏华福.综合职业评估简介[M].香港:职业训练局,2000:89.

士、评估工作导师等。通过职业能力评估服务,可获得有助于为个别残疾人制定就业计划的重要资料,例如有关残疾学生在公开市场就业,以及接受辅助就业、庇护工场和职业训练的潜能等相关资料①。

3.外展评估

香港地区为解决残疾人所面对的交通问题,尤其是行动有困难的残疾人,职业能力评估服务人员分别会在观塘技能训练中心、屯门技能训练中心及薄扶林技能训练中心,为有需要的残疾人提供评估服务。同时面对庇护工场的残疾人对评估服务的需求,自2001年2月,职业训练局开始推行外展评估服务,即到庇护工场为残疾人进行职业能力评估。此外,部分特殊教育学校也提出外展评估服务要求,职业能力评估服务人员基于有限资源条件下,于2003年4月首度尝试以外展形式为两所特殊教育学校提供外展职业能力评估服务②。

> ## 二、香港地区残疾人职业能力评估的特点

### (一)评估程序严格

香港地区残疾人职业能力评估参照国际规范,全体残疾人都要接受"综合能力评估",部分特殊群体还要接受"专项能力评估",评估要集合不同康复专业人员的意见,最后获得就业计划的重要资料,以及接受辅助就业、庇护工场和职业训练的潜能等相关资料。同时,香港地区所采用的评估工具大多已建立香港地区残疾人所使用的常模,使评估结果更加科学和客观。

### (二)评估内容丰富

香港地区的残疾人职业能力评估内容全面而丰富,既有针对工作技能本身的评估,也有针对工作环境的评估,体现出评估的生态性要求。香港地区既有针对所有残疾人的"综合职业能力评估",也有为庇护工场个案、肢体残疾、听力障碍以及视力障碍人等特殊群体设计的"专项职业能力评估",每位残疾人都要完成身体评估、心理及教育评估、工作评估等,专项职业能力评估则包括学术水平测验、工作能力及表现观察、职业兴趣评估及手眼协调与灵活性等。

### (三)评估对象覆盖面大

香港地区残疾人职业能力地区评估对象覆盖面大,不仅包括残疾人,还包括了所有有评估需求的人群。这表明香港地区对"残疾"的认识是从个体功能是否能够实现

---

① 陈苏华福.综合职业评估简介[M].香港:职业训练局,2000:90.
② 观塘技能训练中心.职业评估服务简介[M].香港:职业训练局,1996:103.

的角度出发,重视环境和社会对个体功能实现的影响。

### (四)跨领域专业团队合作

残疾人职业能力评估是一个复杂的过程,需要集合医学、社会学、心理学、特殊教育学、康复学等各领域知识,综合作出判断,因此,评估团队的组成和评估人员的素质直接决定了评估结果的科学性与准确性,是职业能力评估的关键因素。香港地区残疾人职业能力评估重视跨领域专业团队合作,评估是以综合专业评估小组的方式进行,评估小组成员来自医学、社会、教育等各领域专家。

## 第三节　台湾地区残疾人职业能力评估发展概况

我国台湾地区的特殊教育始于 1891 年,英国牧师甘为霖在台南设立训瞽堂(后改为台南盲哑学校,为当前台南启聪学校前身),教授盲人学习简易读算、音乐、点字等课程。台湾地区将残疾人称为身心障碍者,是指持有身心障碍手册的人员。2013 年修订的特殊教育的有关规定明确将身心障碍者定义为:"因生理或心理之障碍,经专业评量及鉴定具有学习特殊需求,须特殊教育及相关服务措施之协助者。"台湾地区身心障碍者包括 13 类,分别是智能障碍、视觉障碍、听觉障碍、语言障碍、肢体障碍、脑性麻痹、身体病弱、情绪行为障碍、学习障碍、多重障碍、自闭症、发展迟缓、其他障碍。目前,台湾地区身心障碍者有 117 万人,约占台湾地区总人口的 5%,从总体上讲,当前台湾地区特殊教育的发展呈现出"推行适性服务,建构优质化与精细化的特殊教育"[①]的特点。台湾地区的残疾人职业能力评估称为职业辅导评量,简称职评(下文均称职业辅导评量),是指透过生理、心理、兴趣、性向、体能和工作行为等向度评量,快速地找出身心障碍者的工作潜能与职业康复需求的方式。

### ＞　一、职业辅导评量的内涵

台湾地区的职业辅导评量从 1999 年开始推动发展,每年有近 1000 名身心障碍者接受职业辅导评量服务,在专业人员、家长、身心障碍者的共同努力下,台湾地区逐步修正完善了职业辅导评量的架构、内容及工具,积累了一些评量经验。一般而言,通过职业辅导评量可以了解身心障碍者目前的身体状况是否适合工作,比较喜欢做什么工

---

① 王瑜,李坤.中国台湾地区特殊教育立法经验对大陆特殊教育"法制化"的启示[J].中国特殊教育,2015(5):9-14.

作,有哪些能力做哪些工作,以及何种限制导致其无法工作,等等。

## > 二、职业辅导评量的目的

台湾地区的身心障碍者职业辅导评量具有明确的目的,对身心障碍者的教育、就业等工作的开展提供了有针对性的指导意见。评量目的体现在四个方面。第一,获取职业能力的信息:职业辅导评量是借由评量身心障碍者的人格特质、职业性向、职业兴趣、功能性身体能力、工作态度与行为等,了解及确定身心障碍者的职业助力与阻力;第二,预测就业方向:职业辅导评量的目的是预测身心障碍者是否能够工作,以及此身心障碍者的就业方向与潜能,并找出适合其从事的工作;第三,为就业服务计划拟定提供依据:通过职业辅导评量,可以让就业服务单位、职业训练部门、庇护工场、支持性就业服务部门、特殊教育学校或学校中资源班等单位的相关人员拟定身心障碍者的个别化就业计划(IPE),或个别化转衔计划书(ITP)、个别化教育计划书(IEP),为身心障碍者提供适切的就业服务与安置;第四,为复健计划书的拟定提供依据:复健单位可以依据职业辅导评量的资料,增强身心障碍者的优势,并让工作、居家、社区环境更适合身心障碍者的功能。

## > 三、职业辅导评量的对象

根据台湾地区 2008 年 2 月 12 日修订的"身心障碍者职业辅导评量实施方式与补助准则"中的规定,职业辅导评量的对象有五类。第一类指有就业或接受职业训练意愿,经评量需要职业辅导评量的人员,例如有就业意愿的适龄身心障碍者,或者因为失业而需要再就业或重返职场的身心障碍者;第二类指需要为其提供庇护性就业服务的身心障碍者,或者已于庇护工厂就业,经评量不适合庇护性就业的身心障碍者,例如就业服务单位中的身心障碍者,或者庇护性职场中的身心障碍者;第三类指医疗复健稳定(医疗复健稳定并持有身心障碍手册者),有就业意愿,经评量需要职业辅导评量者,例如因为职业伤病进行医疗复健,复健效果较好且稳定,可以再就业或重返就业市场的身心障碍者;第四类指中学以上的应届毕业生,有就业意愿,经评量需要职业评量者,例如高三应届毕业生且不愿意或不能继续升学,需要就业转衔者;第五类指其他经主管机关认定的身心障碍者,例如职业训练局认为需要进行职业辅导评量的身心障碍者。这五类职业辅导评量的对象分别在人生的不同阶段,因为不同的原因需要接受职业辅导评量,有些是由学校进入职场需要职业辅导评量,有些是由原来的工作尝试转换不同的工作岗位需要职业辅导评量,然而其共同点都是身心障碍者面临职业生涯的转折点,需要职业重建的协助。因此,对于不同职业生涯阶段的身心障碍者,职业辅导评量的结果可以帮助其在就业转衔阶段进行抉择。另外,身心障碍者是否需要接受职业辅导评量、接受哪些职业辅导评量项目、运用什么评量工具、评量结果如何解释等,都需要专业的判断。关于职业辅导评量如何申请,台湾地区"身心障碍者职业辅导评量实施方式与补助准则"做出明确规定,只要领有身心障碍手册,经由学校、社区服务机构、医院或职业训练单位、社区福利机构等单位内的教师,就业辅导员与医疗人员的专业评量中有职业辅导评量的需求,并进行转介,都可以获得免费的职业辅导评量服务。但是,需要注意的是,台湾地区目前不受理家长的个别申请。

> ### 四、职业辅导评量实施的方式

在进行职业辅导评量时,评量人员通常先以晤谈的方式了解身心障碍者的工作史、教育过程、工作选择倾向等问题,再选择性地利用心理评量工具进行职业兴趣、职业性向、工作行为、工作态度等方面的测试,如有必要会进行工作样本、情境模拟、现场试做等较为费时、费钱的评量方式。需要强调的是,职业辅导评量的选择必须依据身心障碍者的需求而定,并非做得越多越好,具体的职业辅导评量实施方式和评量内容详见图3-3。

| 评量方式 | 晤谈 | 心理评量 | 工作样本 | 情境模拟 | 现场试做 |
|---|---|---|---|---|---|
| 评量内容 | 身心状况<br>教育史<br>工作史<br>经济条件<br>考虑事项 | 职业兴趣<br>职业性向<br>智力测验 | 身体机能<br>职业性向<br>工作物质<br>职业兴趣 | 听从指令<br>同事相处<br>工作耐力<br>挫折容忍 | 工作态度<br>工作技能<br>工作习性<br>身体机能 |

省时
花费较少 ←——————————————————————→ 费时
花费较多

**图3-3　职业辅导评量实施方式图**

另外,近年来身心障碍者的教育受到重视,更多身心障碍者有机会接受高中以上⋯心障碍者的职业生涯规划也成为学校辅导教师协助的重点。为了协助身心⋯业生涯规划,学校辅导教师常常会根据学生的各项特质(如兴趣、工作⋯拟定个别化就业转衔计划。在拟定个别化就业转衔计划时,学校辅⋯体系职业辅导评量服务资源,依据台湾地区在2002年"身心障⋯实施方案"中规定的"各高中(职)学生应于一年级时办理职业辅⋯辅导教师并视需要于学生毕业前1年通报劳政单位协助办理职业辅导评量"来开展工作。但相关人员在运用职业辅导评量服务时,常有过度使用评量资源或错误期待评量结果的现象,例如,未进行需求评量而将全班全部学生转介至职业辅导评量服务单位接受评量,或者无法就个别学生需要拟定职业辅导评量待答问题,所有学生转介职业辅导评量的待答问题皆相同,抑或是希望凭借职业辅导评量报告的公信力,协助教师解决无法说服家长有关学生未来安置方向的矛盾。由于学校辅导教师具有长期协助学生的经验,对个别学生的认识也相对深刻,由学校先以自身资源进行评量,必要时再转介做职业辅导评量,将有事半功倍的效果。因此,对于高三应届毕业学生就业转衔职业辅导评量流程,提出以下建议。

第一,汇整资料,判断学生的就业准备度。学校辅导教师需要先就学生过去的学习记录、医疗资料、家庭状况资料、个别化教育计划书与记录等进行分析,判断学生可能的就业潜能、具有的技能、职业兴趣与职业性向等。具体的评量方式和可获得的职业辅导评量资料情况详见表3-9。

表3-9 评估方式与对应的职业能力评估资料信息表

| 评量方式 | 可获得的职业辅导评量资料 |
| --- | --- |
| 一般行为观察 | 衣着卫生(生活自理与家庭支持度)、生理状况(行动、视听觉、反应、健康)、准时(工作态度、接受就业服务动机)、语言表达方式、情绪表达方式、人际互动 |
| 家庭状况资料(如家庭史、疾病史等) | 动机、价值观、家庭期待与需求、家庭支持度、家庭重要他人 |
| 学习表现记录(如IEP综合评量表等) | 学习能力、职业性向、职业技能、职业兴趣、学习态度、期待与兴趣、其他需求 |
| 职业教育与实习工作经验 | 职业技能、可转移的工作技能、工作态度、人际互动、工作概念、工作动机 |
| 医学相关报告(医学复健合作计划中的健康检查记录、语言障碍评量表) | 职场环境的选择(湿度、温度、过敏性物质、职务再设计需求、持续力) |
| 心理特点相关报告 | 可能的精神障碍、社会适应、认知缺陷、工作气质等 |

第二,检视在学生的资料中是否有互相矛盾不清楚之处,或是某部分资料不够完整而有进一步进行资料收集或相关评量的必要性。

第三,优先考虑利用校内资源,例如需要观察某些学生各项工作态度与工作模式,则可以利用职业训练课程或实习课程的时段,进行深度观察。具体的职业辅导评量方式与学校可能具备的资源详见表3-10。

表 3-10    评量方式与对应的学校资源信息表

| 评量方式 | 学校可能具备的资源 |
|---|---|
| 标准化纸笔测验(性向、兴趣、成就测验) | 各项学科测验、职业兴趣、智力测验、职业性向测验等 |
| 工作样本 | 职能治疗人员的评量工具 |
| 情境模拟 | 职业训练设备(如烘焙、美容、洗车、厨具、电脑等) |
| 现场试做 | 实习场所 |

　　第四,善用校内教师与专业团队资源。学校的教师、职能治疗师、心理咨询师、社工、物理治疗师等,只要加以适当的训练,也可以以其专业特长进行职业辅导评量。具体的学校职业辅导评量团队人员与对应的专长领域详见表 3-11。

表 3-11    学校职业辅导评量团队人员与对应的专长领域

| 学校职业辅导评量团队人员 | 专长领域 |
|---|---|
| 就业服务人员或社工人员 | 就业市场资讯、就业服务资源、学生家庭状况、工作行为观察、就业支持方法与策略 |
| 职能治疗、医疗背景人员 | 生理特质评量、工作样本操作、辅助器材使用、就业支持方法与策略 |
| 特殊教育教师 | 学生的职业性向与职业兴趣探索、学生学习能力评量、工作行为观察、就业支持方法与策略 |
| 心理工作人员 | 标准化测验的使用、行为观察 |

　　第五,转介外界职业辅导评量资源。综合上述资料的汇整分析,运用学校现有资源,若发现对于学生的就业转衔计划拟定仍有所不足,可以将学生转介至劳政系统开展职业辅导评量服务。但在转介时需要注意,转介前应该有足够的准备,在转介过程中需要检视学生生理特质、教育或职业经验、沟通能力、工作人格、情绪行为表现等现状,同时也可以参考职业辅导评量转介流程图(图 3-4)中的指标,以形成转介目的,或是判断是否需要就转介做进一步的职业辅导评量或医疗评量鉴定。

　　另外,为了确保职业辅导评量不被滥用,相关人员可以采用下列检核表进行检核,以确定是否将身心障碍者转介至其他职业辅导评量单位,内容详见表 3-12。

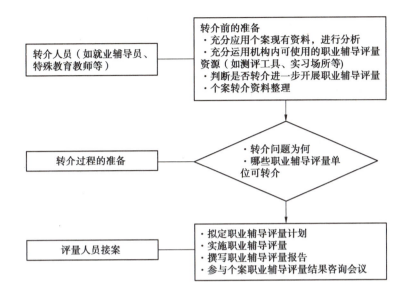

**图 3-4　职业能力评估转介图**

**表 3-12　职业辅导评量转介检核表**

| 检核表内容 |
|---|
| (1)根据身心障碍者过去的教育学习资料与行为记录,以及晤谈观察分析结果,仍无法决定身心障碍者的职业方向与适应职场,可考虑转介,进一步做职业辅导评量。 |
| (2)根据身心障碍者过去的教育学习资料与行为记录,以及晤谈观察分析结果,仍无法判断身心障碍者的职业技能与职业训练的潜力,可考虑转介,进一步做职业辅导评量。 |
| (3)根据身心障碍者过去的教育学习资料与行为记录,以及晤谈观察分析结果,仍无法判断身心障碍者实际职场的人际互动、工作态度与职场概念者,可考虑转介,进一步做职业辅导评量。例如智力障碍、脑损伤、慢性精神疾病患者,缺乏工作经验者常常需要此项评量。 |
| (4)身心障碍者缺乏教育学习资料与医疗行为等记录,经晤谈观察分析结果,仍无法决定身心障碍者的职业方向与适合职场,可考虑转介,进一步做职业辅导评量。 |
| (5)身心障碍者就业短期内重复被辞退,根据身心障碍者过去的行为记录与晤谈观察结果分析后,真正原因仍待了解,可考虑转介,进一步做职业辅导评量。 |
| (6)身心障碍者少有工作经验,缺乏职场的认知与概念,根据过去的行为记录与晤谈观察结果,难以判断未来适合的职场方向者,可考虑转介,进一步做职业辅导评量。 |
| (7)身心障碍者为中途致残成为身心障碍者,对于未来职务内容的期待,与晤谈观察结果有明显落差,难以判断未来适合的职场方向者,可考虑转介,进一步做职业辅导评量。 |
| (8)根据身心障碍者过去的行为记录与晤谈观察结果判断,身心障碍者可能有情绪或行为上的问题,例如慢性精神疾病与酗酒行为,但缺乏正式资料佐证,可考虑转介,进一步做医疗评量鉴定。 |

续表

| 检核表内容 |
| --- |
| (9)根据身心障碍者过去的行为记录与晤谈观察结果判断,身心障碍者可能有视力、听力或其他生理功能上的问题,可考虑转介,进一步做医疗评量鉴定。 |
| (10)根据医疗记录与晤谈观察结果,无法判断身心障碍者的心理或生理状况是否已经稳定,或仍持续发展当中(恶化或进步中),可考虑转介,进一步做医疗评量鉴定。 |
| (11)身心障碍者可能需要辅具或职场上的职务再设计,可考虑转介,进一步做职业辅导评量。 |
| (12)依据现行法规规定,身心障碍者有必要于一定期间接受职业辅导评量者,可考虑转介,进一步做职业辅导评量。 |

  总而言之,台湾地区的身心障碍者职业辅导评量从 1999 年开始推动,迄今为止已有 20 年的历史,在评估内容、实施方式上逐步形成了比较成熟的做法,职业辅导评量展现出一个完整、专业的评量过程,除了需要评量及收集身心障碍者在医学、心理、社会、就业、教育、文化、经济方面的数据之外,还需要获得身心障碍者的职业兴趣、智力、身体能力、工作耐力以及特殊技能方面的信息,以获得及预测身心障碍者的职业表现、就业潜在能力等方面的信息,为身心障碍者的职业生涯发展提供有针对性的指导,极大地提高了身心障碍者的就业质量。

# 第四章
# 残疾人职业能力评估的内容、原则、方法

## 第一节 残疾人职业能力评估的具体内容

研究者经过查阅文献、调查和访谈,提出我国残疾人职业能力评估的内容应该包括:一般能力评估、工作能力评估、工作技能评估、工作态度评估、支持服务评估等五个方面。这五方面既有与工作直接相关的技能,也有与工作间接相关的技能,具体的评估内容如下:

### > 一、一般能力评估

残疾人职业能力评估首先要进行一般能力评估,在工作中,一般能力是指残疾人从事活动和生存的基本能力,如独立生活能力、理解能力、认知能力、表达能力、合作能力、人际关系能力、大肌肉操作能力、手眼协调能力、精细动作能力、娱乐活动能力等,其中,独立生活能力是一般能力中最重要的能力,它是指个体在居家生活中能否照顾自己,以及能否参与社区活动的能力,在评估时,主要评估躯体功能、认知能力、社会交流能力等方面。目前,评估独立生活能力最常用的工具是功能独立性评定量表(Functional Independence Measure,FIM),具体内容见表4-1。

表4-1 功能独立性评定量表内容一览表

| 一级指标 | 二级指标 | 三级指标 | 完全独立 | 有条件的独立 | 监护或准备 | 少量帮助 | 中等量帮助 | 大量帮助 | 完全依赖 |
|---|---|---|---|---|---|---|---|---|---|
| 躯体运动功能 | 自我照料 | 进食 | | | | | | | |
| | | 梳洗 | | | | | | | |
| | | 洗澡 | | | | | | | |
| | | 穿裤子 | | | | | | | |
| | | 穿上衣 | | | | | | | |
| | | 如厕 | | | | | | | |

续表

| 一级指标 | 二级指标 | 三级指标 | 完全独立 | 有条件的独立 | 监护或准备 | 少量帮助 | 中等量帮助 | 大量帮助 | 完全依赖 |
|---|---|---|---|---|---|---|---|---|---|
| 躯体运动功能 | 括约肌控制 | 膀胱控制 | | | | | | | |
| | | 直肠控制 | | | | | | | |
| | 转移 | 床/椅/轮椅的转移 | | | | | | | |
| | | 用厕的转移 | | | | | | | |
| | | 入浴的转移 | | | | | | | |
| | 行走 | 步行/轮椅 | | | | | | | |
| | | 上下楼梯 | | | | | | | |
| 认知功能 | 交流 | 理解能力 | | | | | | | |
| | | 表达能力 | | | | | | | |
| | 社会认知 | 社会关系 | | | | | | | |
| | | 问题解决 | | | | | | | |
| | | 记忆 | | | | | | | |

注:本表内容根据网络资料整理而成

评分标准:

7分:完全独立;6分:有条件的独立;5分:监护或准备;4分:少量帮助;3分:中等量帮助;2分:大量帮助;1分:完全依赖。

评估最终得分为各项分数相加,最高为126分,最低为18分,得分越高,表示独立性越好,依赖性越小。

根据评估结果可以将个体的独立生活能力分为以下七个等级:

126分:完全独立;108~125分:基本独立;90~107分:极轻度依赖;72~89分:轻度依赖;54~71分:中度依赖;36~53分:重度依赖;19~35分:极重度依赖;18分:完全依赖。

另外,理解能力和认知能力可以通过韦氏智力测验、瑞文测验进行测量。表达能力、合作能力、人际关系能力、娱乐活动能力等可以通过观察进行测量。大肌肉操作能力、手眼协调能力、精细动作能力等均可以通过上述残存功能检查和操作能力检查加以评估,也可以通过评估人员自己设计的评估方式进行评估,评估形式比较灵活多样。

## > 二、工作能力评估

工作能力是指残疾人从事职业活动应具备的身体素质和心理素质。工作能力是从事任何工作的基本能力,也是最重要的能力。工作能力不受个体主观能动性的支配,是一种客观存在的能力,换言之,一个没有工作能力的残疾人很难发展出针对特定工作的工作技能,例如听力障碍人士无法从事电话接听的工作。因此,对残疾人开展工作能力评估的意义就在于考察残疾人是否有发展某一领域工作技能的潜力,这样,残疾人就可以根据自己的实际情况进行就业选择,也方便雇主根据残疾人的实际能力安置工作。在研究过程中,研究者自编了《残疾人职业工作能力评估量表》,可以对残疾人的工作能力进行评估。《残疾人职业工作能力评估量表》包括四个部分,分别是生理层面评估、心理层面评估、个人生活表现/家庭/社会方面评估、就业相关助因与阻因分析。

生理层面评估包括四方面:生活自理(评估目的:了解生活自理能力可能会影响到个人的就业情形)、身体功能(评估目的:了解障碍等生理限制可能会影响到个人和工作的匹配度)、感官功能(评估目的:了解视觉、听觉、平衡觉可能会影响到个人和工作的匹配度)、医疗状况(评估目的:了解接受医疗服务情形、健康状况、障碍状况可能会影响到个人和工作的匹配度),生理层面评估的方式主要采用晤谈询问、观察、搜集参考资料等。

心理层面评估包括四方面:认知能力(评估目的:了解认知程度可能会影响到个人和工作的匹配度)、人格特质(评估目的:了解人格特质可能会影响到个人和工作的匹配度与工作表现)、社交技巧(评估目的:了解人际互动情形可能会影响到个人的工作表现)、适应能力(评估目的:了解适应能力可能会影响到个人的工作表现),评估方式主要采用晤谈询问、搜集参考资料等。

个人生活表现/家庭/社会方面评估主要包括三方面,分别是:个人生活状况(评估目的:一是了解生活作息、生活形态,可能会影响到个人的工作表现,如:准时、工作精神与体力;二是了解休闲活动及其嗜好是否影响工作表现,以及本身安排自己生活的情形;三是了解宗教信仰对其精神寄托的影响,以及参与宗教活动与工作重要取舍决定)、家庭系统(评估目的:了解家庭结构、形态、家庭成员之间的关联性,家庭状况可能会影响到个人和工作表现,做计划与决定的重要决策者,以及就业时家庭可能的支持程度与影响)、社会系统(评估目的:了解生活环境、社交网络,以及个人不直接参与或介入的社会系统,但对生活却有影响的机构;以及整体文化环境的价值观,可能会影响到个人和工作表现,以及可能的支持程度),评估方式主要采用晤谈询问、搜集参考资料等。

就业相关助因与阻因分析从四方面展开:职业生涯期待与就业准备能力(如:就业动机、兴趣、性向、工作技能等)、生理层面(如:身体/感官功能、医疗状况等)、心理层面(如:认知、人格特质、社交技巧适应能力等)、个人生活/家庭/社会层面(如:家庭、社会系统等)。《残疾人职业工作能力评估量表》具体内容见表4-2。

## 表4-2 残疾人职业工作能力评估量表内容一览表

第一部分 生理层面评估

| | | |
|---|---|---|
| 生活自理:<br>1.日常生活生理功能<br>2.外观/个人卫生 | 评估目的:<br>了解生活自理能力可能会影响到个人的就业情形 | 评估技巧:<br>1.晤谈询问<br>●生活上是否有需要协助的地方(如用餐、喝水、如厕、洗澡、吃药等)?<br>●如果生活需要他人协助,如何协助?<br>●如何从住的地方去想去的目的地?<br>●交通上有没有他人/工具协助的部分?<br>●使用什么交通工具?<br>2.观察评量<br>●日常生活使用的辅具:<br>●服装仪容: |
| 身体功能:<br>1.上下肢功能<br>2.姿势变换<br>3.行动能力<br>4.忍耐力 | 评估目的:<br>了解障碍等生理限制可能会影响到个人和工作的匹配度 | 评估技巧:<br>1.观察评量<br>●依指示执行手部操作的能力:<br>●拿笔写字时的动作:<br>●翻找证件时的动作:<br>●穿脱外套的动作:<br>●身体姿势改变时的表现:<br>●运动时是否使用辅具:<br>●身体平衡情况:<br>●行走时身体摆动的情况:<br>●工作持续性的表现情况:<br>2.收集相关信息<br>●医学诊断记录: |
| 感官功能:<br>1.视觉<br>2.听觉<br>3.平衡觉 | 评估目的:<br>了解视觉、听觉、平衡觉可能会影响到个人和工作的匹配度 | 评估技巧:<br>1.晤谈询问<br>视力检查状况?<br>是否有近视或受伤?<br>看什么东西时需要特别的辅助工具?<br>听力筛查情况?<br>听觉受损情况?<br>佩戴助听器情况?<br>2.观察评量<br>佩戴眼镜情况?<br>看清书上的字时,眼睛与书面的最大距离是多少?<br>书写时,是否只写一侧的字?<br>在室内正常说话的音量,是否能听清?<br>更换体位时,身体是否能保持平衡?<br>3.收集相关信息<br>医学诊断记录: |

续表

| 医疗状况：<br>1.接受医疗服务情况<br>2.服用药物/副作用<br>3.一般健康情形<br>4.障碍状况 | 评估目的：<br>了解接受医疗服务情形、健康状况、障碍状况可能会影响到个人和工作的匹配度 | 评估技巧：<br>1.晤谈询问<br>●过去有没有接受的医疗相关服务（就业诊断、治疗（物理治疗等）、康复）？<br>●最近一次生理医学检查的情况？<br>●服药情况？<br>●服药是否存在副作用？<br>●障碍是否有加重的情况？<br>●障碍改善的情况？<br>●障碍发生的原因和时间？<br>2.观察评量<br>●体型样貌？<br>●障碍部分影响的动作表现？<br>3.收集相关信息<br>●医学诊断记录：<br>●提供就医收据或药物明细单？ |
|---|---|---|
| 备注 | | |

第二部分　心理层面评估

| 认知能力：<br>1.理解能力<br>2.专注力<br>3.学习能力<br>4.计算能力<br>5.问题解决能力 | 评估目的：<br>了解认知程度可能会影响到个人和工作的匹配度 | 评估技巧：<br>1.晤谈询问/观察<br>●提供口语、手语或书面阅读的理解能力。<br>●观察晤谈时专注/分心的表现情况。<br>●在提供指导情况下的学习表现。<br>●是否具有数学运算能力？<br>●是否具有使用计算器的能力？<br>●是否具有随机应变的能力？<br>2.收集相关信息<br>●通过访谈家长、教师、就业服务人员搜集相关信息。 |
|---|---|---|
| 人格特质<br>1.情绪稳定性<br>2.自我情绪管理及控制能力<br>3.价值观 | 评估目的：<br>了解人格特质可能会影响到个人和工作的匹配度与工作表现 | 评估技巧：<br>1.晤谈询问/观察<br>●情绪起伏的情况？<br>●情绪调节的策略使用情况？<br>●自己最在意的事物是什么？<br>2.收集相关信息<br>●通过访谈家长、教师、就业服务人员搜集相关信息。 |

续表

| 社交技巧<br>1.常用语言<br>2.沟通方式<br>3.人际关系、应对进退状况 | 评估目的：<br>了解人际互动情形可能会影响到个人的工作表现 | 评估技巧：<br>1.晤谈询问/观察<br>• 常用的语言？（方言、普通话、其他）<br>• 沟通方式？（口语、笔谈、手语、唇语、沟通辅具、其他）<br>• 与人建立关系的表现？<br>• 如何处理人际压力？<br>• 与他人合作时的表现？<br>2.收集相关信息<br>• 通过访谈家长、教师、就业服务人员搜集相关信息。 |
|---|---|---|
| 适应能力<br>1.如何看待自己的障碍限制<br>2.面对压力与危机的调适程度与状况 | 评估目的：<br>了解适应能力可能会影响到个人的工作表现 | 评估技巧：<br>1.晤谈询问/观察<br>• 工作改变时，应对的方式和态度情况？<br>• 面临压力时，应对的方式和态度？<br>2.收集相关信息<br>• 通过访谈家长、教师、就业服务人员搜集相关信息。 |
| 备注 | | |

第三部分　个人生活表现/家庭/社会方面评估

| 个人生活状况<br>1.服务使用者生活作息状况<br>2.服务使用者平时的娱乐与休闲状况<br>3.服务使用者的宗教与信仰状况 | 评估目的：<br>1. 了解生活作息、生活形态，可能会影响到个人的工作表现，如：准时、工作精神与体力。<br>2.了解休闲活动及其嗜好是否影响工作表现，以及本身安排自己生活的情形。<br>3.了解宗教信仰对其精神寄托的影响，以及参与宗教活动与工作重要取舍决定 | 评估技巧：<br>1.晤谈询问<br>• 平常几点起床？怎么起床（自订闹钟、他人提醒）？<br>• 几点睡觉？<br>• 目前没有工作时，一整天的活动流程？<br>• 平常时间大部分做什么事？<br>• 朋友会邀约一起去做的活动？<br>• 有没有特别的宗教信仰？<br>• 有没有固定参与宗教活动？<br>2.收集相关信息<br>• 通过访谈家长、教师、就业服务人员搜集相关信息。 |
|---|---|---|

| 家庭系统<br>1.家庭内:家庭成员/居住情形<br>2.家人互动情形<br>3.家人对于服务使用者的就业期待、支持度与影响力<br>4.家庭的经济状况<br>5.服务使用者每月可用金钱状况? 是否需负担家庭开销? | 评估目的:了解家庭结构、形态、家庭成员之间的关联性,家庭状况可能会影响到个人和工作表现,做计划与决定的重要决策者,以及就业时家庭可能的支持程度与影响 | 评估技巧:<br>1.晤谈询问<br>● 家庭的成员有谁?<br>● 是否拥有较年幼的小孩?<br>● 目前是否与家人同住?<br>● 在家中的主要扮演什么角色?<br>● 与家人的相处情形?<br>● 对家庭环境有什么感受?<br>● 家人对于我的就业期待?<br>● 家人对我去就业,可以帮忙的是哪个部分?<br>● 是否存在家人阻碍就业的情况?<br>● 家庭经济情况如何?<br>● 家庭收入最多的是谁?<br>● 家庭每月花费是多少?<br>● 家庭每月花费由谁来负担?<br>● 生活零用钱的来源?<br>● 零用钱的额度是多少?<br>● 负责家庭开销的情况<br>● 零用钱花费在什么地方?<br>2.收集相关信息<br>● 通过访谈家长、教师、就业服务人员搜集相关信息。 |
|---|---|---|
| 社会系统<br>1.运用社会资源或申请津贴、补助<br>2.服务使用者参与的社会团体活动<br>3.朋友可提供的支持与影响<br>4.其他专业人员可提供的支持与影响 | 评估目的:<br>了解生活环境、社交网络,以及个人不直接参与或介入的社会系统,但对生活却有影响的机构;以及整体文化环境的价值观,可能会影响到个人和工作表现,以及可能的支持程度。 | 评估技巧:<br>1.晤谈询问<br>● 有没有申请津贴、补助? 大约多少?<br>● 参与什么协会的活动?<br>● 什么时间会去参加协会举办的活动?<br>● 参加的活动主要以哪些为内容?<br>● 与朋友讨论工作的事?<br>● 朋友对于我去工作的看法/建议?<br>● 朋友是否可以帮忙找工作?<br>● 朋友是否可以在工作中提供帮助?<br>● 是否接受过专业人员的服务?<br>● 接受专业人员服务的内容有哪些?<br>● 专业人员提供的建议有哪些?<br>● 专业人员在工作中提供的帮助有哪些?<br>2.收集相关信息<br>● 通过访谈家长、教师、就业服务人员搜集相关信息。 |
| 备注 | | |

第四部分　就业相关助因与阻因分析

| 评估层面 | 就业相关助因 | 就业相关阻因 | 支持/辅导需求类别 |
|---|---|---|---|
| 职业生涯期待与就业准备能力（如：就业动机、兴趣、性向、工作技能等） | | | □增进生涯抉择<br>□增进求职技巧<br>□增进工作技能<br>□增进工作态度/习惯<br>□增进职场支持环境<br>□其他 |
| 生理层面（如：身体/感官功能、医疗状况等） | | | □诊断<br>□治疗<br>□康复<br>□药物服务<br>□增进交通/行动能力□其他 |
| 心理层面（如：认知、人格特质、社交技巧适应能力等） | | | □发展学习策略<br>□增进情绪表达<br>□增进自我觉察<br>□增进自我接纳<br>□增进沟通（语文）<br>□增进人际互动<br>□增进生活自我管理能力<br>□其他 |
| 个人生活/家庭/社会层面（如：家庭、社会系统等） | | | □增进家庭支持<br>□增进社会支持资源<br>□其他 |

## > 三、工作技能评估

工作技能评估是指评估人员对残疾人完成某项具体工作应该具备的知识和能力开展的评估。残疾人从事某项职业需要具备该项职业所要求的必备技能，例如，残疾人如果想要从事文员工作，就必须具备熟练操作电脑、使用办公软件、扫描复印、传真等能力；残疾人想要从事烘焙工作，就必须具备计量、称重、雕花、塑形、使用烤箱等能力。残疾人只有具备某岗位相应的能力，才能胜任该就业岗位。由于工作技能有明显的岗位需求特点，评估的难度较大，因此对评估人员的专业性要求较高，需要评估人员深入了解某就业岗位的工作要求、工作内容、工作程序等，在充分了解就业岗位特点的基础上对残疾人开展职业能力评估，科学判断残疾人是否具备从事某岗位的工作技能，进而为残疾人制定职业训练计划，提供就业安置建议和就业服务方案。

> ## 四、工作态度评估

工作态度决定着工作完成的质量,是个体对工作是否满意的一种态度倾向,包括工作认真程度、工作责任程度和工作努力程度。一般来讲,个体的工作态度与工作完成的质量成正比,工作态度好,工作完成的质量就好,工作态度懈怠,工作就难以维持和完成,因此,工作态度评估是职业能力评估的一项重要内容。残疾人的工作态度也会影响到工作任务的完成,但是,用人单位一般会比较忽视这一方面,换言之,用人单位没有对残疾人完成工作的效果抱有更高的期望,用人单位招收残疾人一般是为了完成国家按比例就业的任务,从而获得一定税费的减免,而对于残疾人是否能认真工作,有比较理想的工作态度,创造出一定的经济效益没有要求。但是,如果残疾人对自身要求过于松懈,迟到早退,影响了用人单位的工作秩序,残疾人也会面临失业的可能。在研究过程中,研究者自编了《残疾人职业态度自我评估量表》,可以用于残疾人的工作态度评估,量表具体内容如下:

1.我很想要工作

A.非常不想　　　　　B.不想　　　　　　C.想　　　　　　　D.非常想

2.我知道自己喜欢什么工作

A.完全不知道　　　　B.不知道　　　　　C.知道　　　　　　D.完全知道

3.我知道自己适合什么工作

A.完全不知道　　　　B.不知道　　　　　C.知道　　　　　　D.完全知道

4.我觉得自己需要加强工作技能

A.非常不需要　　　　B.不需要　　　　　C.需要　　　　　　D.非常需要

5.我知道怎么去找工作

A.完全不知道　　　　B.不知道　　　　　C.知道　　　　　　D.完全知道

6.我会担心自己要去面试

A.非常不担心　　　　B.不担心　　　　　C.担心　　　　　　D.非常担心

7.我觉得找工作的困难度

A.非常不困难　　　　B.不困难　　　　　C.困难　　　　　　D.非常困难

8.对于去工作这件事,我觉得自己的优点是

A.负责任　　　　　　B.配合度高　　　　C.愿意学习　　　　D.刻苦耐劳

E.守时　　　　　　　F.积极乐观　　　　G.不怕困难　　　　H.容易与人相处

I.其他:＿＿＿＿＿＿＿＿

以下第9、10题,无工作经验者免填

9.我之前的工作有没有超过三个月

A.全部没超过 3 个月　　　　　　B.少部分有 3 个月

C.大部分有超过 3 个月　　　　　D.全部都有超过 3 个月

10.我之前工作离职的原因可能如下(可多选)

A.无法遵守上下班时间　　　　　B.无法达到职场要求的工作速度

C.工作很困难　　　　　　　　　D.职场的规定太严格

E.工作时间太长　　　　　　　　F.同事对我都不好

G.为了配合家人　　　　　　　　H.想要简单容易的工作内容

I.想要更好的薪水或升迁　　　　J.朋友意见的影响

K.想要有挑战性的工作内容　　　L.希望离家近的工作地点

M.其他:＿＿＿＿＿＿＿＿＿＿＿＿＿

## > 五、支持服务评估

在 ICF 理念的倡导下,个体功能的发挥有赖于环境是否给予支持,环境的支持程度高,个体功能发挥的效果就好,如果环境的支持程度低,个体功能的发挥就会受限。残疾人在就业中,是否能充分展现出特长,让工作能力得到充分发挥,有赖于工作环境的支持程度,因此,对残疾人开展职业能力评估,仅仅重视残疾人自身能力的评估是不够的,还必须对残疾人的工作环境给予评估,了解工作环境的限制,分析评估人员还需提供哪些支持服务和辅助才能保证残疾人在此工作环境中能够实现稳定就业。对支持服务开展评估,需要评估人员对残疾人现在所处的环境和未来的工作环境都进行评估,将环境的优势和不足进行分析,并将残疾人现有的工作能力与环境进行对比,找出残疾人现有能力与环境存在的差距,进而为缩短差距,为残疾人制定个别化的职业训练方案和职业生涯规划提供建议。另外,根据环境分析的结果,用人单位还可以改善工作条件,提高残疾人就业服务的水平,进而保证残疾人就业的稳定性和持久性。

为了了解一般能力评估、工作能力评估、工作技能评估、工作态度评估、支持服务评估这五方面的评估内容在评估人员心目中的重要程度,研究者运用《残疾人职业能力评估问卷》进行调查时发现,评估人员认为对残疾人开展工作技能评估最为重要,其次是工作态度评估,再次是一般能力评估,再次是工作能力评估,最后是支持服务评估,详见图 4-1。这种情况说明,评估人员比较重视工作技能评估,原因是工作技能评估最能直接反应残疾人具有何种具体的工作技能,根据评估结果可以直接进行工作安置,是残疾人本人和雇主比较重视的一项评估内容。而工作态度关系到残疾人对工作的投入程度,影响残疾人工作的效果,进而影响企业的经济效益,因此也是雇主比较关心的一项评估内容。而支持服务评估还没有受到人们的普遍重视,还有一个原因就是支持服务评估是对残疾人工作的环境、服务等方面的评估,在评估时需要评估人员深入残疾人工作现场,需要花费比较多的时间和精力,由于我国目前评估人员数量还不充足,支持服务评估虽然重要,但是还不能全面开展这项评估,需要有关部门在残疾人职业能力评估工作上不断推进和完善。

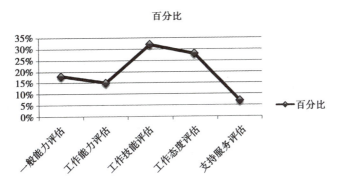

图4-1 评估内容比例图

国际劳工组织 ILO 在《残疾人职业康复和就业公约》中明确指出:"让残疾人获得、保持适当的职业并得到提升,从而促进他们参与或重新参与社会"。[①] 残疾人职业能力评估是残疾人就业服务链条上的重要环节,它能根据评估结果预测残疾人就业的方向,为残疾人职业训练、职业选择、就业咨询提供了科学的参考,从而实现残疾人的全面康复。

## 第二节 残疾人职业能力评估的原则

没有规矩不成方圆,任何工作的开展都需要遵循一定的原则。职业能力评估工作是一项十分复杂的工作,各环节相互联系、相互依存,前一阶段的工作结果是后一阶段工作开始的依据。评估关系到残疾人就业的稳定性,进而关系到残疾人生活质量的提高,因此,在职业能力评估的每一个环节,都应该遵照科学的法则,让评估工作客观严谨,真正造福于残疾人。具体来讲,评估时应该遵循以下原则:

---

① 王莲屏.残疾人职业能力评估的内容与方法[J].中国康复,2005(4):120-121.

## > 一、系统性原则

系统是指按照一定的规则,将零散的部分整理成具有整体性的体系。系统内部的各个组成部分是相互依赖、相互作用的,它们互相结合,组合成一个具有特定功能的整体。在残疾人职业能力评估中,系统性原则是指职业能力评估内部的各个环节之间要有一定的逻辑组织关系,各环节不仅要从不同侧面反映出残疾人职业能力评估的总体特征,还要体现出评估的整体性和完整性,以及环境与残疾人职业能力的内在联系。这就要求评估时必须遵循系统性原则,不仅要全面评估残疾人的身体机能、心理素质与工作态度,以及残疾人与环境的互动,还要注意职业能力评估的各个环节之间的衔接和有机结合,多角度、多侧面把握残疾人职业能力评估的复杂过程。

## > 二、科学性原则

任何活动都必须在科学理论的指导下,遵照科学的方法来进行。残疾人职业能力评估是对残疾人的身体、心理进行全面考察的过程,它要求评估能够客观地反映出残疾人能力发展的水平与可能性,为残疾人职业培训和就业提供科学合理的建议。具体来讲,残疾人职业能力评估的科学性原则需要从以下三方面得以彰显:第一,评估的客观性,评估人员在残疾人职业能力评估中要运用科学的评估方法,全面的评估内容,标准化的评估程序,以及客观的评估结果解释;第二,评估的信度,信度是指残疾人职业能力评估的可靠性,即评估的一致性程度,要求多次评估的结果要保持一致性;第三,评估的效度,效度是指残疾人职业能力评估的正确性,即评估能够测量出残疾人职业能力高低的程度,如果评估没有效果,无论评估工具有何优点,都无法发挥其功能。

## > 三、实用性原则

实用,指实际使用价值。近年来,残疾人职业能力评估有所发展,无论是评估工具的开发,还是方法的使用,与以往相比都有很大进步,但是,残疾人的个体差异性非常大,没有一种评估方法适用于所有残疾人,评估人员必须根据残疾人的需要,为其制定个别化的评估方案,采用适合于残疾个案的评估方法和评估工具,开展有针对性的评估。与此同时,残疾人职业能力评估应该具有实用性,易于操作的特点,尽可能采用生活化的工具和素材,在真实的生活环境和工作环境中进行评估,这样才能全面评估出残疾人的工作能力,评估方法也更便于推广。

## 第三节　残疾人职业能力评估的方法

残疾人职业能力评估是一项复杂的工作,在评估中需要根据残疾人的特点和就业岗位的需求,采用不同的评估方法开展评估。本研究查阅大量的国内外文献资料,认为对残疾人职业能力评估适用我国的八种方法,分别是:

> ### 一、医学评估法

医学的发展推动了残疾人教育、康复事业的发展。医学的进步消灭了某些残疾现象,如儿童通过注射脊髓灰质炎疫苗大大降低了该病的患病率,因脊髓灰质炎导致的肢体残疾现象减少了;又如医学影像的发展,可以帮助医生对宫内胎儿的发育情况进行检测,发现胎儿器官发育异常现象,及时采取必要的医疗措施避免或减少残障的发生,还有大量案例不胜枚举。当前,医学又为残疾人职业能力评估加油助力,通过运用医学仪器和设备,包括医学检查手段,可以有效评估出残疾人的身体功能状态,是残疾人职业能力评估十分必要的一种方法。进一步来讲,医学评估法是指评估人员从医学的角度,采用医学的方法,对残疾人残存的身体功能、健康状况、障碍程度等方面进行系统的评估。由于医学评估法在运用时较为专业,因此采用医学评估法进行评估时需要医生的协助,或者由医生直接作为评估人员开展评估工作。

> ### 二、心理评估法

心理评估法是指评估人员运用心理量表对残疾人进行智力、感知觉、能力、兴趣等方面的评估。随着心理科学的发展,心理量表的信度和效度也越来越高,能够准确地评估出个体的心理发展能力和水平,并且,运用心理评估法还可以发现残疾人的心理问题,及时对残疾人的心理健康状况进行监测。但是,由于残疾人毕竟存在认知、语言、沟通等方面的缺陷和不足,导致他们不能完全理解评估题目,影响了评估结论的准确性,这就要求评估人员要科学地对待和解释心理评估的结果,要充分考虑到残疾人认知能力低下、语言理解能力差、沟通不畅,或社会参与不足而影响评估结论的情况,在评估过程中要将心理评估法与其他评估方法结合使用,不能完全依赖心理评估的结论。另外,任何测验工具都有误差,评估人员要想得到客观的评估结论,对心理评估工具以外因素也要有所考虑,如评估时残疾人的身体情况,如果生病,势必会影响到评估的进行,残疾人的情绪状态也很关键,这关系到残疾人是否有耐心作答题目,还有评估当天的天气状况、室内温度、光线、评估人员的态度等因素。评估人员只有综合考虑这些因素,才能保证心理评估的准确性。

> ### 三、访谈法

访谈法是指评估人员对残疾人本人或者与残疾人有关的人进行交谈,以获得资料的一种方法。访谈之前,评估人员需要根据残疾人的障碍程度和所需的评估资料,编制访谈提纲,以便访谈能更顺利和有效地进行。但是,在进行访谈时,评估人员也要随时调整访谈提纲的内容,抓住时机对残疾人或者其他与残疾人有关的人进行深入访谈,以便能收集到关于残疾人特长、就业需求、就业经验等方面的信息。访谈法是残疾人职业能力评估中比较灵活的方法,很多关于残疾人就业方面的需求是需要评估人员综合访谈情况作出综合的判断,进而为残疾人就业安置提供建议。因此,访谈法是深入了解残疾人职业能力和职业需求的一种有效的评估方法。

> ### 四、观察法

观察法是指评估人员对残疾人工作时的表现进行感知和描述,从而获得事实材料的一种方法。在残疾人职业能力评估的过程中,评估人员通过观察法可以了解残疾人各种能力,如工作技能、工作态度、人际交往、行为问题等。观察法的最大优点在于,评估人员能够直接了解残疾人在工作中的具体表现,获得的资料比较直观和具体。由于残疾人在认知发展、沟通交流等方面存在一定的不足,运用单一的评估方法不能全面地收集残疾人职业能力方面的资料,而透过观察,评估人员可以直接对残疾人的职业能力和表现进行判断,如评估人员要想了解残疾人是否具备独立使用交通工具的能力,最好的方法就是去观察残疾人在上下班路上能否实现独立乘坐公交车,因此,观察法最大的优点在于,获取的资料是第一手资料,是没有经过其他人解释和描述过的资料,所以,通过观察法所获的资料最为可靠。

> ### 五、测验法

测验法是评估人员以量表为工具对残疾人的职业能力进行评估的方法。测验用的量表是专业人员依据残疾人的心理特点和职业能力评估的目的而编制的标准化的评估工具,但有时为了重点收集某些方面的资料,评估人员也会自编量表对残疾人的职业能力进行评估。测验法与心理评估法的区别在于,在残疾人职业能力评估中,测验法主要是运用各种专门的职业能力评估量表,对残疾人的工作能力、工作态度等方面进行评估,例如评估人员运用《职业适应性量表》《职业兴趣量表》、"残疾人职业能力评估系统"等评估残疾人的职业能力。而心理评估法主要是对残疾人的心理特征进行评估，典型的心理评估是智力评估，二者评估的内容和侧重点是有所区别的。但是，无论是哪种评估方法，最终都是要获得残疾人是否具备从事某种职业活动能力的资料，这种能力是一种综合的能力，必须综合运用各种方法进行评估，全面地加以判断。

### > 六、工作样本评估法

工作样本评估是一种评估人员运用工作样本让残疾人进行实际操作，并将操作结果与标准化操作进行比较，从而判断出残疾人是否胜任某项工作的方法，评估人员评估时采用的工作样本可以是真实的，也可以是模拟的。例如，想要了解残疾人是否胜任车间机器组装的工作，评估人员可以将要组装的机器零件作为工作样本，要求残疾人在规定的时间内进行组装，并将组装的结果与机器组装的要求进行比对，从而判断残疾人是否胜任车间机器组装这项工作。再如，评估人员将电话给残疾人，让其拨打电话，根据残疾人的实际表现判断残疾人是否可以胜任办公室文秘工作。工作样本评估法的内容是针对残疾人所要从事的具体工作，是对残疾人从事某项具体工作所具备能力的一种判断，用人单位在聘用残疾人时，一般会运用工作样本评估法，虽然这种方法比较耗时费力，但是评估结果能为用人单位安置残疾人就业提供准确的信息，也能为相关部门开展就业服务提供指导性意见。

### > 七、情境评估法

情境评估法是一种在模拟的工作环境中对残疾人是否具备该环境条件下的工作能力进行评估的一种方法。在评估中，评估人员需要控制环境中的工作条件，来判断在不同条件下残疾人的工作状态，从而对残疾人是否胜任工作给出结论，并对环境改进提供建议。例如，为了评估一名残疾人是否能够胜任餐厅服务员的工作，评估人员需要在模拟餐厅的环境中，对其工作态度、配餐速度、沟通交流、时间管理等方面进行评估，以此判定该名残疾人是否能胜任餐厅服务员工作。另外，情境评估法也能为残疾人进行职务再设计提供参考的依据，同样是上面的案例，如果经过情境评估之后，发现残疾人在沟通交流方面存在较大缺陷而不能胜任餐厅服务员的工作，相关人员（一般是就业辅导员）可以据此评估结果对工作环境进行改造，如设计可以勾选的菜单、餐厅启用自助点餐软件等，方便顾客与残疾人进行沟通和交流。这样经过职务再设计后，残疾人就可以胜任餐厅服务员的工作，从而促进了残疾人就业。

### > 八、在职评估法

在职评估法是一种在真实的工作环境中对残疾人的职业能力进行评估的方法。

在真实的工作环境中,残疾人与普通人一起工作,二者在工作时长、工作强度、工作条件、工作内容等方面没有差别,评估人员按照正常的工作要求对残疾人进行监督,判断残疾人能否胜任该项工作。在职评估法与情境评估法的不同之处在于,在职评估法强调在真实的工作环境中进行评估,工作的内容和环境是没有经过设计的,是一种真实的状态;而情境评估法是在经过设计的环境中对残疾人的职业能力进行评估,是一种模拟的状态。相同之处在于,二者都能较真实地评估出残疾人从事某项具体工作所具备的能力,能够为制定残疾人职业训练计划和残疾人就业安置提供可以参考的建议。

为了收集八种残疾人职业能力评估方法在评估人员心目中的重要程度,研究者运用《残疾人职业能力评估问卷》进行调查,结果发现,评估方法运用的百分比由高到低依次是测验法>医学评估法>观察法>心理评估法>访谈法>情境评估法>工作样本评估法>在职评估法(详见表4-3),说明在残疾人职业能力评估中,我国评估人员最倾向采用的方法是测验法,而情境评估法、工作样本评估法和在职评估法由于耗时长,以及受人力、物力、财力等原因,评估人员不倾向采用。

表4-3 残疾人职业能力评估方法汇总表

| | 总数 | 医学评估法 | 心理评估法 | 访谈法 | 观察法 | 测验法 | 工作样本评估法 | 情境评估法 | 在职评估法 |
|---|---|---|---|---|---|---|---|---|---|
| 人数($n$) | 2836 | 532 | 235 | 180 | 296 | 1245 | 106 | 143 | 99 |
| 百分比(%) | 100% | 18.76% | 8.29% | 6.35% | 10.44% | 43.9% | 3.74% | 5.04% | 3.48% |

由于我国残疾人职业能力评估还处于起步阶段,限于人力、物力、财力、评估人员专业素质等条件的限制,目前我国评估人员最倾向采用的方法是测验法,如采用刘艳红编制的《北京市肢体残疾人职业适应性量表》《北京市聋人职业适应性量表》、中国残联设计的"残疾人职业能力评估系统"、华东师范大学设计的《广泛性发展障碍青少年自立能力评价量表》、重庆师范大学设计的"自闭症儿童发展本位行为评量系统"等测验,对肢体残疾人士、听力障碍人士和自闭症谱系障碍人士开展职业能力评估。为了全面、客观地评估残疾人的职业能力,需要将测验法与情境评估、工作样本评估和在职评估等方法相结合,对残疾人的职业能力开展全方位的评估,尤其是在职评估的运用,能够比较真实地反映出残疾人的职业能力。在职评估需要评估人员要在残疾人工作现场对其进行评估,评估时一般会综合运用其他评估方法,如使用测验量表、现场观察以及对相关人员进行访谈,因此,在职评估能比较全面地评估出残疾人的实际职业能力。

# 第五章
## 我国残疾人职业能力"综合评估模式"的构建

## 第一节 残疾人职业能力"综合评估模式"的评估理念——ICF

在传统的残疾人职业能力评估中,专业人员主要针对与工作直接相关的身体功能、工作能力、职业兴趣、职业人格等进行评估,而对残疾人就业工作场所进行分析,以及对工作环境评估则容易被忽视。随着 ICF 理念在特殊教育和残疾人康复事业中的广泛运用,社会对残疾现象的认识有所改变,社会大众扭转了对残疾人职业潜能过分消极的看法,ICF 对残疾人职业能力评估的发展产生了巨大影响。

ICF 是国际功能、残疾和健康分类的简称,是国际卫生组织提出的,并且国际上通用的描述和测量健康的框架。ICF 是由身体功能、身体结构、活动和参与、背景性因素(环境因素和个人因素)四部分组成的理论性结构[①]。身体功能是指个体的生理功能和心理功能,主要是指个体的运动、呼吸、神经、消化、生殖、泌尿、内分泌、免疫和循环等系统及其相关功能,同时涵盖个体的心智功能、感觉功能、语言功能等。身体结构是指解剖学意义上的肢体、身体器官及其组成,包括上述人体各大系统的相关结构。活动和参与是指个体执行的活动以及个体在执行活动时参与到某一具体情境当中,活动和参与涵盖的领域广泛,包括学习领域、沟通领域、自我照顾领域、家庭生活领域、人际互动领域、社会生活领域、职业领域等。背景性因素包括环境因素和个体因素,其中环境因素是指个体生活所处的外部世界,包括自然环境和社会态度、人际、体制、法律、规则等社会环境,环境因素对个体功能发生着影响;而个人因素则是指个体的性别、年龄、阅历、社会经济地位等因素。ICF 中的各个部分既是独立的,也是相互联系的,各部分之间发生交互作用,进而影响个体健康和功能的发挥。在影响健康的各个部分中,环境因素是影响个体功能发挥的关键性因素,环境可以通过其存在或不存在,一方面改善个体功能或降低残疾程度,一方面限制个体功能的发挥或形成残疾。比方说,支持条件、无障碍设施设备、社会态度等环境因素既可以改善个体功能,也可以限制个体

---

① 邱卓英.《国际功能、残疾和健康分类》研究总论[J].中国康复理论与实践,2003,9(1):2-5.

功能的发挥。

ICF 视角下的残疾关注重生物与环境的交互性。ICF 的提出,对人们重新认识残疾现象提供了新视角,残疾不仅仅是生物的,还是环境的,残疾是生物和环境交互作用的产物。在 ICF 中,残疾是指损伤、活动受限、参与受限以及受环境因素限制四项内容中的任何一种或全部。具体言之,损伤是指个体在身体功能和结构方面有明显的异常,如感官障碍或肢体缺失;活动受限是指个体在活动时有一定的困难,如进餐、如厕、出行等活动不能顺利进行;参与受限是指个体在实际生活中遇到困难,如沟通不畅等;环境限制是指个体在自然、社会环境中不能充分发挥自身能力,如视觉障碍人士在没有盲道的马路上不能独立行走。这就意味着残疾不再是专属概念,不再是一成不变的,残疾仅仅是伴随而来的一种个体状况而已。个体会因为遗传、疾病、后天等因素出现损伤、活动受限、参与受限,但更重要的是,个体会因为所处环境条件的不同而有不同的障碍表现,ICF 视角下的残疾概念是一种动态的残疾概念,环境不改善,任何个体都有可能表现出障碍,而在无障碍环境下,身体损伤的个体也可能是没有障碍的。

ICF 视角下的残疾观对于残疾人职业能力评估的开展提供了新的启示和支持,要求专业人员在对残疾人进行职业各项相关能力评估的同时,还要注重对周围环境的分析,尤其是对就业环境的分析,通过消除残疾人就业环境中的不利因素,来保证残疾人能够顺利就业,从而实现自我价值。

# 第二节　残疾人职业能力"综合评估模式"的特征

## ＞　一、生态性

ICF 倡导的环境影响个体功能发挥的理论,决定了残疾人职业能力评估应该采用生态性的评估方法,重点评估残疾人的现有生活环境和未来就业环境。何为生态性职业能力评估? 生态(ecology)是指残疾人所处的社会环境①,每个个体都处于一定的生态环境中,并且生态中的各因素是彼此联系的,一个因素的变化会导致其他因素的变化,生活在生态环境中的个体,会因为生态环境中的因素发生变化,而在功能状态方面发生变化,如就业环境中的物质条件、人际关系、工作制度等发生了变化,残疾人的身心功能就会相应发生变化,从而出现适应不良等障碍的情况。所以,生态性残疾人职

---

① 刘东刚.残疾人生态性职业评估模式初探[J].中国特殊教育,1999(4):13-15.

业能力评估,就是一种通过观察和收集残疾人资料的方式,直接对残疾人在其所处的各项环境(家庭、学校、社区及职场等)中所表现出来的各种能力进行评估分析,以利于设计职业训练目标及内容,合理给予就业安置的过程。对环境进行分析是生态性评估的重要环节,环境分析要指出环境适应与发挥个人能力之间的适应程度、残疾人能力与工作目标的吻合程度,以及残疾人所处的生态环境因素之间的相互影响,这是生态性职业能力评估的关键。以生态性评估结果为依据,评估人员可以为残疾人作出有针对性的职业生涯规划,促进残疾人与工作环境的相互作用,从而提高就业成功率。

> ### 二、支持性

从 ICF 出发,残疾是一种状态,改善环境可以减轻残疾人的受障碍程度,提高职业能力和就业成功率。而环境的复杂性需要专业人员在评估的过程中为残疾人提供持续的支持性服务。在评估中,专业人员不仅要评估残疾人的职业能力、职业兴趣、职业训练需求,以便根据残疾人的现有能力、水平和兴趣进行就业安置,而且专业人员更应该评估残疾人现在所处的环境和未来的就业环境,分析残疾人现有职业能力与就业所需能力之间的差距,以及就业需要的环境准备和持续性条件支持,预见未来职业生活中可能出现的问题,据此评估结果,在残疾人就业规划中扬长避短,为残疾人设计出有针对性的职业训练方案,指导残疾人职业训练和就业过程,或提出改善的建议。在残疾人顺利就业后,有关职能部门更应该做好后续的跟踪服务和协调工作,随时了解残疾人的工作状态、兴趣志向、家庭生活等情况,保证残疾人对所从事职业的认同感。所以,为残疾人提供持续的支持性服务,是 ICF 视角下残疾人职业能力评估的重要特征,持续的支持服务不仅由评估人员提供,持续的支持服务不仅由评估人员提供,还需要其他相关人员配合,如用人单位管理者、政府、家长以及残疾人本人,他们在残疾人职业能力评估中扮演不同的角色,共同为残疾人就业提供支持性服务。其中,用人单位管理者接纳残疾人工作,为其提供就业机会;政府单位提供必要的经费、制定适宜的法规;专业人员提供职业能力评估与训练;家长可以选择工作环境,并为残疾人提供工作相关领域之外的帮助;残疾人本人则选择是否接受评估服务方案。

## 第三节　残疾人职业能力"综合评估模式"的构建

> ### 一、评估模型

传统的残疾人职业能力评估仅仅针对残疾人的工作能力进行评估,评估存在局限性,未能将职业能力评估环节纳入到残疾人职业教育、康复、就业的大系统中。而 ICF 视角下的残疾人职业能力评估强调系统性,即评估不仅在于对残疾人本身具备的职业能力进行科学合理的评估,还在于评估人员要运用评估结果为残疾人制定出有针对性的职业训练计划,为其进行适宜的就业安置,并且,评估的整个过程体现出生态性和支持性,因此评估需要各方面专业人员通力配合,有关职能部门予以保障。

由于医学的发展以及残疾预防工作的深入人心,对于听力障碍、视力障碍和肢体残疾的早期诊断越来越准确,听力障碍人群、视力障碍人群和肢体残疾人群的数量大大减少,而由于环境污染、食品安全、不良生活习惯等因素的影响,目前我国智力障碍人群和自闭症人群的数量逐年增多,未来残疾人职业能力评估领域的发展趋势,将是探讨如何针对智力障碍人群、自闭症人群和其他障碍类别人群开展评估,为其就业安置提供建议。基于上述原因,本研究借鉴王芳、杨广学编制的《广泛性发展障碍青少年自立能力评价量表》中的评估内容,结合中国残联设计的"残疾人职业能力评估系统"中提出的评估内容,提出 ICF 视角下的残疾人职业能力"综合评估模式",模型如图 5-1所示。

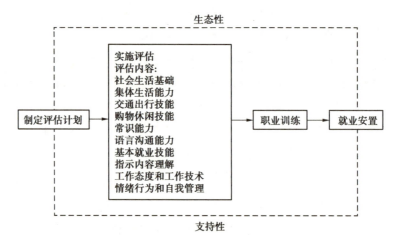

**图 5-1 残疾人职业能力"综合评估模式"模型图**

## > 二、评估阶段

综合上述残疾人职业能力评估的现状、内容和方法等方面的论述,我国目前需要发展残疾人职业能力"综合评估模式",综合评估的主要目的是为残疾人教育和职业训练制定计划,使他们更快地适应工作和社区生活。评估人员包括残疾人家庭成员、教师、社区管理人员和政府人员。评估的内容包括心理功能、社会能力、教育水平、身体功能和职业能力。评估主要包括四个阶段:

### (一)阶段一:制定评估计划

首先,残疾人应当向当地职业能力评估部门申请评估。在一般情况下,各地残联负责残疾人职业能力评估,也有一些地方残联设有残疾人职业培训和就业服务中心①,当地的残疾人可以向其提出评估申请。在残疾人提出申请时,残联等职业能力评估部门需要对残疾人的基本情况进行登记,主要包括残疾人的基本概况(姓名、残疾类型、用药习惯、药物名称等)、家庭成员、受教育背景、技能、特长、兴趣等。残疾人在申请时同时提供身份证、户口本、社保卡、残疾证及其他证件。

其次,残联等职业能力评估部门根据相关信息,为残疾人制定适当的评估计划。评估计划的制定包括评估方法的选择和评估内容的制定。评估方法的选择关系到残疾人职业潜能的开发,选对评估方法才能挖掘出残疾人的职业潜能。基于 ICF 对环境影响个体功能的观点,残疾人职业能力评估一般采用直接观察(在自然状态下有计划地观察残疾人,并记录观察结果)、记录分析(参考已有记录表或现存资料,对其进行资料汇总与分析)、访谈(对本人、家长、师长或上司、同伴或同事,以及其他关键人物进行晤谈)、心理与教育测量(运用正式的或非正式的评估工具)等方法,这几种方法根据残疾人的实际情况和需求进行选择,一般是几种方法的综合运用。在评估内容的制定上,ICF 认为个体行为是个体与其环境因素相互作用的产物,因此,基于 ICF 的残疾人职业能力评估就是对个体与其所处环境中各项因素进行评估的过程,这决定了评估的内容主要包括社会生活基础、集体生活能力、交通出行技能、购物休闲技能、常识能力、语言沟通能力、基本就业技能、指示内容理解、工作态度和工作技术、情绪行为和自我管理十个方面。这十个方面能够囊括残疾人职业生活所涉及的全部领域,既体现出生态性评估的特征,也反映出残疾人职业能力评估全程支持性服务的特征。

### (二)阶段二:实施评估

本阶段需要对残疾人进行职业生活各领域的全方位的评估。在实施评估时,专业人员将基于第一阶段制定的评估计划(评估方法和评估内容)对残疾人开展个别化评估,个别化评估可以使专业人员全方位、多角度地了解残疾人,收集残疾人职业能力的准确信息,主要评估内容有十项:

(1)社会生活基础评估目的及内容。本领域主要了解残疾人对男女性别差异的认知,是否掌握一般公民应具备的礼仪,在特定情况下保障自身安全的技能。主要评估的内容有:使用公厕;更换衣物;选择着装;个人卫生和日常护理;在外就餐礼仪;躲避危险;传达伤病;卡或票据使用等。

---

① 何侃,范莉莉,李强等.残疾人职业能力评估系统改进研究[J].残疾人研究,2014(1):58-62.

（2）集体生活能力评估目的及内容。本领域主要判定残疾人能否作为集体成员中的一员参与活动，以及能否作为社会人，身处不同场所、面对不同对象做出恰当的应对。主要评估的内容有参与集体活动；遵循活动规则；表现利他行为；辨别所属物；适应特定场景；问候他人；与异性相处；应对计划变更。

（3）交通出行技能评估目的及内容。本领域主要评估外出时，残疾人能否遵守交通规则，能够恰当使用交通工具，考察自立出行的达成度。主要评估的内容有遵守信号灯对应的交通规则；应对路线的变更；路边与他人攀谈；对远处信号做出反应；独立使用交通工具；遵守乘车规则；使用时刻表和路线图；制定出行计划。

（4）购物休闲技能评估目的及内容。本领域主要评估残疾人是否具备日常生活中必备的购物技能，在休闲时间里能否有效地安排游戏、运动、聚会等活动，特别是能否自己主动参与、组织等。主要评估的内容有找到物品所在货架；判断购买力；使用口语购物；能够烹调食物；参与休闲活动；参加户外运动；参加聚会或聚餐；进行长途、短途旅行。

（5）常识能力评估目的及内容。本领域评估以"读、写、算"为中心，与学校学习的"读、写、算"不同，本领域评估聚焦于日常生活中使用的知识，如关于货币的学习，除了评估残疾人能否使用各类消费卡付款，还要评估残疾人是否掌握付款及判断金额的技能。主要评估的内容有了解日常生活所用物品的名称；阅读经常接触的汉字、词语及其他符号；书写个人基本信息；在具体任务中计数；使用加减法；分配物品；读写数字；辨识日期与星期；辨识货币单位；辨识测量工具刻度。

（6）语言沟通能力评估目的及内容。本领域要求残疾人在社会交往中，需要根据不同的场所寻求不同的交谈方式，需要掌握表示感谢、表达歉意、求助等较为简单的语言。主要评估的内容有明确沟通目的和沟通意图；表达清晰；正确传达事件逻辑；区分自身体验与他人体验；选择合适的谈话形式；正确表达情感；学会求助；请示和报告。

（7）基本就业技能评估目的及内容。本领域主要评估残疾人与遵守职场规则相关联的基本内容，评估就业时能否恰当的应对作业状况以及与同事之间的关系。主要评估的内容有遵守工作安全规定；适应工作场所环境；完成工作准备环节；使用工具类物品；听从工作指令；按工作要求完成工作；工作结束上报；持续工作；工作绩效的影响因素。

（8）指示内容理解评估目的及内容。本领域主要评估残疾人作业进展时的基本内容，包括指示内容的理解以及应对。主要评估的内容有残疾人在不同支持的水平下开展作业；完成整理工作；物品辨别与分类；理解工作结果；理解工作评价；完成连续性的工作。

（9）工作态度和工作技术评估目的及内容。为顺利进行作业,残疾人需要与周围人群进行互动、共同协作,以及作业时必须集中注意力。此外,残疾人还需要具备简单作业的技能与姿势,有一定的持久性。本领域主要评估的内容有模仿和跟随他人;能够合作完成工作;可接受工作提醒;调整姿态应对工作需求;完成有特殊要求的工作;使用工具;连续工作。

（10）情绪行为和自我管理评估目的及内容。为达成社会参与的目的,残疾人需要有对自我情绪的调控能力以及自我管理能力。残疾人不仅在家庭、学校、职场等经常参与的场景需要进行情绪行为的管理,还包括作为社会公民,在社区、公共场所等地应遵守一定的社会规则。本领域主要评估的内容有安排一日作息;养成良好的饮食习惯;养成健康的睡眠习惯;具备一定的审美能力;调控自己的情绪和行为;拥有健康、稳定的友谊关系;正确处理青春期身心变化问题;恰当表达对异性的情感;参与基本的社会生活。

### （三）阶段三:职业训练

依据第二阶段十项内容的评估结果,可以绘制出残疾人职业能力剖面图,残疾人在职业方面表现出来的优势和劣势一目了然,专业人员可以根据这些基础性材料,设计和发展有针对性的残疾人职业培训课程和内容,从残疾人的职业优势和长处入手,着眼于发展潜力,为残疾人提供个性化的职业培训,确保残疾人获得相应的工作技能和适应性行为,使残疾人优势更优,成为某一职业领域的专才。在职业训练中采用的方法主要有两种,一种是任务分析法,即把工作任务分解为具体步骤,然后逐一教导,例如蛋糕的制作,专业人员可以将整个过程分解为称重、配料、制形、烤箱预热、烤制五个步骤,当然,将任务分解得粗略还是详细,需要根据残疾人的能力而定;另一种为情境法,即专业人员在模拟的工作场景中,或将残疾人置于真正的工作场所中进行职业训练的一种方法,如按摩、洗车、染发等技能都可以采用情境法进行训练。在职业训练过程中,专业人员应根据残疾人的学习情况随时调整训练计划,最大限度地发挥训练效果。

### （四）阶段四:就业安置

职业能力评估的最后一个环节是为残疾人进行适宜的就业安置,残疾人的就业安置一定是高度个别化的,在这一环节中,评估人员需要对就业环境进行生态性分析,以及在残疾人成功就业的各个方面,相关人员都需要提供持续的支持,具体内容如下:

工作环境分析。对残疾人进行就业安置首先要考虑工作性质和工作环境,适切的工作环境以及支持是影响残疾人成功就业的重要因素。以自闭症人士工作环境选择为例,自闭症人士的工作需要线索明确,环境干扰较少,根据自闭症人士的主观报告称,他们的工作需要较少的社交互动,有充分的时间学习,避免过多的感知觉刺激①。因此,评估人员需要为自闭症人士优化工作环境,改变沟通策略,给予互动支持,并应对管理者和同事提供相关培训,帮助他们正确认识和解读自闭症人士的特征。另外,为残疾人调整工作任务也是工作环境分析的一部分,在残疾人被安置的就业现场,评估人员如果发现某些工作职务是因外在因素,而非因残疾人缺乏完成职务相关的技能出现无法胜任或不易完成的情况时,评估人员应进行工作设备、工作条件的调整,提供残疾人就业所需的辅助器具,以及调整工作方法,进而改善残疾人工作情况及效率。如果残疾人在身体上存在限制或不便而达不到要求时,可以由两名具有相同或类似能力的残疾人来分担这项工作,如:两人在时间上进行分担或进行工作任务分工。评估人员也可以根据残疾人的特性与工作现场的需求,进行相关辅具的开发,协助残疾人执行职务,如小推车、检核表、计数器的使用等,这将使残疾人不利的条件减到最低。

在职培训。残疾人在就业后也需要接受广泛的训练,学习工作技能和与之相关的职业技能,并且在职培训需要在真实的情景、真实的工作中进行。残疾人通过适当的在职培训和支持,能够在各类工厂和企业中工作。评估人员根据残疾人的评估结果及工作环境分析的结果,可以有计划、有组织地运用适性的教学方式,教导残疾人工作所需的技巧,以培养其专心及专注于职务的能力,以及持续长时间工作的能力。例如,评估人员可以建立工作所要求的标准(产量与质量),根据残疾人的现有能力,以工作所要求的标准为目标,开展渐进式的训练;又如,评估人员可以将复杂的工作内容分成许多部分或几个步骤,逐步及循序渐进地教导残疾人,以达到残疾人能够独立完成所有步骤的目的。另外,与工作相关的自我照顾能力训练也是在职培训的一部分,若残疾人在自我照顾活动执行上仍有困难,评估人员需要训练残疾人,以增进其自我照顾的能力。自我照顾训练的内容有进食、如厕、保持仪容仪表、午餐及休息期间的适当行为,保持良好的出勤纪录,薪资规划与管理,以及金钱的使用等。交通能力的训练也是不可或缺的部分,评估人员应教导残疾人从其居住的地方到工作地点或由一个工作地点到另一工作地点所需要的交通技能,如:知晓及遵循交通安全规则、掌握地图的使用、道路认识、搭乘大众交通工具所需的技能(认识公交车路线牌号、购买车票、上下车相关事宜、过站或下错站的处理等)。

沟通与人际互动支持。评估人员应协助残疾人发展在工作中与他人建立关系与沟通所需要的行为模式与支持,还应处理残疾人适应新工作所产生的人际压力与人际

---

① 王丹,汤明瑛.认识残疾人职业能力评估[J].中国残疾人,2011(12):50-51.

不适应等现象。沟通与人际互动支持包括三种形式：与职务相关的互动，即为了要完成职务所需要的互动及关系；职务间选择性互动，即工作完成后，不是必须，但能使工作更加有趣地互动；休息及自由时间的互动，即休闲时间的人际互动。具体言之，评估人员要协助残疾人建立沟通系统、规则与方式，教导残疾人合适的进退礼仪，如见到同事主动打招呼、对同事友善及有礼貌。教导残疾人如何主动向主管或同事求助，以及对于交付的工作应主动汇报。教导残疾人如何与同事合作、配合及协助。针对与人互动所产生的压力，评估人员应协助残疾人找到合理发泄方式及应对压力的调节策略。

> ## 三、评估保障

为保证残疾人职业能力评估各个环节的有序运行，制定有力的保障措施十分必要。具体措施有以下几方面：

### （一）开展跨领域专业团队合作

由于 ICF 视角下的残疾人职业能力评估具有系统性，需要各方面力量协同合作，又因为残疾人职业能力评估专业性强，评估人员要具备多门相关知识才能胜任这项工作。针对这种情况，残疾人职业能力评估应该开展跨领域专业团队合作，组建具有医学、心理学、教育学、社会学、特殊教育学等学科背景的评估团队，同时，为了加强现有评估人员的专业素养，应该定期为评估人员开展培训，尤其是开展评估案例的现场观摩和学习。另外，也可以借助多方力量开展残疾人职业能力评估，可以由中国残联和各地方残联牵头，与其他单位联合开展评估，具体的操作方法有以下两种：

第一，残联与特殊教育学校联合开展残疾人职业能力评估。由于我国残疾人职业教育的开展是由教育部门负责，而残疾人的就业问题是由残联部门负责，所以两个系统领导下的残疾人职业教育和就业安置有可能会出现衔接不畅，导致残疾人的职业教育内容与就业单位的需求不符，不能满足就业单位的用人需求，使残疾人在学校毕业后不适应就业市场，出现职业教育与就业需求脱轨的现象。我国学者甘昭良指出：特殊教育学校的残疾学生在毕业之后想进入市场就业必须经历两个门槛，第一是从学校到职业培训机构，第二是从职业培训机构到工作单位[①]。因此，残联应该与特殊教育学校合作，在残疾学生进入特殊教育学校接受职业教育前就对残疾学生开展职业兴趣方面的评估，了解残疾学生的职业性向，有针对性地制定职业教育方案，并在职业教育的过程中随时根据残疾学生的技能改变情况进行评估，并做好从学生到就业的转衔工作，以提高残疾学生就业的适应性。

---

① 甘昭良.残疾人职业教育："从学校到工作"的模式[J].职业技术教育,2006(28):64-65.

第二,残联与用人单位联合开展残疾人职业能力评估。职业能力评估的最后一个环节是对残疾人进行合理的就业安置,就业安置成功与否,关键在于残疾人是否能在该就业岗位上充分发挥自己的潜能,适应岗位需求,并能创造出一定的经济财富,让残疾人的价值得以充分彰显。因此,各级残联可以与用人单位共同对残疾人开展职业能力评估,一方面可以充分了解残疾人与就业岗位的契合度,一方面也给用人单位调整环境,为残疾人提供就业支持服务提供依据,同时也体现出合理配置人力资源,充分做到人尽其才,让每个残疾人的能力都得到充分的发挥,进而为国家创造出更多的社会财富。

### (二)加强评估个案的管理

在 ICF 理念倡导下,残疾人职业能力评估在各个环节均强调个别化,如拟定个别化评估方案、实施个别化评估、采用个别化职业训练、进行个别化就业安置,由此证明,在职业能力评估中,残疾个案的管理是保障职业能力评估顺利进行的必要条件,加强残疾个案的管理,能使职业能力评估每个环节的开展有条不紊地进行,可以根据计划内容安排残疾个案进一步的服务。因此,加强残疾人职业能力评估个案的管理,是职业能力评估运行的重要保障。评估个案管理需要坚持两条主线:一条主线是由残联、民间评估机构等评估单位进行个案的管理,即为残疾人进行职业能力评估,根据评估结果制定职业规划并开展职业训练;一条主线是由用人单位进行个案的管理,即用人单位根据用人需求,对就业岗位和残疾人的职业能力进行匹配,为残疾人推荐适宜的就业岗位,与残疾人进行就业洽谈。这两条主线最终在残疾人就业处汇合,并在残疾人就业过程中,共同为残疾人提供支持性就业服务,因此,整个个案管理体现出生态性和支持性的特征,详细的评估个案管理方式和流程如图 5-2 所示。

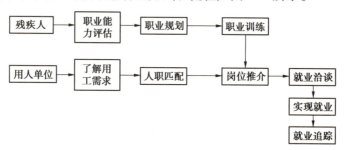

图 5-2　评估个案管理流程图

### (三)完善残疾人职业康复体系

职业康复是残疾人全面康复的一部分,它与医学康复、教育康复具有同等的重要地位,职业康复能让残疾人通过就业这一途径深度融入社会并参与社会,从而有效促进残疾人康复。职业康复需要以一定的社会经济、文化和科技发展为基础,是比较高层次的康复手段。职业康复可以结合医学检查、职业能力评估等资源有效提高残疾人的功能,是实现个体康复的重要手段。所以,残疾人职业能力评估是职业康复系统中的一部分,将职业能力评估置于整个残疾人职业康复系统中,有助于整合各方面力量,协同促进残疾人发展,促使其融入社会,获得较高质量的生活。因此,要使残疾人的职业能力评估得以顺利开展,相关部门应该把重点置于发展残疾人职业康复事业上。具体做法有以下三点:

第一,在全国各地建立残疾人职业康复机构,对机构进行合理布局。目前,我国残疾人职业康复机构较少、职业康复人员数量不足、设备落后[1]。为了满足更多残疾人的职业康复需求,政府部门可以充分发挥社区或街道现有的残疾人就业服务职能,建立残疾人职业康复中心,接纳本社区或街道的残疾人就近开展职业康复。另外,国家应该鼓励民间力量加入残疾人职业康复的队伍中来,建立民办的残疾人职业康复机构,为残疾人开展全面的和广泛的服务。

第二,明确服务流程,保证残疾人职业康复工作的有效开展。残疾人职业康复是一个系统工程,需要建立权责明确的服务流程,图 5-3 显示出残疾人职业康复服务的各个环节是紧密相连的,各环节需要密切配合来保证残疾人职业康复工作的有效运行。

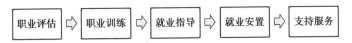

**图 5-3 残疾人职业康复服务流程图**

第三,健全残疾人职业康复的保障制度。我国应该制定残疾人职业康复的相关法律,通过法律约束残疾人职业康复工作的开展。政府部门还应该在经费上予以倾斜,来保证残疾人职业康复设备的及时更新。残疾人职业康复人员也应该不断学习,促进康复技术的提升,进而提高残疾人职业康复的效果。

综上所述,ICF 将残疾置于个体健康状况的整体架构下去讨论,充分论证了残疾不是个体的终身状态,而是一个动态性的概念,环境的改变可以影响个体残疾状态的改变和个体功能的发挥,换言之,残疾是生物和环境交互作用的结果,这为社会大众重新认识残疾现象提供了理论依据,也为残疾人职业能力评估提供了新的视角。在残疾人职业能力评估中,评估人员应放宽眼界,以 ICF 为引领,从生态的角度出发,在评估方法的选择、评估内容的制定,以及评估实施的保障方面均需强调生态性、支持性和系统性,将残疾人职业能力评估置于整个残疾人职业康复体系中,从而提高残疾人的职业能力,挖掘残疾人的就业潜能,促进残疾人的发展。

---

① 王娇艳,何侃.国内外残疾人康复人才培养模式比较研究[J].残疾人研究,2012(1):39-43.

## 第六章
# 残疾人职业能力评估的应用

## 第一节　职业指导

在对残疾人进行职业能力评估之后，专业人员对残疾人的基本情况、职业兴趣和就业需求等方面有所了解，据此，专业人员可以开展残疾人就业指导工作，对残疾人提供就业方面的指导、教育及帮助，并提供就业信息，从而促进残疾人获得职业活动的机会。

### ＞　一、职业指导的产生

职业指导是在第一次世界大战之后产生的，在战争中有许多受伤的军人、工人和其他相关受伤人员产生，他们在战后需要得到相应的治疗和安置，使他们能够尽快重返社会，因此美国在一些联邦政府机构和州政府机构设立了职业咨询指导员岗位，为相关人员开展职业指导工作，从此以后，职业指导工作应运而生。在我国，职业指导工作的产生是在 20 世纪 80 年代以后，由于国际残疾人职业康复事业的发展给我国提供了宝贵的经验，我国学者根据我国残疾人事业的实际情况，在充分学习其他国家经验的基础上，构建了符合我国本土实际情况的残疾人职业康复体系，职业指导工作由此产生。只是，我国的残疾人职业康复事业起步较晚，与国际上其他国家和地区相比，职业指导工作还有很大的发展空间，需要专业人员持续不断地研究和探索，并注意积累实践经验，总结出我国残疾人职业指导工作的经验模式。

### ＞　二、职业指导的理论依据

残疾人职业指导的理论依据是特质——因素理论，即人职匹配理论，它是在 1909年由美国学者弗兰克·帕森斯提出，后来又经美国学者威廉逊发展得以成熟。特质——因素理论是最早的职业指导与规划理论，因此，提出者弗兰克·帕森斯又被称为职业指导之父。特质——因素理论强调个人特质应该与职业相互匹配。"特质"通常来指个体的人格特质，主要包括兴趣、价值观、能力倾向、人格特征等方面，这些方面都可以用心理测量工具加以测量。"因素"通常指职业活动中取得成功所具备的资格或条件,这些方面可以通过对工作的分析而获得。在特质——因素理论指导下,职业指导工作需要遵循三方面原则,分别是:第一,了解自我,即对个体自身进行探索,如了解自身的能力、兴趣、资源、优劣势等;第二,了解工作,即了解的职业对个体的素质要求,如知识、经验、工作环境、薪酬、晋升机会和发展前景等方面的要求;第三,匹配,即将上述两点进行综合,通过分析资料找出个体与职业素质要求相匹配的职业。因此,帕森斯认为个体选择职业最重要的一点就在于找到与个人特质相匹配特定职业,只有这样个体才能主动适应职业要求,从而促进就业的稳定,同时使个体和用人单位均受益。

由于残疾人的身心存在一定程度的缺陷,导致他们不能主动并客观正确地将自己的特质与工作相匹配,因此,残疾人职业指导工作还有一项重要任务,即需要分析有关职业所要求的工作条件和人员条件。其中,工作条件分析指需要对残疾人所处的工作职务和工作环境进行分析;人员条件分析指需要对残疾人的现有职业能力、人格等因素进行分析,专业人员通过分析来帮助残疾人厘清自身的职业需求,提供职业训练的方法,减轻残疾人职业发展中的障碍程度。

### > 三、职业指导的概念

通过上述分析,职业指导是指专业人员为残疾人制定职业训练计划,帮助残疾人开展职业生涯规划的过程。职业指导是在取得职业能力评估的资料基础上,为残疾人提供选择职业和适应职业方面的指导,它是残疾人职业康复链条上的重要环节,在工作过程中,职业指导会结合康复医学、心理指导等方式,通过充分与残疾人交流,说明职业素质要求,尽最大可能满足残疾人就业的需求,职业指导为促进残疾人全面康复而贯穿康复的始终。

### > 四、职业指导的地位

自第一次世界大战之后,美国为了安置战后的伤残军人、工人和其他相关人员,在一些联邦政府机构和州政府机构设立了职业咨询指导员岗位之后,直到20世纪80年代,职业指导才成为一门独立的学科,形成了独立的研究体系。随着经济的发展,以及社会文明的进步,世界各国都更加关注残疾人的生存状态,致力于提高残疾人的生活质量,用一切可能的方法使残疾人重返社会。例如,日本的残疾人医疗康复机构中提供的服务项目有职业能力评估、有关职业康复的医疗器材的售卖、物理治疗(PT)、作业治疗(OT)、言语语言治疗(ST)、心理治疗、文体治疗、康复工程、社会工作、职业指导等。从日本的残疾人医疗康复机构中提供的服务项目可知,职业指导在日本康复体系中有重要地位,是残疾人职业康复体系中不可或缺的环节。

> ## 五、职业指导的特征

随着人们对残疾态度的转变,即残疾观的变化,职业指导的模式也发生了变化,残疾人职业指导模式的变化经历了由"心理模式"向"生物——心理——社会综合模式"转变,并且在发展过程中,残疾人职业指导已经成为残疾人职业康复工作的必要流程。具体来讲,入院一周的残疾人,无论情况如何,均需要接受职业指导,职业指导员会在接收到医生开具的申请单之后,在48小时内与残疾人联系并见面,了解残疾人的诉求,帮助他们消除对新环境的不适应,着重介绍职业康复程序。

> ## 六、职业指导的内容

残疾人职业康复机构提供的职业指导服务的内容应包括:了解残疾人基本信息、面对面沟通和交谈、心理咨询和分析、职业能力评估(包括工作样本评估、情境评估、现场试做、召开评估会等)、职业训练、就业指导、庇护性工场、居家就业(接零活)等。职业指导员在职业指导的过程中,要侧重于通过职业能力评估和职业训练,帮助残疾人寻找职业兴趣,树立就业信心,并获得就业技能,引导残疾人重新回归社会,过上正常的生活。具体来讲,职业指导的内容主要有以下四方面:

第一,对残疾人职业康复的意义、功能、作用加以介绍。

第二,帮助残疾人明确职业康复与医疗康复的区别,职业康复是物理治疗(PT)和作业治疗(OT)的延续,将职业康复与其他康复手段结合起来,有利于残疾人加快身体功能的恢复。

第三,明确致残的原因,并对致残原因进行分类,确定给予何种类型的补偿和待遇,如意外伤害、交通事故、工伤等,为残疾人提供补偿和待遇方面的咨询服务。

第四,帮助残疾个体了解开展职业康复的目的,帮助残疾人做职业能力评估,帮助残疾人选择合适的职业训练项目,协助残疾人开展职业生涯规划。

> ## 七、职业指导的方法

残疾人职业指导的常用方法有两种,分别是给予残疾人支持性心理咨询和培养残疾人了解自我的能力。

### (一)给予残疾人支持性心理咨询

一般来讲,个体致残后的心理发展会经历五个阶段变化:否定期——愤怒期——

抑郁期——徘徊期——接受期。专业人员需要根据残疾人不同阶段的心理变化情况，提供有针对性的支持性心理咨询，帮助残疾人度过心理危机，重获生活的信心。所以，专业人员给予残疾人支持性心理咨询，会让残疾人获得鼓励，看到希望，重拾回归社会的信心，最终迈向独立自主。该方法也可以广泛运用于职业训练、就业指导等多个领域中。

### (二) 帮助残疾人悦纳自我

残疾人往往容易自我否定，形成自卑心理，对重返社会热情不足。面对这种情况，专业人员需要通过职业能力评估的手段帮助残疾人了解自身的职业特长和兴趣，帮助残疾人悦纳自我，针对残疾人的优势领域挖掘其职业潜能，并帮助其制定切实可行的职业发展规划。另外，专业人员应该灵活运用职业指导的方法，根据残疾人的需求和特性，为其设计最经济适用的指导方案，实现职业指导工作利益的最大化原则。同时，残疾人职业指导是一个长期的过程，需要专业人员对获得及未获得就业安置的残疾人进行长期跟踪服务。

### ＞　八、职业指导的流程

残疾人职业指导是一项专业性的工作，需要专业人员根据专业流程开展工作。一般来讲，残疾人职业指导的流程分为以下几个步骤：

第一步，专业人员通过查阅基本资料了解残疾人需求，如查阅病历、晤谈等方法。

第二步，专业人员对职业指导的目的和功能进行说明，帮助残疾人树立自强自立的意识，鼓励他们走进职场进行就业，摆脱对家庭和社会的依赖，减轻家庭负担，并能凭借自身能力为社会做出贡献。

第三步，专业人员通过晤谈的方式对残疾人的一般情况和病史进行了解，并根据目前身体状况和本人职业兴趣和就业需求，介绍职业康复的项目和服务的内容。

第四步，专业人员对残疾人接受职业康复的目的加以了解，主要了解残疾人当前的心理状况、就业态度、就业需求等，根据残疾人的伤残等级确定是否属于工伤，判定是否需要给予工伤补偿方面的咨询和指导。在工作的过程中，专业人员要注意残疾人隐私的保护，切实保护残疾人的基本权益。

第五步，专业人员向残疾人主管医生反馈情况，双方共同商定是否给予立案，如立案则定期进行跟踪评价。

第六步，专业人员根据上述了解到的信息和资料，制定残疾人职业指导服务计划，明确工作时间和进度，填写表格，收集并完善残疾人职业康复资料。

## 第二节　职业训练

职业训练是指专业人员根据残疾人职业训练计划对残疾人实施有针对性的训练，从而帮助残疾人提升职业能力。职业训练要结合残疾人已有的家庭教育和学校教育情况综合进行，避免与残疾人实际生活脱节。同时，对听力障碍和言语残疾者还要进行言语训练，对视力障碍者要进行定向行走训练，此外还要培养作为职场工作者应有的处理人际关系的能力。可见，职业训练是残疾人能否获得职业能力，顺利走向就业岗位的关键环节。

### ＞　一、残疾人职业训练的概念

残疾人职业训练是指对有就业意愿和就业能力的残疾人，或已经就业需要更新技能的残疾人进行的职业技能培训，通常包括工作技能训练、自我调节能力训练、人际关系处理训练、工作环境适应能力训练等方面。目前，针对残疾人职业训练的项目主要有计算机科学技术、手工制作、生活服务、农业种养加等类别。在训练形式上有岗前训练、职业技能提升训练、转岗训练等。一般来讲，在职业训练前，为了了解残疾人职业训练的需求，或者职业训练后，为了评价训练的效果，专业人员会对残疾人职业训练的需求情况和训练效果进行调查，一般可以通过《残疾人职业训练情况调查表》来了解情况。

**残疾人职业训练情况调查表**

尊敬的朋友：

您好。为充分了解目前残疾人职业训练的相关情况，促进发展残疾人事业发展，现对残疾人职业训练相关情况进行调查。调查中涉及数据均会保密，谢谢您的配合。

说明：请将答案写在括号中，或者直接在横线上填写适当的内容。如果不做特殊说明的均为单选题。

A.基本信息

家庭地址：　　　省　　　　市　　　　县（区）

A1.性别（　　　）

A.男　　B.女

A2.年龄是＿＿＿＿周岁

A3.是否接受过教育（　　　）

A.是　B.否

A4.接受的教育类型是(　　　)

A.普通教育　B.特教教育　C.无

A5.家庭去年的一年纯收入是(　　　)元

A.不超过 1000　B.1001～3000　C.3001～5000 元　D.5001～10000

E.1000～30000　F.30001～50000　G.50000 以上

A6.家庭收入来源主要是(　　　)

A.打工等工资性收入　B.家庭生产经营收入　C.房租、利息等财产性收入

D.残补、养老金、低保等转移性收入　E.其他

A7.残疾类型(　　　)

A.视力障碍　B.听力障碍　C.言语残疾　D.肢体残疾　E.智力残疾

F.精神残疾　G.多重残疾

A8.有无残疾证(　　　)

A.有　B.无

A9.残疾等级(　　　)

A.四级　B.三级　C.二级　D.一级

A10.致残原因(　　　)

A.先天残疾　B.非先天残疾

A11.劳动能力情况(　　　)

A.无劳动能力　B.小部分劳动能力　C.大部分劳动能力　D.全部劳动能力

A12.就业情况是(　　　)

A.已就业　B.无就业

A13.就业性质(　　　)

A.从事农业或手工业生产　B.个体或家庭经营　C.企业

D.从事残疾人特殊职业(盲人按摩等)　E.事业单位或公益组织

F.国家机关　G.其他

B.职业训练相关情况

职业训练前

B1.您对政府关于残疾人职业训练相关政策了解程度(　　　)

A.基本了解　B.部分了解　C.完全不了解

B2.您知道您家乡的残疾人职业训练机构吗(　　　)

A.基本了解　B.部分了解　C.完全不了解

B3.您通过哪种途径获取残疾人职业训练相关信息（　　　）（可多选）

　　A.训练机构发布信息公告　B.咨询相关部门　C.训练机构主动联系

　　D.亲戚、朋友介绍　E.未获得过　F.其他

B4.您认为残疾人职业训练信息容易获取吗（　　　）

　　A.很容易获取　B.较容易获取　C.较难获取　D.很难获取

B5.您获取残疾人职业训练信息次数（　　　）

　　A.0 次　B.1 次　C.2~3 次　D.3 次以上

职业训练中

B6.您是否参加过相关职业训练（　　　）

　　A.参加　B.未参加

B7.您参加多少次残疾人职业训练（　　　）

　　A.1 次　B.2~3 次　C.3 次以上

B8.您参加职业训练教师学历情况（　　　）

　　A.大专及以下　B.本科　C.硕士及以上　D.不清楚

B9.您参加残疾人职业训练的教师专业背景（　　　）

　　A.具有特殊教育或职业教育经历　B.具有特殊教育和职业教育经历

　　C.都不具有　D.不清楚

B10.您参加的残疾人职业训练形式（　　　）

　　A.现场集中训练　B.单独指导　C.网络培训　D.其他

B11.您所参加过的残疾人职业训练时间为（　　　）

　　A.1 个月以内　B.1~2 个月　C.3~4 个月　D.4 个月以上

B12.您参加的残疾人职业训练与就业存在怎样关系（　　　）

　　A.肯定就业　B.未必就业,但提高能力　C.对就业有帮助　D.没有帮助

B13.您最近所参加的残疾人职业训练内容（　　　）（可多选）

　　A.计算机与电子类　B.工艺美术类　C.服装类　D.手工制作类

　　E.生活服务类　F.农业养殖类

B14.您参加残疾人职业训练的最大目标（　　　）

　　A.帮助就业或创业　B.考取资格证书　C.岗位技能需要　D.弥补生理缺陷

　　E.职业转换

职业训练后

B15.您参残疾人职业训练后,培训机构是否提供后期服务（　　　）

　　A.是　B.否

B16.您参加职业训练后,最期望训练机构提供哪些后期服务(　　)

　　A.其他职业技能训练信息　B.相关就业信息　C.相关职业技能辅导　D.其他

B17.您参加残疾人训练后就业现状(　　)

　　A.机构帮助下实现就业　B.自主择业实现就业　C.未就业,但职业技能提高

　　D.训练对就业无帮助

B18.您参加残疾人职业训练内容是否满足现实工作中的需要(　　)

　　A.针对性较强　B.针对性一般　C.针对性较弱　D.不清楚

B19.您参加残疾人职业训练后满意程度(　　)

　　A.完全满意　B.部分满意　C.完全不满意　D.说不清楚

B20.您对职业训练还有哪些建议?


## ＞　二、残疾人职业训练的作用

职业训练是残疾人职业康复中的重要环节,是残疾人获得就业能力,顺利重返社会的重要手段。通过不同形式的职业训练,残疾人掌握了一技之长,增加了就业的信心,为重返社会,顺利就业提供了可能。因而,只有让残疾人具备职业能力,才是真正让残疾人获得社会属性的途径和方式,这也是职业康复服务工作的价值所在。因此,职业训练是残疾人回归社会,有效参与社会生活的有效途径,残疾人职业训练的作用有以下七个方面:

### (一)职业训练可以帮助残疾人树立回归社会的意识

在国外,康复医学领域中实施五"E"为中心内容的康复方法,即教育(education)、鼓励(encouragement)、锻炼(exercise)、工作(employment)、评估(evaluation),五"E"康复法是实现残疾人职业康复的重要方法,在国外被广泛采用。可见,职业训练是一个比较复杂的过程,其过程应该包括职业技能训练、职业心理辅导、职业能力实作锻炼、就业前的职业能力评估等方面,帮助残疾人消除进入职场的紧张感,增强其就业的自信心,帮助残疾人树立回归社会的意识。因此,在残疾人职业训练过程中采用五"E"康复法,有利于为残疾人获得就业的能力准备和心理准备,帮助残疾人获得重返社会的信心。在职业训练过程中,通过一系列具体的训练项目,让残疾人充分体会所要从事的职业角色,加速残疾人职业适应能力的增长,随着职业训练的深入,残疾人与更多人接触,学会了人际交往的方法和原则,获得了自我管理的能力,这有助于残疾人迅速融入职场,成为有竞争实力的劳动者。因此,残疾人职业训练不是一个孤立的过程,而是一个成体系,倡导残疾人主动参与的过程。

### （二）职业训练可以帮助残疾人掌握职业技能

一般来讲,职业训练分为动作技能训练和智力技能训练两种。职业训练可以帮助残疾人掌握职业技能,例如动作技能训练可以提高残疾人的动作协调性,还能在职业训练中对粗大动作和精细动作进行锻炼,从客观上促进残疾人康复。职业训练还可以帮助残疾人开发观察力、记忆力和想象力,促进残疾人对动作技能的理解,有助于残疾人对动作技能进行巩固,形成比较固定的动作模式,为残疾人职业技能掌握提供基础条件。

### （三）职业训练可以让残疾人回归社会创造价值

职业训练的最大目的就是让残疾人获得可以安身立命的职业技能,这有助于残疾人回归社会,成为有效的人力资源,为社会创造价值。例如,一些残疾人在医疗康复期间学会网页制作、编织毛衣、手工制作等技能,在回归社会后,有的残疾人利用所学网页制作知识从事网店经营工作,有的残疾人在家庭中从事毛衣编织工作,有的残疾人在社区从事工厂的代加工工作,根据自身的特点和优势,发挥作用,为社会创造经济价值。

### （四）职业训练可以培养残疾人积极的生活信念

职业训练有助于树立残疾人积极的生活态度和信念。残疾人由于身心存在缺陷,往往缺少乐观积极的生活态度,不乏出现自暴自弃的事件和案例。分析其原因,主要是由于残疾人缺少一技之长,不能有效参与社会导致的。通过职业训练,残疾人了解到自身优势,通过自身努力缩短与健全人的差距,获得平等的参与社会的机会,逐渐改变悲观的生活态度,获得自信,进而顺利融入社会。

### （五）职业训练可以辅助心理咨询工作取得效果

通过专业人员与残疾人在职业训练中的充分接触,专业人员可以深入了解残疾人的心理状态和需求,专业人员要以此为契机,对残疾人开展心理危机干预和就业心理咨询,这样做不仅可以提高残疾人职业训练的效果,与此同时,心理咨询工作也会收到事半功倍的效果。

### （六）职业训练可以树立残疾人的劳动纪律观念和培养文明礼仪习惯

在职业训练中,专业人员需要严格要求残疾人,按照实际职业场所的要求去规范残疾人的行为,帮助他们树立劳动纪律观念和培养文明礼仪习惯。例如,一些残疾人存在自己是残疾人可以享有"特权"的想法,不遵守职业训练的时间和工作纪律,专业人员对此种情况应该严格要求残疾人,对其进行思想教育,并为其制定职业训练纪律规范,明确作息时间、请假制度和礼仪要求,并制定相应的奖惩措施,在职业训练过程中严格执行,鼓励残疾人从身边的点滴做起,为顺利回归社会打下良好基础。

### (七)职业训练可以改善残疾人身体运动功能

残疾人因为各种原因致残,大部分残疾人在身体运动功能方面表现出缺陷和不足,通过职业训练的具体项目实施,还可以起到改善残疾人身体运动功能的作用。例如,专业人员为一位由于脊髓功能损伤导致肢体功能障碍的残疾人,设计了用机器织毛衣的职业训练项目,在学习机器织毛衣的过程中,专业人员建议该残疾人以站立的姿势织毛衣,这样做充分保证了职业训练和残疾人身体运动功能训练的有机结合,还让该名残疾人在掌握职业技能的同时锻炼了上肢、腰背的肌肉力量,促进其上肢功能的恢复。

### > 三、职业训练的要点

残疾人因为身体和心理等各方面功能受损,在日常生活中常常出现障碍,需要专业人员在职业训练中根据其障碍情况改善学习环境,提供必备的无障碍设施,或对训练环境加以改进,方便残疾人开展职业训练。例如职业训练所用操作台的高度、宽度,室内照明条件等,需要根据残疾人的障碍情况加以改造。除此之外,为帮助残疾人重返社会,更重要的是训练残疾人自身的职业能力,在训练过程中尤其要注重以下几方面能力的训练:第一,一般工作能力训练,主要指与工作直接相关是生理功能训练,以及理解工作要求、按口头和书面指示工作的能力;第二,工作态度训练,主要指敬业精神培养,如遵守作息制度、做事细致认真等;第三,工作耐力训练,主要指对工作强度、抗干扰能力等涉及意志品质方面的训练;第四,社会适应训练,主要指人际交往技能、沟通技巧、时间和金钱管理、个人修养等方面的培养。这四方面职业训练的内容应该持续进行,贯穿残疾人职业训练的始终。

### > 四、职业训练的方法和流程

对残疾人开展职业训练,主要采用模块式技能训练法。模块式技能训练法能让残疾人在最短的时间内学习到最有助于职业工作顺利开展的方法。专业人员将职业技能划分为操作模块,再将每一个模块划分为若干个学习单元,专业人员还要将每个学习单元制定出可以考核和评价的目标,让残疾人能够有层次地了解到学习的要求,充分调动残疾人学习的兴趣,提高职业训练的效果。

在残疾人职业训练流程方面,专业人员需要从六个环节开展工作,分别是:

第一,职业咨询。职业咨询的内容有收集残疾人资料,了解残疾人医疗、教育、就业需求、社会支持体系等基本情况,以及对专业人员的诉求等。了解了残疾人的一般情况后,专业人员要为残疾人有针对性地制定职业训练方案,选择职业训练项目,并明确训练的时间和进度。

第二,职业训练。制定出职业训练计划后,专业人员要根据训练计划的时间和内容,对残疾人开展具体的训练,专业人员在训练中要注意对训练环境和条件的改善,以使职业训练达到最大效果。

第三,职业训练后期评估。在职业训练即将结束时,一般是训练结束的前一周,专业人员需要对训练的效果进行评估,以评估结果判断残疾人是否具备可以就业的职业能力。专业人员通过观察、晤谈、工作样本评估、现场试做等方式来评估残疾人的职业能力,并根据残疾的实际表现,调整职业训练计划,决定职业训练的时间是否需要延长,或者改进训练方案。

第四,座谈。在职业训练结束后,专业人员要组织残疾人进行座谈,共同讨论职业训练的收获,包括残疾人的态度变化、技能获得情况等,分析残疾人是否在职业训练中实现了就业需求的满足。

第五,填写职业训练工作记录表。职业训练结束后,专业人员还需填写职业训练记录,包括职业训练目标、内容、措施、方法、效果等。

第六,反馈。专业人员在职业训练结束后完善残疾人的康复病历,并反馈给残疾人本人。

# 第三节　职业介绍

职业介绍是指专业人员根据残疾人职业兴趣和需求开发就业资源,为残疾人提供就业岗位。专业人员可以利用招聘广告或公共职业介绍所,也可以通过残疾人福利单位给予安置。

> ## 一、职业介绍的内容

### (一)信息服务

信息服务是指职业介绍所为促进残疾人就业,而收集就业信息,开展信息交流,或在就业服务平台、网站上发布就业信息等。

### (二)咨询服务

咨询服务是指职业介绍所根据《残疾人就业条例》,以及其他残疾人就业法规为残疾人提供政策咨询,具体服务内容包括用人信息咨询、职业培训信息咨询、个体工商户营业执照办理咨询、劳务管理咨询等方面。

### (三)指导服务

指导服务是指职业介绍所为残疾人进行职业能力评估、职业生涯规划、成功就业技巧指导等方面的服务。

### (四)介绍服务

介绍服务是指帮助残疾人推荐就业岗位、向用人单位推荐合适的残疾人、举办就业招聘会、协助残疾人与用人单位面谈、引导残疾人流动就业等。

### (五)接受委托

接受委托包括接受用人单位委托举办就业招聘会,接受残疾人委托存放职业康复档案,接受政府部门委托(一般是劳动行政部门)办理劳务合同签证、职业技能培训、社会保险等业务。

### (六)管理服务

管理服务包括残疾人就业需求信息管理、企业用人信息管理、工作纠纷管理、残疾人就业市场监督检查、残疾人流动就业组织管理等。就业登记时要记入残疾人职业康复中心或较高的康复机构发给的有关职业能力的材料。

## ＞　二、职业介绍的原则

### (一)客观性

职业介绍是连接残疾人和用人单位的桥梁和纽带,通过职业介绍所工作人员的努力,让残疾人找到满意的工作岗位,让用人单位雇佣合适的职工。为了实现双方的顺利结合,专业人员需要遵循客观性原则,实事求是地向双方提供真实的资料,客观地向双方传递求职和用工信息,保证残疾人的就业需求和用人单位的用工需求都得到满足。

### (二)合理性

职业介绍的服务对象是有自身需求、需要重返社会的残疾人,以及需要雇佣到合适职工的用人单位。残疾人的就业需求和用人单位的用人需求有时存在相悖情况,有些残疾人不能正确评价自身能力,对就业作出较高期望,存在不合理的就业价值观,还有一些用人单位对残疾人提出较高要求,没有考虑到残疾人的缺陷问题。如某些残疾人坚持要到工资待遇高、工作轻松的"好单位";不少用人单位招聘残疾人时,都会有会电脑、能沟通等要求。所以,专业人员应该在职业介绍服务中,应向残疾人和用人单位说明情况,引导双方作出适当、符合双方实际情况的选择。

### (三)科学性

科学性原则是指职业介绍服务既能满足残疾人的就业需求,帮助他们找到符合自身能力的工作岗位,又能满足用人单位的用工需求,保证残疾人和用人单位都能如愿以偿,获得最大的收益。职业介绍工作是否科学,是决定残疾人能否顺利就业的关键性因素,它影响到职业介绍工作的实效,也是职业康复工作实现可持续发展的重要途径。

### (四)服务性

职业介绍工作具有服务的性质,是一项社会工作,它要为残疾人就业选择和用人单位用工选择服务。在我国,劳动就业市场服务机构分为公办和私营两类,公办的劳动就业市场服务机构称为职业介绍所,负责提供就业信息、协调残疾人和用人单位等,特别强调服务的功能;私营的职业介绍所一般是由社会团体、个人开办,具有盈利的目的,但是其服务的根本目的与公办一致。

### (五)无偿性

职业介绍工作是无偿的,按照国际和我国政策法规的规定,公办职业介绍机构不应该收取任何费用,它是非商业,非营利性组织。但是在一些地方,有些公办职业介绍所存在收费的现象,违背了职业介绍服务无偿性的原则,也违背了职业介绍服务的根本目的,与我国残疾人事业发展的精神相违背,必须予以禁止。

## > 三、职业介绍的作用

### (一)促进劳动力市场的培育和发展

职业介绍可以有效调节劳动力市场的供求关系,让劳动力市场资源得以有效配置。通过职业介绍,残疾人可以获得就业信息,用人单位可以了解求职者需求,残疾人和用人单位有机结合,促使人力资源市场供需平衡。因而,职业介绍是培育劳动力市场的有效途径和手段,承担着劳动力市场协调发展的重任。

### (二)促进用人单位和残疾人的相互选择

职业介绍能促进用人单位和残疾人的相互选择。残疾人由于生理和心理上存在一定的缺陷,在就业时处于不利地位,加之沟通不畅,导致他们可以选择的就业岗位寥寥无几;而用人单位由于时间和精力的限制,不可能像培养普通员工那样去充分了解和培养残疾员工,因此,残疾人和用人单位双方都需要有一个第三方机构能为他们协调和解决这个问题。职业介绍通过开展残疾人职业能力评估、职业指导、职业训练等工作,掌握了残疾人的基本情况和就业需求等信息,帮助残疾人获得职业技能和应聘技巧;通过指导用人单位采用合理招聘方式,建立起残疾人和用人单位沟通的桥梁,能够帮助用人单位缩短招聘时间,促进残疾劳动者和生产资料的合理配置,从而提高残疾人就业的成功率,以及用人单位的满意度。

### (三)促进残疾劳动力的合理流动

由于就业需求不合理,就业信息不畅通等原因,残疾劳动力流动问题普遍存在,这也是困扰残疾人和用人单位的主要问题。职业介绍通过开展职业指导,可以有效减少残疾人职业流动中的限制,为残疾人职业转换节约时间,提高他们再就业的效率。通过职业介绍机构高效率的工作,可以促使用人单位加快产业调整步伐,为残疾人提供更适合的工作岗位,实现残疾人就业需求和用人单位用工需求的有机结合。

## 第四节　就业服务

一般说的就业,指的是提供劳务和取得报酬。但对残疾人来说,就业是一件更为复杂的问题。就业服务是指专业人员为残疾人提供支持性就业服务,帮助残疾人实现稳定就业。在现实中录用一个残疾人将会出现各种各样的阻力,而职业康复过程最终是使之减轻或消除这些阻力。

> ### 一、残疾人就业的方式

### (一)集中就业

集中就业是我国目前残疾人实现就业的主要方式。集中就业是指残疾人在各类福利企业、工伤医疗机构和盲人按摩医疗等单位劳动就业。福利企业是指集中安排残疾人就业的具有福利性质的特殊生产单位。集中就业主张"先训练再安置",是一种准备式职业教育方式[①],准备式职业教育是指在学校教育阶段为残疾人就业提供知识、技能,培养职业个性(工作人格和工作能力),毕业以后,残疾人根据所学,在社会帮助或照顾下,寻求和维持就业机会(庇护性就业)。集中就业有诸多优势,此种就业形式深受残疾人个体和家庭的欢迎。从节约社会资源的角度来看,残疾人集中就业能够减少社会的就业安置成本,提高人力资源分配的效率,有效改善残疾人的生存、生活和工作

---

① 杜林,李伦,雷江华.美国残疾人支持性就业的发展及对我国的启示[J].中国特殊教育,2013(9):14-20.

条件。然而,在当前知识经济飞速发展的时代,残疾人在学校当中学习到的知识和技能很容易过时,加之残疾人在身心方面存在的缺陷,自主学习能力不足,在职场缺乏竞争力,容易出现就业不稳定的情况。并且,随着经济改革和社会的发展,我国有关社会福利企业正面临着新的挑战和变化,集中安置残疾人就业存在一定困难。

### (二)分散按比例就业

残疾人分散按比例就业是指依据《中华人民共和国残疾人保障法》的有关规定,机关、团体、企业、事业组织、城乡集体经济组织,应当按照一定比例安排残疾人就业,并为其选择适当的工种和岗位。根据《残疾人就业条例》,单位安排残疾人就业比例不能低于本单位在职职工总数的1.5%,如果用人单位不能按1.5%的比例安排残疾人就业,则应当向国家缴纳残疾人就业保障。这种形式能够让残疾人得到法律保护,改善残疾人就业竞争中的不利地位,提高残疾人就业的稳定性。然而,残疾人分散按比例就业在实施时也存在较大困难。残疾人由于自身缺陷、就业能力等方面的限制,不能胜任一些用人单位提供的岗位,因此,用人单位存在残疾人就业安置困难的问题,安置岗位局限在狭小的范围内,安置成本高导致出现在职不在岗的现象,使得残疾人就业保障金这项法律难以得到彻底地实施。再者,由于残疾人在健全人面前会暴露出自卑、退缩、抑郁、焦虑等心理问题,残疾人与健全人一同工作会出现巨大的心理压力,很难找到认同感和归属感,这也使残疾人按比例就业的积极性降低。

### (三)自主就业(个体就业及其他形式灵活就业)

自主就业是指残疾人从事独立的生产、经营活动,取得劳动报酬或经营收入。自主就业形式灵活,是不可缺少的一种残疾人就业方式。我国自古以来就鼓励残疾人自食其力,目前,国家也有相应的政策保障残疾人自主灵活就业,如残疾人开办修鞋铺、经营小超市,以及开办网店等,而且近些年来残疾人自主就业的比例逐年增高,已经成为比较主要的残疾人就业形式。自主就业鼓励残疾人自立自强,有利于残疾人融入主流社会。但存在的问题是,残疾人由于身心存在缺陷,在自主就业中有诸多困难和障碍,如技术更新速度缓慢、资金不足、就业渠道受限等,需要残联、民政等部门制定政策,为残疾人自主就业提供精准帮扶方案,帮助其顺利就业。

## > 二、残疾人就业服务的重要性

就业关乎到个体的生存质量,就业对残疾人的发展有特殊的意义,就业既是残疾个体身心康复的手段,也是个人价值的体现。因此,残疾人就业服务的作用任重而道远,残疾人就业服务的发展与国家经济、职业教育、人事制度的发展筋骨相连,彼此之间相互协调又相互制约。《残疾人就业条例》规定:"中国残疾人联合会及其地方组织所属的残疾人就业服务机构应当免费为残疾人就业提供下列服务:发布残疾人就业信息;组织开展残疾人职业培训;为残疾人提供职业心理咨询、职业适应评估、职业康复训练、求职定向指导、职业介绍等服务;为残疾人自主择业提供必要的帮助;为用人单位安排残疾人就业提供必要的支持。受劳动保障部门的委托,残疾人就业服务机构可以进行残疾人失业登记、残疾人就业与失业统计;经所在地劳动保障部门批准,残疾人就业服务机构还可以进行残疾人职业技能鉴定。"由上述条例的规定可知,残疾人就业服务的内容广泛,涉及到残疾人就业的各个方面,通过就业服务政策的执行,残疾人就业不稳定等问题可以得到明显改善。因此,构建残疾人就业服务体系,在残疾人就业促进、就业安置等方面给予充分的帮助和支持,是提高残疾人就业质量的必由之路。

### ＞　三、残疾人就业服务面临的困境

随着我国政治经济社会的发展,我国残疾人康复事业逐渐壮大,近几年来,我国残疾人就业事业成绩显著,残疾人就业服务也不断完善。但是,中国目前的无障碍就业环境建设还不健全,残疾人的就业状况与社会期望还有很大差距。具体表现为:残疾人的劳动产出较低,人们对残疾人还存在歧视,用人单位落实残疾人分散按比例就业不到位,残疾人就业激励机制缺乏,残疾人与健全人相比就业劣势明显。因此,在残疾人就业取得一定成绩的同时,仍然与经济社会发展存在巨大的差距,残疾人就业服务也面临着发展的困境。

#### (一)就业服务人员专业化水平低,就业服务缺乏针对性和有效性

残疾人就业服务的效果取决于就业服务人员的能力和水平,从事残疾人就业服务的专业人员来自于各级残疾人就业服务机构、民间残疾人就业服务组织、企业等。目前,我国就业服务人员专业化水平低,综合素质普遍低下,导致就业服务缺乏针对性和有效性。而残疾人就业服务培训主要采用远程培训的方式,时间几周、几月不等,培训的内容主要是基础就业知识培训,而对于国家公共就业服务和残疾人就业服务领域最新政策、法律法规,以及公共就业服务和残疾人就业服务新理念、新技巧、综合素养等侧重于服务能力提升的培训内容较为缺乏。残疾人就业服务人员的专业能力提升主要通过实际服务经验获得,服务人员的可持续性和发展性有待提高。

#### (二)就业服务人员队伍不稳定,就业服务效能偏低

有研究指出,残疾人就业服务人员的工资待遇较低,月收入约2000元[1],有些经济

---

① 徐倩.我国残疾人就业服务现状、困境与优化[J].残疾人研究,2015(3):28-32.

欠发达地区工资待遇更低,劳动强度与工资收入不成正比,而且,残疾人就业服务人员的工资收入还不与绩效挂钩,奖励机制不健全,我国残疾人就业服务人员几乎没有正规的编制,他们普遍认为即使参加了专业培训,也没有晋升的机会和发展前途,导致就业服务人员专业理想缺乏,专业化发展的方向不明确,提高就业服务水平和服务效率的动机不强,所以,残疾人就业服务人员队伍会出现不稳定、流动性较大的情况,这直接会导致残疾人就业服务效能低下的现象。

### (三)就业服务理念落后,就业服务重视不足

残疾人就业是一个难题,残疾人由于身心存在障碍的原因,获得职业技能较为困难,而在当今就业市场中,低端劳动力供大于求,高端劳动力数量又过少,人力资源配置十分不均衡,在就业竞争如此激烈的情况下,残疾人与普通人相比,竞争力缺乏,就业十分困难。社会对残疾人还存在歧视等现象,有些用人单位不能履行安置残疾人按比例就业的义务,甚至为了免缴就业保证金,而将残疾人挂靠在单位,不能为残疾人提供职业培训和就业岗位锻炼的机会,残疾人在企业中的境遇较为尴尬。就社会环境而言,社会对残疾人的认识还比较片面,倾向于从残疾的角度看待残疾人,更多关注的是残疾人的缺陷,对残疾人的就业能力比较怀疑,社会接纳度还比较低,不能从改善环境的角度考虑,为残疾人改善工作环境,因此残疾人就业的工作环境和社会环境障碍较多。从政府层面来讲,虽然我国将增强治理能力和实现治理体系的现代化已经纳入工作日程,但是"政府中心主义"的公共行政传统在短期内无法彻底改变①,真正以满足残疾人需求的服务理念停留在表面,理性的残疾人就业服务质量衡量标准缺乏,这种现象造成了残疾人就业服务的发展缺乏动力,政府对残疾人就业服务重视程度不足。由此可见,无论是残疾人自身、用人单位、政府,还是社会,均存在影响残疾人就业的因素,严重阻碍了残疾人就业事业的发展,剥夺了残疾人融入社会的机会。

### (四)就业服务流于形式,就业服务工作不够扎实

如前所述,残疾人就业服务的内容广泛,但是,我国开展的残疾人就业服务项目比较有限,就业服务局限性较大。目前开展的残疾人就业服务项目以发布就业信息和开展职业技能培训为主,而职业能力评估、就业心理咨询、求职定向指导等服务内容开展较少。而且,衡量残疾人就业服务的效能以量化指标为准,例如统计残疾人就业数量,残疾人就业的比例等。残疾人就业服务是一个动态的过程,这些指标仅仅是某时某刻该地区残疾人就业的数量,就业稳定性差是残疾人就业的一大特点,以量化指标来衡量残疾人就业服务的效能显然是片面的。例如,一些用人单位虽然安置了残疾人按比

---

① 徐倩.我国残疾人就业服务现状、困境与优化[J].残疾人研究,2015(3):28-32.

例就业,但是出于一些经济利益的考量,而不能真正地给残疾人安排就业岗位,残疾人就业极不稳定,失业率较高,这就使就业服务人员在统计数据时出现残疾人名义上就业,而实际上不在岗的现象,导致就业服务仅仅停留在数据统计上,流于形式,没有真正为残疾人的就业提供可持续的支持性服务,就业工作不扎实。此外,我国残疾人就业服务涉及民政、财政、卫生、教育、劳动人事等多个政府职能部门①,政府部门行政管理制度繁琐,导致残疾人就业服务受制于多个政府部门约束,在工作执行上将大量时间浪费在文件送达、审批上,并且各个部门管理规范不一,导致就业服务效能的衡量标准不一,残疾人就业服务缺乏活力,这也是导致残疾人就业服务效率低,工作不扎实的原因。

### (五)就业服务资源分配不均衡,乡村就业服务水平不高

我国有 8502 万残疾人口,其中有 6225 万人生活在农村,占残疾人总数的 75.04%,受城乡经济发展差异大等因素的影响,城市和乡村残疾人就业服务的内容和服务质量均有很大差异。城镇残疾人口就业培训的内容一般是家政、社区服务、手工制作、电脑操作、汽车修理等,残疾人可以定期接受社区开展的职业技能培训,就业服务也逐渐开始考虑残疾人个别化的需求,就业服务人员为残疾人打造个别化的就业服务。但是,乡村残疾人口绝大多数从事农业种植和养殖,就业质量不高,乡村的就业服务理念和就业服务资源都是十分匮乏的,残疾人就业服务基本上处于空白状态。而且,由于乡村残疾人受教育程度较低,一些提高和改善残疾人就业的政策和福利,残疾人参与度较低,城镇残疾人可以享受无障碍就业设施,环境对残疾人就业的支持程度较高。而乡村残疾人在就业环境等方面的限制较多,就业渠道主要来自于家庭和熟人介绍,就业服务人员对乡村残疾人开展就业培训和就业指导比较少。综上,我国残疾人就业服务城乡资源分配不平衡,进而导致乡村就业服务水平不高。

### ＞　四、优化残疾人就业服务的措施

就我国实际情况而言,就业是残疾人生存的最大保障②,残疾人就业不仅解决了经济问题,实现了自食其力,还能实现自我,提高了自身的尊严,让生活变得丰富多彩,残疾人在就业过程中可以实现与社会的互动,是实现康复的有效手段,也是接触社会和融入社会的最佳途径。残疾人与普通人就业存在共同点,残疾人与普通人一样,在就业方面享有一定的权力,受国家法律的保护,任何单位和个人都不能剥夺残疾人就

---

① 徐倩.我国残疾人就业服务现状、困境与优化[J].残疾人研究,2015(3):28-32.
② 许琳.残疾人就业难与残疾人就业促进政策的完善[J].西北大学学报(哲学社会科版),2010(1):116-120.

业的权力,同时,残疾人还与普通人一样享受社会保险等基本就业权利①;但是,残疾人就业也存在特殊性,主要表现在由于自身障碍导致就业优势缺乏,在社会上受人歧视等②。政府部门和社会组织有义务帮助残疾人作为社会成员实现就业的权益,通过一些措施来帮助残疾人实现公平就业。

### (一)提升残疾人就业服务队伍的专业化水平

《"十四五"特殊教育发展提升行动计划》指出:"切实做好残疾学生教育与就业衔接工作"。为落实《计划》的精神,促进残疾人教育顺利就业,建立一支能够适应新形势、新挑战的专业化残疾人就业服务队伍,不断提升残疾人就业服务理念十分必要。为了提升残疾人就业服务队伍的专业化水平,加强培训的质量迫在眉睫,有关政府部门、高校、科研院所可以结合残疾人就业服务新政策、新理念、新服务、新方式,整合优势资源,开展全国残疾人就业服务人员业务能力提高的远程培训。高校和科研院所可以利用自身优势,不断在残疾人就业服务领域探索研发,解读残疾人就业政策,有效优化、整合、研发残疾人就业服务各领域关键业务和技术资源,形成集科研、培训、示范、鉴定、指导为一体的全国性资源平台,为残疾人就业服务人员及相关人员提供理论指导及高端优质服务。另外,残疾人就业服务工作是一项十分专业化的工作,从事就业服务工作的专业人员应当提升个人的学历水平,并要通过资格考试,获得证书才能从事就业服务工作。加强残疾人就业服务人员的专业化水平,实行资格证书制度,是确保就业服务专业化发展的必要途径,打造专业化、专家型的残疾人就业服务队伍可以保证我国残疾人就业服务工作的科学性和专业性发展,是残疾人就业服务的发展方向。

### (二)构建残疾人就业服务一体化模式

要想充分发挥残疾人就业服务的作用,将就业服务与职业教育和就业安置紧密联系,构建一体化的就业服务模式十分必要。残疾人就业服务部门要加强与特殊教育学校的联合,在残疾人职业教育阶段就应当有针对性地进行职业能力评估,了解残疾人的就业兴趣,从而有针对性地进行职业训练。我国也要借鉴国外残疾人就业服务的先进做法,构建"学校职业教育阶段——就业转衔阶段——就业安置阶段"的一体化残疾人就业服务模式,依据职业生涯发展理论,将残疾人就业服务向学校职业教育阶段延伸,充分发挥残疾人就业服务在推进残疾人就业工作中的作用。

---

① 杨宜勇,谭永生.构筑"一主多元"的残疾人就业服务网络[J].中国人力资源开发,2009(4):69-71.
② 徐倩.我国残疾人就业服务现状、困境与优化[J].残疾人研究,2015(3):28-323.

### （三）加强政府机构对就业服务的调控

政府在残疾人就业服务中扮演重要的角色。第一，政府部门是残疾人就业服务政策的制定者，应该在源头把好决策关卡，根据国家关于残疾人就业的政策做好具体的残疾人就业服务实施方案、管理制度、评价体系等。政府部门还应该动员全体社会成员积极参与到残疾人就业服务的队伍中来，营造助残的良好氛围，履行扶残助残的责任和义务。第二，政府部门还要监督用人单位按比例就业的落实情况，对于超比例安置残疾人就业的用人单位，政府部门应给予一定的补贴、税收优惠等奖励，对于虚假安置残疾人按比例就业，违规征用残疾人就业保证金的用人单位，政府部门应给予严厉的法律处罚和行政处罚，以保证残疾人能够实现公平就业。政府部门还应该大力扶持社会福利企业，集中安置残疾人就业，政府可将社会福利企业生产的产品纳入政府采购计划，在税收、场地、资金等方面给予政策性倾斜，推动全社会分散安置残疾人就业。第三，政府需要为残障程度较重，就业能力薄弱，家庭经济困难的残疾人优先办理社保，让残疾人每月能够领取社保金，以维持基本的生活需求。

### （四）强化用人单位的就业服务责任意识

用人单位在残疾人就业服务中扮演着重要角色，在提供就业岗位、提供就业培训、构建无障碍就业环境、落实按比例就业等方面起到举足轻重的作用。用人单位应该强化就业服务责任意识，积极提供适合残疾人就业的岗位，按国家规定的不低于本单位在职职工总数 1.5% 的比例安置残疾人就业，并从根本上解决"虚假挂靠"的现状，为残疾人提供有针对性的就业培训，保证残疾人能真正就业。同时，用人单位应该保证残疾员工与普通员平等地享有同样的劳动报酬和薪资待遇。

### （五）建立残疾人就业服务工作评价体系

残疾人就业服务由就业服务人员来执行和推进，就业服务人员的工作态度、工作能力决定了就业服务的质量。因此，就业服务机构应该建立残疾人就业服务工作评价体系，就业服务的任何一个环节都应该与残疾人就业服务人员的业绩、年度考核或者评优挂钩。还应建立残疾人就业服务反馈机制，设立"残疾人就业服务意见信箱"，或利用互联网或微信平台，设立残疾人就业服务意见反馈平台，残疾人可以通过这些反馈平台对就业服务人员的履职情况，或对就业服务的改进提供建议，以便就业服务人员更好地为残疾人进行就业服务。残疾人就业服务部门可以开通就业服务网站，用人单位和社会各界人士可以在网站上发布残疾人招聘信息，残疾人也可以通过浏览网站找到自己喜欢的和合适的就业岗位，支持性就业服务人员可以在网站上宣传支持性就业的知识，以及残疾人就业的事例，发布残联和有关部门职业技能培训的通知等，残疾人还可以通过网站对就业服务进行反馈,为残疾人就业服务的方向、服务措施的改进提供依据。

## 第五节　就业后指导

就业后指导是指专业人员在残疾人就业后仍需提供持续的指导,发现问题及时解决,持续地为残疾人提供服务。就业后指导可以从对用人单位的就业后指导和对残疾人的就业后指导两方面展开。

### ＞　一、对用人单位的就业后指导

对用人单位的就业后指导应从三个方面展开:

第一,专业人员帮助用人单位树立正确的残疾观,克服对残疾人的歧视。专业人员还应利用一切机会向用人单位普及残疾人就业法律,如《中华人民共和国残疾人保障法》和《残疾人就业条例》,营造良好的残疾人就业社会环境。目前,在有关部门持续不断的努力之下,残疾人得到了有效的就业安置,用人单位执行按比例就业的积极性逐步提高,残疾人多种就业形式出现,残疾人就业情况正得到不断的改善。

第二,专业人员需要指导用人单位创造条件,安排合适的工作岗位给残疾人。专业人员需深入企事业单位,调查了解单位的岗位设置和用工需求,帮助用人单位协调组织,并给出工作环境改造的建议,为残疾人就业提供便利条件,并为残疾人提供第一手翔实信息。

第三,专业人员在指导用人单位发布招聘信息时,提醒用人单位注明哪些岗位适宜残疾人就业,并对用工需求做明确说明,如残疾人性别、年龄、技能、人数等。同时,残疾人职业介绍中心需将就业信息在网站上同时发布,开通网上办理服务,为残疾人就业提供便利条件。

### ＞　二、对残疾人的就业后指导

残疾人就业后,为保证其就业的稳定性,需要专业人员开展就业后指导。

#### (一)指导残疾人转变就业观念

残疾人是就业的主体,一些残疾人在求职过程中存在误区,专业人员需要指导其转变就业观念。有些残疾人认为自己是弱势群体,应该受到特别照顾,希望做轻松收入又高的工作;有些残疾人认为就业是政府部门的事情,自己不要主动,登记后在家等待即可,就业成功与否与自己关系不大;有些残疾人认为就业就是可以上下班,没有忧患意识,更没有创业就业的意识;所以,专业人员一方面要加强残疾人的思想教育,指导残疾人对就业要有合理的认识和期待,在适合自己的岗位上安心工作;另一方面,专业人员要对有创业潜力的残疾人进行创业就业指导,帮助他们筛选创业项目,寻找创业资金,协助他们办理经营许可,在各方面给予就业支持,鼓励残疾人以灵活的方式就业。

### (二)为残疾人提供持续的职业技能训练

专业人员在残疾人就业后,应为残疾人提供持续的职业技能训练。专业人员根据市场需求,结合残疾人个人的意愿,帮助残疾人确定就业方向,对他们进行职业技能训练。在残疾人职业技能训练中,有两点需要把握:一是为残疾人制定较高的职业技能训练起点,要使残疾人的职业技能与用人单位的发展水平相一致;二是为残疾人制定较多的职业技能训练项目,丰富残疾人的职业能力,为残疾人顺利就业探索更多渠道。

### (三)指导残疾人进行职业选择和职业设计

专业人员需要在残疾人就业后指导他们进行职业选择和职业设计。专业人员需要对残疾人作出合理、客观、公正的评价,帮助残疾人正确认识自己的职业能力,了解自己的职业兴趣和发展潜力,在此基础上指导残疾人作出职业选择,让残疾人的职业能力与就业岗位需求达到有效匹配,让残疾人获得成就感,实现残疾人的价值。

### (四)提供个性化的就业后指导服务

由于残疾人在身体和心理上存在缺陷,影响了就业的质量和稳定性,专业人员需要对就业后的残疾人提供个性化的就业后指导服务。如有些残疾人需要进行心理疏导,专业人员需要帮助他们克服自卑心理,树立自信,鼓励他们走出家门回归社会;有些残疾人需要康复训练指导,专业人员需要帮助他们克服身体功能障碍,设计适当的训练方案;有些残疾人需要生活自理能力训练,专业人员需要帮助他们在生活中设计训练方案,进而提高劳动能力;有些残疾人需要人际交往训练,专业人员需要指导他们掌握人际交往的原则和方法,并为其提供人际交往的机会,提高人际交往的能力。有些残疾人需要自我管理训练,专业人员需要为其设计管理计划,让残疾人遵守时间,遵守劳动纪律,合理表达情绪,提高就业适应性。

## 第六节　残疾人职业康复的通用过程

开展职业康复服务的场所包括康复医疗机构、社区、职业培训机构、庇护工场,甚至还可能包括用人单位。职业康复服务的内容大致可分为职业评定、职业康复计划的制订、实施、结案和追踪随访。因此，要求专业人员必须具备多领域的专业技能和素质，包括职业评定、职业培训、相关的医疗常识、心理辅导、解决社会问题，以及个案管理等能力。当然，这些工作不可能由一个人完成，需要多个职业康复的专业人员进行分工合作，在某些方面还需要其他相关专业人员的介入和参与。

职业康复的通用过程是：评估——计划——实施——追踪。当残疾人就业中需要新的职业康复服务时，就进入了下一个循环。事实上，每一个工作步骤内部也有"评估——计划——实施——追踪"的小循环。比如在评定过程中发现残疾人仍存在难以明确的问题时，就需要通过计划增加评定内容或调整评定内容，然后实施评定，以明确问题所在，然后看看是否还有不清楚的地方，如果残疾人存在的问题都已清楚，即可进入下一步骤，制订康复计划。以下就按照职业康复的一般过程逐一介绍。

## > 一、评估

职业康复的服务对象来源包括自己主动寻求职业康复服务的，也可能由其他专业人员转介而来。当服务对象接受服务时，即成为职业康复的案主。在评估之前，专业人员首先通过面谈与案主建立服务关系，并通过沟通取得初步信任，以便后面的工作顺利展开。

职业康复主要评估残疾人在训练前或没有在职支持情况下的工作能力，以及通过培训或在职支持后，在实际工作环境中个人满足生产要求的能力。专业人员可通过职业评估帮助残疾人选择适当的工作或职业训练、求职技巧训练等等。职业评估的主要目的不在于决定或筛选残疾人是否适合某项工作，而是从残疾人的优势能力出发，以零拒绝的方式切实分析和确认残疾人需要哪些工作情境中的支持与辅助，需要学习哪些工作技能及有关的社会行为，以及工作情境以外的支持（如交通/行动能力、金钱管理、安排休闲时间等），促进其适应工作的能力。在正式面谈之前，专业人员需要收集和查阅残疾人的医学资料和社会职业信息，了解残疾人的一般情况、残疾状况和医疗经过。面谈时，专业人员首先向残疾人说明职业康复服务的目标、内容和形式，以及残疾人可以在康复服务中获得哪些帮助，与残疾人建立相互信任的关系。面谈主要围绕有关残疾人的身心功能、教育职业经历、社会经济状况和个人的职业选择等方面进行。面谈过程中，专业人员常会运用一些面谈技巧，取得有关案主的有效的详细信息。专业人员根据所掌握的初步资料，对残疾人的职业评估和所需服务进行预判，以便有针对性地选择职业评估项目。

专业人员在初步了解残疾人的就业意愿、职业兴趣、教育背景、工作经历等基本情况后,就应根据面谈所掌握的资料和专业知识,着手制订职业能力评估方案。由于残疾人个体差异大,加上受教育经历和背景不同,在职业能力和就业需求方面表现有很大差距。所以,正式职业评估之前应根据残疾人的具体问题与需求设计个性化的职业评估计划,确定评估的项目、评估工具、施测人员、评估时间、地点和施测方式。强调个性化的职业评估计划应从整体考虑残疾人的职业目标,职业评估应反映出残疾人的现有能力和潜力、功能限制、个性特质、所处的或未来的就业环境的差异性。

所有的职业评估都应对残疾人进行必要的一般医学检查,包括身体残疾的状态和程度、残疾人的身体功能,以确定不适合残疾情况的活动类型,以及潜在工作所要求的体能耐力。如一般检查仍不能提供充分的身体状况信息,则需要转介给专科医生进行进一步检查。职业评估不要求所有残疾人做心理测评,但心理测评可以帮助了解残疾人的智能、能力倾向、兴趣、个性特征等有关职业功能的信息。如有必要应进一步展开工作样本、情境评定,乃至在职评定,以观察了解案主的实际工作表现。此外,评估内容还可能包括对潜在的就业环境进行分析,了解工作对求职者的要求,确定工作调适的方案等。

从前面的介绍可以看出,职业评估一方面要评估残疾人的工作能力和潜能,分析残疾人的可就业性;另一方面是对潜在的就业环境特点和职业对工作者的要求进行评定,分析残疾人的"可安置性";随后将残疾人的特质与工作环境的要求进行比对。职业评估结束后,专业人员应写出评估报告,作为下一步制订职业康复计划的依据。

## > 二、计划

职业康复计划是根据职业评估的结果和建议,帮助残疾人和专业人员一同确定职业目标,并据此提出实现职业目标所需的介入策略,然后形成职业康复计划书。

制订职业康复计划第一步要选择职业目标。选择职业目标,首先要了解各种职业,常用的工具包括我国的职业分类大典、美国职业名称词典和"O﹡NET系统"。这些工具可帮助残疾人和专业人员了解各种目标职业的工作内容、技能要求、工作环境以及所使用的设备工具等信息。通过这些工具,专业人员要分析目标职业对残疾人的身体功能、工作能力以及心理素质和教育职业背景等要求,将残疾人的特质与不同职业的工作环境相比较,并预测残疾人在其中可能的工作表现、外在满意度和残疾人的内在满足感,从而发掘能够与残疾人的喜好一致、发挥残疾人优势、将限制减到最低的职业,作为康复的长期目标。

一旦确定目标,就着手考虑实现目标所需的介入策略和康复服务。这里需要强调的是,并不是每一位残疾人都需要经历职业康复的所有流程,接受医学康复和职业技能训练,专业人员应分析残疾人实现职业目标所面临的问题,包括潜在的工作环境中残疾人会有哪些功能限制,达到工作环境要求因残疾而存在的障碍有哪些等。确定这些问题后,专业人员要提出相应的解决办法,包括提高残疾人能力(职业培训、就业指导等)和消除环境中的障碍(辅助器具的配置、工作调适等),并预估介入策略后的效果,也要考虑资金、时间和精力等成本支出。最后,专业人员应根据残疾人的能力和需要选择服务写出个性化职业服务计划书。职业服务计划书要根据每项介入服务策略的难易程度和效果列出服务的优先次序,并指出阶段性目标、服务内容、服务场所、服务人员、技术方法、预期成效,以及评价残疾人是否达到远、近期目标的方法等。

需要指出的是,每一位残疾人进入职业康复时的情况和需求都是不同的,因此他们的职业康复具体过程都是不一样的。专业人员应根据残疾人的具体情况合理计划安排职业康复的服务量和服务内容。任何职业康复计划的服务项目和安排方式都要为残疾人实现康复目标而努力。

## > 三、实施

计划制定后,专业人员可以按照计划步骤开始实施康复服务。计划的实施包括就业准备和就业安置。

就业准备主要是医学康复,包括医学治疗、护理、康复治疗(物理治疗、作业治疗、言语治疗)、康复工程等。除此之外,专业人员也要帮助残疾人做好社会心理功能的准备,包括建立自我认同、促进职业兴趣的发展、提升自我效能、接触社会、与他人互动、培养独立生活能力,为进入社会打下良好的社会心理基础。对于工作适应能力差的残疾人,职业康复应提供一定的工作适应训练,训练内容包括培养良好的工作习惯和履行工作角色所需的行为,与工作有关的个人形象的维护,以及在工作中个人如何与他人做适当而有效的交往。对于缺少职业技能的残疾人,就需要为其提供职业知识与实际技能的培养和训练。培训形式包括职业教育、职业培训、在职培训、庇护工场培训等。

经过就业准备和已经具备就业能力的残疾人,即可进入就业安置。职业康复服务最终需要落实在就业上,因此,安置是促进残疾人就业的重点。就业安置不能简单理解为由专业人员为残疾人安排某项工作,而是根据残疾人的能力和需求层次运用适当的方式,促进残疾人就业成功。就业安置的模式包括竞争性就业、支持性就业和庇护性就业。对于竞争性就业和支持性就业的残疾人,需要专业人员提供求职和面试指导以及工作调适服务,促进其稳定就业。而对于庇护性就业的残疾人,则需要专业人员付出更多的精力帮助残疾人改善工作意愿、工作习惯、生活习惯、工作态度,提升人际关系、体能耐力,增加与社会互动,并有机会进入支持性就业甚至竞争性就业的工作环境中,使其从工作中体验人生的意义。

> ## 四、结案与随访

就业安置后,专业人员了解残疾人对工作的满意度和用人单位的意见,评价残疾人的工作适应性。当残疾人在一个工作岗位上持续工作两到三个月,就可以视其为就业成功,实现康复服务的目标,专业人员就可以为残疾人结案。

结案时要撰写书面结案报告,总结职业康复服务过程,以及计划目标的完成情况、服务成果。结案后,专业人员还应与残疾人保持联系,为残疾人提供持续的就业后追踪服务,解决残疾人和用人单位的问题。

本节介绍了典型的职业康复过程。但在实际工作中,不同残疾人之间的情况差别很大,每个人的具体康复过程都会有所不同。有的残疾人可能仅需要简单的面谈评定即可确定就业目标;有的残疾人则需要安排系统全面的评估项目;有的残疾人能在就业安置中很快适应工作,不需要额外的调整;有的残疾人则在工作过程中需要大量持续的支持,甚至发现工作不能适应,还需回过来寻找其他职业方向,重新制订新的职业计划。但总体上,每一个残疾人都要经历评定、计划、实施和追踪的过程,只是服务内容、服务时间和具体过程各有不同。

# 第七章
# 我国残疾人职业能力评估的发展对策

根据对残疾人职业能力评估现状的调查结论，以及在残疾人职业能力"综合评估模式"构建中发现的问题，本课题提出了我国残疾人职业能力评估发展的对策。

## 第一节　转变人们的残疾观念及评估意识

### ＞　一、引导人们对残疾人由关注缺陷变为开发潜能

在特殊教育史上，人们对残疾人的认识经历了医学模式、社会模式和支持模式三个阶段。医学模式认为残疾出现的原因是个体器官或神经系统发生病变所致，因此在教育训练时应该着力弥补残疾人的缺陷。随着人们对残疾现象认识的加深，越来越多的人意识到残疾出现的原因不仅是医学方面的，还有很多社会因素也会使人出现残疾现象，如经济落后、单亲家庭、环境剥夺等因素也会导致智力残疾的出现。在社会模式的基础上，人们进一步认识到环境对个体功能发挥有重要的影响，残疾是一种障碍表现，是个体与环境相互作用的结果，如果环境的支持程度高，那么就有利于残疾人发挥个体功能，障碍现象也就随之减轻甚至消失，因此，通过改变环境可以有效改善残疾人的障碍状况，让残疾人更好地参与社会生活。这种看待残疾现象的观点被称为支持模式。在支持模式下，教育训练的重点转变为残疾人潜能的开发，通过改变环境因素，让残疾人的优势和潜能更好地得以彰显。所以，残疾人职业能力评估也应该关注残疾人的潜能开发，对残疾人工作的环境和条件进行评估，为残疾人潜能开发创造条件。由于评估目的发生了根本性的转变，当然，评估结果的应用也发生了相应的变化，评估结果能为残疾人职业训练，以及工作环境改善提供有针对性建议，有效促进残疾人稳定就业。所以，有关部门要加强引导，引导人们对残疾人由关注缺陷变为开发潜能，从而促进残疾人个体功能的充分发挥。

### ＞　二、转变评估人员的评估意识

长期以来，人们对残疾人从事职业活动存在一定的怀疑，对残疾人工作的能力和

工作的效果不抱希望,有些用人单位仅仅是为了完成国家按比例就业的任务,获得税收的减免,即使安排了残疾人就业,也不指望残疾人能为单位创造经济价值。因此,残疾人就业不受重视,就业工作的发展举步维艰,进而也影响到残疾人职业能力评估工作的推动。但是,评估工作的意义是毋庸置疑的,评估人员要转变观念,评估人员应该意识到,评估工作是十分有必要的,残疾人能否具备从事某项工作的资格,是评估人员采用科学的方法,经过审慎、客观的评估而得出的最终结论。经过评估,残疾人对自身条件、工作能力和适合从事的工作有了明晰的认识,也让用人单位相信残疾人具备从事某项工作的能力,能够为单位创造经济利益。进一步来讲,职业能力评估增加了残疾人的自信和自尊,他们能够与健全人一样就业,从而走上融入社会的道路,进而提高残疾人的生存质量。因此,评估人员要转变评估意识,成为残疾人就业的支持者和推动者。

> ### 三、加强无障碍就业环境建设

随着人们对残疾现象认识的不断加深,在社会模式、支持模式下,人们普遍认识到环境对个体功能的发挥有重要影响,所以,残疾人职业能力评估的一项重要内容,就是对残疾人的就业环境开展评估,并对就业环境改善提供建议,进而加强残疾人无障碍就业环境建设。无障碍就业环境建设主要从改善物理环境、工作条件和人文环境三方面入手。改善物理环境是指根据残疾人的自身特征,在残疾人工作的场所安装无障碍设施,比如为肢体障碍人士安装升降梯、修建坡道;为听觉障碍人士安装闪灯;在厕所为行动不便的残疾人安装扶手、坐便器等。改善工作条件是指为残疾人进行职务再设计,以听觉障碍人士在餐厅从事端菜工作为例,为了让听觉障碍人士适应此工作,餐厅需要为其进行职务再设计,即在餐厅醒目部位安装闪灯,当需要听觉障碍人士端菜时,厨房按下按钮,闪灯闪起,听觉障碍人士以此为口令,完成端菜的工作任务。改善人文环境是指社会各界能够理解、包容、支持残疾人就业,为残疾人就业提供便利条件。从以上三个方面对残疾人的就业环境进行建设,能够扫清影响残疾人就业的不利环境因素,为残疾人就业提供有力的支持。

## 第二节　加大对残疾人职业能力评估的宣传

> ### 一、扩大残疾人职业能力评估的舆论影响

虽然近些年来,残疾人职业能力评估工作有所发展,但还未深入人心。残联、政府

和用人单位应该积极宣传残疾人职业能力评估的作用,扩大评估的舆论影响,让社会充分了解,并认识残疾人职业能力评估的意义和作用,提高人们关怀、接纳残疾人就业的意识。具体做法有:残联等部门利用媒体手段,在电视、报纸、网络上对残疾人职业能力评估知识进行宣传和普及,树立评估指导残疾人就业的典型。社区和街道要张贴残疾人职业能力评估知识的海报或制作宣传橱窗,定期与残联等部门联合,就近对残疾人开展职业能力评估。用人单位要在就业安置前对残疾人开展相应工作岗位技能的评估,依据评估结果进行安置,让残疾人就业走上科学、可持续发展之路。

> ### 二、举办残疾人职业能力评估汇报会

为了让社会各界充分认识和了解残疾人职业能力评估,残联等部门应该定期举办评估汇报会,邀请政府、用人单位、特殊教育学校、各种团体组织、媒体等部门参加,让人们对评估的作用有一个直观和感性的认识。在评估汇报会上,评估人员应该与大家分享评估方案设计、评估方法使用、评估结果指导残疾人职业训练和就业安置的经验,并邀请成功就业的残疾人进行就业经验分享。残联等部门还可以借助召开评估汇报会的契机,开展评估知识讲座和现场咨询,让更多的人认识和宣传残疾人职业能力评估的作用,让残疾人职业能力评估深入人心。另外,残联等部门应该加强与特殊教育学校的合作,让残疾人职业能力评估成为残疾人职业课程设置的依据,使职业教育能与就业有效接轨,为残疾人职业教育改革指明方向。

## 第三节　提高职业能力评估人员的专业水平

残疾人职业能力评估的执行者是评估人员,评估人员需要将评估理念、评估原则、评估方法等综合内化成自己的能力,依据残疾人的实际情况和就业岗位需求开展灵活地、有针对性地开展评估,因此可以说,评估人员决定着评估结论的正确性,决定着我国残疾人职业能力评估发展的方向。由此可见,提高评估人员的专业水平是我国发展残疾人职业能力评估的关键性因素。评估人员专业素养的获得是一个长期的过程,需要循序渐进地进行,我国可以通过加强评估人员的职前教育和开展评估人员的职后培训两条途径来提高评估人员的专业水平。

> ### 一、加强职前教育

职前教育是指个体在正式步入职场之前所接受的培训,是全面、系统获得专业知

识的过程。评估人员的职前教育主要是指特殊教育专业学生在本科、研究生、博士等学校教育阶段接受的专业理论知识和专业技能的学习。目前,我国开设特殊教育专业的高等院校没有普遍开设残疾人职业能力评估方面的课程,高校在专业课程设置上,应该根据社会的需求,充分考虑到学生未来就业的可能性,以专业选修课的方式将残疾人职业能力评估课程向学生开设,让学生在大学教育阶段就能掌握评估理论和评估技能,为将来的职业能力评估工作打下坚实的基础。

### ＞　二、开展职后培训

我国残疾人职业能力评估的理论和技术不断更新,随着国际上残疾人职业能力评估工具的研制与开发,我国学者也在不断探索适合我国实际情况的评估工具,面对职业能力评估的新理论、新技术、新方法,评估人员必须具有终身学习的觉悟和意识。因此,评估人员必须与时俱进,不断学习,始终用最先进的方法对残疾人开展职业能力评估,以确保职业能力评估的科学性。具体来讲,残联、科研院所等部门必须经常组织评估人员开展业务学习,对新的评估方法和评估工具有所掌握,评估人员也可以通过网络等形式开展继续教育学习。为了提高评估人员职后学习的积极性和主动性,有关部门可以将评估人员的职后学习与职称晋升挂钩,要求评估人员必须修满一定数量的学分才能晋升职务,也可以把职后学习作为个人绩效的衡量标准,从而激励评估人员学习评估知识的积极性,在残疾人职业能力评估领域进行深入研究和探索。

## 第四节　完善残疾人职业能力评估的保障机制

《残疾人就业条例》指出"机关、团体、企业、事业单位和民办非企业单位应当依照有关法律、条例和其他有关规定,履行扶持残疾人就业的责任和义务","提供职业适应评估"。可见,国家对残疾人职业能力评估和就业问题十分重视,从而有力保障了评估工作的开展。但是,为了进一步落实国家关于残疾人职业能力评估和就业服务的政策,还需进一步完善相应的保障机制。

### ＞　一、加大评估经费的投入

是否拥有充足的经费是残疾人职业能力评估工作顺利开展的前提条件。国家应该对评估部门给予经费方面的倾斜,用以开展评估人员的知识和技能培训,购买和开发评估工具,以及提高评估人员的待遇。

> ## 二、健全评估的制度

各地方政府部门应该将残疾人职业能力评估工作纳入到政府工作总计划当中,从宏观上对评估工作进行调控,并责成有关部门制定该地区的残疾人职业能力评估工作方案,深入落实国家关于为残疾人"提供职业适应评估"的要求,建立权责明确的评估管理制度,从而约束和规范残疾人职业能力评估工作的开展。

> ## 三、特殊教育学校开展残疾学生的评估

特殊教育学校应在残疾学生职业训练之前就对他们开展职业能力评估,了解其职业兴趣和职业能力,这样才会让职业教育内容有针对性,保证残疾学生能根据自己的兴趣学习职业技能,提高职业训练的效果。特殊教育学校介入残疾学生的职业能力评估工作,也会有利于残疾学生就业转衔工作的开展,能够实现残疾学生从学校到工作的有效对接,进而提高残疾学生就业的效果。职业能力评估向残疾学生职业教育阶段延伸,实现了职业教育、职业训练、就业安置的一体化发展,为职业能力评估的可持续性发展提供了有力保障。

# 第五节　大力发展残疾人职业康复事业

职业康复是残疾人康复的一种类型,是促进残疾人康复的重要手段。职业康复通过综合运用医疗、养护、职业训练等方式,来帮助残疾人恢复健康、自我照顾和工作的能力,职业康复的内容包括肢体、器官、智力等方面的康复,以及职业能力评估与培训。残疾人通过职业康复,可以达到恢复正常生活能力、实现就业的目标。职业康复和职业能力评估互相联系、密不可分,职业能力评估是残疾人职业康复的一部分,通过评估个体的健康状况,可以为残疾人开展职业训练提供建议,从而使残疾人回到工作岗位,所以职业能力评估能促进残疾人康复事业的发展。与此同时,残疾人职业康复能从宏观上影响评估工作的内容、方法等,在职业康复系统中,康复的理念和制度制约着残疾人职业能力评估发展的方向。因此,发展残疾人职业康复事业,能有效推进残疾人职业能力评估工作的发展。

> ## 一、残疾人职业康复的内涵

任何一个残疾人总是希望通过各种努力最后走向工作岗位,作为国家或社会对残

疾人进行职业安置也是责无旁贷的。残疾人职业康复的形成历史较短,残疾人职业康复思想的产生来源于战争后战场残疾人的安置需要。

　　美国是最早为退伍军人制订职业康复计划的国家。它的第一个国家养老基金建立于 1776 年,用于提供给那些在美国独立战争中致残而失去谋生能力的士兵和水手。美国南北战争后,国会采取了几项重大措施以扩大联邦政府职责范围,协助退伍军人在申请国内就业服务时给予优先,以达到经济自立。到了 19 世纪末 20 世纪初,联邦政府在退伍军人的职业康复中所扮演的角色越来越重要。在美国参加第一次世界大战之前,《战争保险法》(War Riskinsurance Act)即规定由联邦政府向因战争致残的军人提供终身的职业康复和训练。第一次世界大战后,大量从战场上回国的伤残军人处于失业状态,形成了严重的社会问题。为此,1918 年美国国会通过了《军人康复法》(The Soldiers'Rehabilitation Act)。这一法案要求联邦职业教育委员会负责向任何有资格获得《战争保险法》补偿的退伍伤残军人提供职业康复。国会第一次承认联邦政府除了向伤残军人提供财政补偿外,对他们的损失还应当负有更多的责任。由于这一法案拒绝了与军队服役无关的残疾公民参加职业康复和训练,许多人质疑其公平性,从而引发了激烈的辩论。辩论的结果使得 1920 年国会通过了《Smith-Fess 平民康复法》(Smith-Fess Civilian Rehabilitation Act),又称《职业康复法》(Vocational Rehabilitation Act)。这一法案要求联邦职业教育委员会负责管理补助金,让更广泛的普通民众享有职业康复服务。政府补助金主要用于为残疾人提供职业咨询、训练、假肢安装和就业安置等。《职业康复法》可以说是美国残疾人政策的基本法,该法的颁布和实施确实为很多美国残疾人解决了生计问题,但是随着 20 世纪二三十年代社会保守主义的抬头和经济大萧条的来临,残疾人的职业康复和就业不可避免地受到影响。随着美国经济的重新复苏,职业康复服务和立法再次提到议事日程。为推动残疾人就业,美国政府以身作则,1936 年通过的《Randolph-Sheppard Act》法案规定:受过训练和持有执照的法定视力障碍者优先在联邦政府的建筑物内经营售货摊位。各州政府职业康复部门必须为申请合格的视力障碍者提供免费的培训和经营初期所需的资料,这个服务方案简称 BEP(Business Enterprise Program)方案。这一法案的通过很快使得美国参加职业康复和就业的视力障碍者人数激增,并得到世界各国的效仿。此后,《职业康复法》分别在 1943 年、1954 年、1965 年、1973 年经历四次修改,扩大了残疾人职业康复服务的对象,美国职业康复服务对象已经从身体残障者逐渐扩大到智力残疾、精神残疾和药物依赖者,以及其他处于社会不利地位的人群,与此同时,残疾人的教育、医疗、就业等权利也逐步得到改善。随着 20 世纪 60 年代美国民权运动的兴起,法案修订还增加了反对种族歧视和反对歧视残疾人的内容。1973 年,美国国会对《职业康复法》进行修订时,将其更名为《康复法》(There habilitation Act)。1977 年该法案增加的第 504 条款规定:"凡是在财政上得到联邦政府补助的机构,或是由联邦政府协助的计划及各项活动中,对于残疾人不得因残疾而剥夺其权益,或拒绝其参与",这就是著名的机会均等条款。这一法案强调的重点,已由过去消极地"照顾"和"支持"残疾人转变为积极地保障残疾人在就业方面的机会与权利。《康复法》的颁布具有里程碑意义,至此,美国形成了保障"残疾人权利"的政策。1990 年,美国国会又通过了《残疾人法案》(Americans with Disabilities Act,简称 ADA),它由《康复法》中的第 504 条款发展而来。法案中规定:雇用 15 名员工以上的公司在招工时,不得以身体的理由拒绝有任职资格的残疾人就业。在雇用残疾员工后,雇主有义务为其在工作内容与流程、工作场所及器具设备上作合理的调整,并在升迁、薪金、职业训练及解雇程序上不得加以歧视。这些规定是硬性的,没有通融余地,因而能够得到有效的执行。该法案禁止企业歧视残疾人,包括接受政府补助的企业和私营企业。ADA 制定的目的不是将照顾残疾人的责任推给雇主,或变相规定雇主付给其工资;而是要求雇主在残疾人能力和岗位需求之间找到契合点,并通过职业训练提高残疾人的职业能力,调整其工作环境,或加强辅助技术,使他们能胜任工作。ADA 法案延续了 1973 年《康复法》的精神,通过消除社会大众对残疾人的歧视,鼓励社会各界为残疾人提供就业机会和改善公共设施的方式,把参与社会生活的机会和权利交给残疾人。ADA 除了在就业方面确保残疾人和健全人拥有同样被雇用的权利外,还保证他们在求学、公共设施、交通、通信服务、休闲等所有社会活动领域都享有同等的权利。因而,这部法律被视作美国保残疾人基本权利的宪法,任何其他法案如果与这部法律的精神、规定相违背或不一致,必须以 ADA 法案为最后的判准依据。那些受益于 ADA 的残疾人认为,这项法律的意义并非在于表达社会对残疾人的同情,更重要的是它赋予了残疾人自决、自立的权利和机会。这一法律颁布后,深深地影响了其他发达国家,各国也纷纷审查本国的残疾人政策,并效仿出台类似的法律法规。

英国最早的职业康复法规是 1944 年颁布的《残疾人就业法》(The Disabled Persons Employment Acts,DPA)。这部法规建立了残疾人登记制度,通过残疾人职业能力评估、职业训练使残疾人获得工作机会。该法案规定 20 人以上的企业和机构,有义务雇用至少 3% 注册的残疾人。未达到规定比例的企业,雇主在招收员工时必须优先考虑求职的残疾人。该法案还规定某些特定职业,如电梯工和露天停车场管理员必须由残疾人担任(即保留就业制度)。为此,英国政府还专门成立了一个特殊的就业安置服务机构,机构内的就业安置员为登记在册的残疾人提供个别服务,包括监控空缺职位,帮助残疾人找到工作,追踪了解残疾人与雇主在工作过程中所遇到的问题,并协助处理。

定额雇用制度帮助英国政府安置了从二战战场回来的伤残军人,同时也在一定程度上缓解了战后经济发展对劳动力的需求,推动了经济复苏。但由于对未达到规定雇用比例的雇主缺乏相应的惩罚措施,造成一部分雇主拒不履行定额雇用残疾人的义务;另一方面,由于英国的福利政策对残疾人的相关补贴高于其基本工资,残疾人因担心就业后收入反而降低,而缺少就业意愿,造成残疾人雇用比例逐年下降。据公共就业委员会(House of Commons Employment Committee)1994 年的统计,英国达到3%法定雇用比例企业的百分比,从 1961 年的61%减少到 1985 年的28%,1993 年减少到19%。从平均残疾人雇用比例来说,英国自从 1961 年后就未降到 3%,1975 年降到 2%,1993 年降到 0.7%。很明显,英国的定额雇用制度在推动残疾人就业上做得并不成功。从1973 年到 1991 年间,四届政府曾建议修订或废止这项制度,但由于没有其他可供选择的方案和残疾人游说团的压力,定案或废止条令始终得不到议会通过。针对 DPA 法案的争论主要集中在定额雇用、残疾人注册登记制度,以及保留就业制。定额雇用制度被经济学家看作是政府对经济和劳动力市场不应有的干涉,是与自由经济政策不一致的,而且不符合市场经济规律,政府应尽可能少地干预经济和劳动力市场。残疾人权利组织认为,定额雇用制度是一种潜在的正面歧视的做法,它强调的是劝说和保护残疾人就业,而不是强调残疾人拥有就业的权利。残疾人注册登记制度则意味着某种标签和特权,残疾人组织反对这种外界的专业人士根据医学诊断给出的残疾标签。而保留就业制度,更是遭到大多数人的反对,因为它可能暗示残疾人只能从事低薪的、低技能的和地位低下的就业岗位。英国残疾人组织委员会(BCODP)认为,残疾应该被视为“由于物理性或社会性障碍,使得与其他人平等参与社会主流生活的机会丧失或受到限制”。如果克服了偏见和歧视,多数残疾人能够在与健全人的竞争中实现充分的就业。雇主充分了解残疾人的职业能力是促进残疾人就业的有效方式。在认识到这些新的观点和理念后,1995 年英国议会通过了《反残疾歧视法》(Disability Discrimination Act,DDA),该法案保障残疾人免受与就业、商品和服务的提供、交通、教育有关的歧视。DDA 同时废止了 DPA 法案中有关残疾人登记、定额雇用和保留就业条款。法案中明确规定,有 20 人和 20 人以上的公司的雇主有义务采取“逐步合理的”措施改善其工作条件和工作环境,以适应残疾人就业,不得对残疾人在任用、工作及解雇方面给予歧视。DDA 法案的制定在英国残疾人政策中是个重要的分水岭。DDA 法案的核心是实现残疾人的公民权,通过反歧视来保障残疾人就业,而无须法律的“大棒”加财政上的“胡萝卜”。政府的主要责任在于通过法律的干预,消除社会障碍与歧视,减少残疾人就业的障碍,增加残疾人就业机会。

在日本,残疾人职业康复事业是在二战之后产生和发展起来的。20 世 50 年代初,随着日本经济的复苏和发展,有关残疾人健康和发展问题得到重视,大批日本学者纷纷赴欧美国家学习残疾人职业康复的理论和实践,学成回国后,他们根据日本的实际情况,发展起残疾人医疗、教育、职业和社会等各项康复事业。因此,在日本的残疾人职业康复事业中,有浓厚的欧美色彩,例如日本对残疾人进行职业能力评估时所使用的韦氏成人智力量表是从美国引进并改编成日本版本的。在日本,肢体残疾人士和听力障碍人士就业已不成问题,视力障碍人士和精神残疾人士就业困难较大,需要以残疾人有关的具体制度去决定。当前,日本正在探索能够促进视力障碍人士和精神残疾人士就业的方法。总之,日本的残疾人职业康复是在借鉴欧美国家经验基础之上,结合日本本土实际情况发展起来的一整套职业康复体系。

国际劳工组织(International Labour Organization,ILO)在 1985 年颁布了《残疾人职业康复的基本原则》,提议针对残疾人需求,设计职业指导、职业培训和工作安置的原则和方法,其中明确规定了残疾人职业康复有以下六个方面的内容:掌握残疾人的身体、心理和职业能力状况;就残疾人职业训练和就业的可能性进行指导;为残疾人提供必要的适应性训练、身心机能的调整以及正规的职业训练;引导残疾人从事适当的职业;为残疾人提供需要特殊安置的就业机会;残疾人就业后的跟踪服务。

综上所述,残疾人职业康复是指采取各种适当手段,帮助残疾人恢复健康和工作能力,以及自己料理生活的能力。包括肢体、器官、智能的全面和部分恢复,以及职业培训,达到重返工作岗位或重新找到合适的职业、恢复生活能力、参加社会活动的目的。职业康复是连续的、统一的、全面康复过程中的一部分,是为残疾人获得及保持适当的职业,并使其参与或重新参与社会生活而进行帮助的过程。

> ## 二、残疾人职业康复服务的对象

### (一)国外残疾人职业康复服务的对象

美国自 1920 年制定《职业康复法》(Vocational Rehabilitation Act)以来,经过几次修改,一直执行着以《职业康复法》为基础的残疾人职业康复行政管理。1973 年《职业康复法》改为《康复法》之后,虽然取消了"职业"二字,但并不改变为重度残障者服务的宗旨,其服务的重点不仅仅只限于最终目标的就业,还包括在走向就业过程中的职业能力评估、职业训练等环节。《康复法》还指出了残疾人职业康复服务的对象,该法认为职业康复服务的对象应该是指在生理和精神上有缺陷或障碍的残疾人,他们在就业上存在实际困难,需要通过职业康复服务而有希望实现就业。上述残疾包括三类,分别是:第一类,身体残疾,包括肢体残疾、视力障碍、心脏病、癫痫、脑性瘫痪等;第二类,精神残疾,包括精神薄弱和精神病等;第三类,社会残疾,包括吸毒和酒精中毒等。

英国根据 1994 年的《残疾人就业法》(The Disabled Persons Employment Acts, DPA)，将残疾人职业康复服务的对象分为三组：第一组，不需要职业训练就可以实现就业，或者给予一定的辅具适配就能够在普通的职场中就业的残疾人；第二组，在普通职场中就业有困难，但是在有保护性措施的单位或是有支持性服务的单位可以就业的残疾人；第三组，就业存在困难，与普通标准能力相比，就业表现未满三分之一的残疾人，如果就业能力表现在三分之一到二分之一之间的残疾人可以分在第二组，超过二分之一者分在第一组。其分组由职业介绍所的医师和心理评定人员决定。

在日本，关于残疾人职业康复服务对象的选择范围有明确的法律法规加以规定。日本根据《残疾人就业促进法》中的规定，以及残疾人职业训练学校的入学资格，并结合实际工作中的具体规定，去决定职业康复服务对象的范围。然而，在实际工作中，日本基本上运用《残疾人福利法》的残疾等级表为职业康复服务对象选择的依据。《残疾人福利法》规定：一至二级为重度；三至四级为重度；五至六级为轻度。日本也将精神残疾者纳入到职业康复服务的范围，但是与其他欧美国家相比，其服务的范围比较受限，没有将癫痫、社会行为障碍者纳入到职业康复服务的范畴。

### (二)我国残疾人职业康复的对象

我国内地残疾人职业康复服务的对象主要指所有年满法定就业年龄，病情基本稳定，有就业意愿的残疾人，主要障碍类型包括视觉障碍、听觉障碍、智力障碍、肢体障碍、精神障碍等。然而，随着医学、心理学、教育学、社会学等各学科的发展，人们对"残疾"这一现象的认识也逐渐发生了改变，即由"医学"模式转变为"社会"模式。"医学"模式着眼于病理学，视残疾为病患，需要医疗和救济。例如 20 世纪之前，人们将智力障碍称为"白痴"，人们将"白痴"描述为不会数数、不能计算、不知道自己父母是谁、不知道自己的年龄、不理解自己的得失的人。人们思考着"白痴"的成因，当时人们普遍认为"白痴"是一种机体的器质性病变，即人的神经系统或生物化学方面的异常。到了 20 世纪初，人们认识到智力障碍是一种心智的丧失，且这种心智的丧失与中枢神经系统的发展障碍或是疾病有关。由人们对智力障碍的认识可见，在很长一段时间内，人们都是从缺陷的角度看待残疾人，理解残疾现象，即所谓的"医学模式"。"医学模式"的主要观点是：第一，残疾是医学领域的问题，残疾是一种缺陷，也可以将残疾人理解为是一群病态的、没有能力的、难以独立的群体。第二，残疾是个人的问题，个人应该对残疾负责，因此，残疾人应该克服自身的困难，适应社会的要求，如多数国家手语和盲文的设计，均是遵照普通人群的语法规则进行设计，残疾人在应用时存在一定的困难。到了 20 世纪 80 年代，人们逐渐意识到残疾现象与社会环境存在一定的关系。ICF(《国际功能、残疾和健康分类》)是"社会"模式的具体体现与代表。ICF 认为个体与社会环境不断发生互动，"残疾"是个体在社会环境中活动受阻表现出来的一种现象，参与社会活动受限是残疾人的最大障碍。"社会"模式的主要观点是：第一，残疾人是社会的一份子，享有社会成员同等的教育、就业等权利。第二，残疾是社会发展问题，一个国家是否文明的衡量标准，关键在于残疾群体是否能同普通群体一样，平等地享有社会权利。"社会"模式肯定了社会环境因素是残疾人参与社会的最大障碍，是体制性的根本变革。ICF 的提出，对人们重新认识残疾现象提供了新视角，残疾不仅仅是医学和生物的，还是环境和社会的，残疾人发展需要更多的社会支持。

国际劳工组织（ILO）的 99 号文件也指出：普通人和残疾人之间不存在明确的界限，所以无论采用何种定义都会出现模棱两可的情况，因此应该具有一定的灵活性①。所以，在残疾人职业康复中，需要相关人员为他们提供持续的支持，包括工作环境的改进、职业再设计、职业培训等，以提高残疾人就业的稳定性和持久性。

> ### 三、残疾人职业康复工作的原则

残疾人职业康复是一个系统的工程，接受服务的对象通常被称作案主（client）。专业人员与案主之间是一种合作关系，专业人员要通过专业技能帮助案主了解自身和工作环境。专业人员应避免过去传统的医学模式中主导服务输送的角色，倡导案主主动参与进来，在有效沟通的基础上，作为专业人员的工作伙伴，共同决定职业康复服务的内容和方式。残疾人职业康复是一项专业性服务工作，为了保障案主的权益和服务的规范性与专业性，专业人员在服务过程中应遵循以下几项原则：

### （一）以案主为中心的原则

残疾人职业康复服务的对象是案主，专业人员应始终把案主的利益放在首位。尊重案主的知情选择权，尊重其自主权和个人尊严。案主有选择和终止服务的权利，专业人员的任何计划都必须与案主协商，并且是在得到本人同意的情况下做出的。

### （二）科学的原则

任何活动都必须在科学理论的指导下，遵照科学的方法来进行。残疾人职业康复是对案主提供就业意见的过程，它要求根据残疾人能力发展的水平与可能性，为残疾人职业培训和就业提供科学合理的建议。

### （三）客观的原则

残疾人职业康复服务需要秉承客观性原则，专业人员所做的职业评估结果必须是

---

① 朱平.职业康复学［M］.北京：华夏出版社,2013（1）:6.

客观而真实的,职业康复服务计划的制定与实施,以及就业安置也要切合案主本人和职业场所的实际情况。

### (四)保密的原则

在残疾人职业康复服务过程中,专业人员应充分尊重案主的隐私权,遵循保密原则。在服务过程中专业人员应该与案主建立一种相互信任的关系,未经案主许可,专业人员不得公开案主本人的个人信息,以及职业康复服务计划的内容。

### (五)公平的原则

在残疾人职业康复服务过程中,专业人员应平等对待每一位接受服务的案主,不因案主的背景不同而在服务态度和水准上有所区别,应充分体现残疾人参与社会的公平性。

### (六)个性化的原则

残疾人个体间差异较大,因生理和心理缺陷,他们在工作能力和水平上各有不同,残疾人职业康复计划的制定必须是根据每个案主的特点、能力和潜力,以及残疾的情况而制定,应做到服务的个性化。

### (七)多元化原则

根据案主的兴趣和能力倾向,专业人员应尽量为案主提供多元化选择,使职业环境要求与案主的特点达到最大程度的契合。并且,专业人员为案主提供的服务也应是全方位的,尽可能提供无障碍的物理环境和人文环境来保障案主顺利就业。

总之,残疾人职业康复服务工作是一项专业性工作,职业康复服务工作的开展就是为帮助残疾人分析自身的职业能力和职业兴趣,将其能力与岗位需求相匹配,帮助残疾人找到适合自己的工作,让残疾人能够实现经济独立,最大限度地参与社会,并获得心理上的平衡和人格上的尊严。为保证专业人员为案主提供全面、充分、有针对性的服务,需要专业人员按照上述原则开展工作,从而促进残疾人充分就业。

## ＞　四、残疾人职业康复发展的措施

### (一)完善残疾人职业康复法规政策

近几年来,我国颁布了一系列残疾人职业康复的法规和政策,如《残疾预防和残疾人康复条例》《国务院关于加快推进残疾人小康进程的意见》《"十三五"加快残疾人小康进程规划纲要》《国务院关于加快康复辅助器具产业发展的意见》等。各级政府部门也根据法律法规的要求,持续加大对残疾人康复救助的投入,一些医疗康复项目已经被纳入到城乡医疗基本保障范围里,如运动疗法、康复综合评定等项目。各级政府还应进一步根据国家颁布的政策法规,制定适合本地区残疾人职业康复的实施细则,为残疾人职业康复工作提供具体的操作指南。

### (二)提升残疾人职业康复服务能力

目前,我国构建了以专业机构为骨干、社区为基础、家庭为依托的残疾人康复服务体系,我国残疾人职业康复工作要想顺利开展,康复服务能力需要进一步得到提升。首先,整合康复服务资源,充分发挥医疗卫生、社会福利、特殊教育、社区服务等机构、设施、人员的作用,使康复服务网络逐步向基层延伸。其次,改善残疾人康复事业发展环境。各级政府要统筹安排,将残疾人康复事业纳入到社会保障工作总体规划中;政府各部门要职责明确,按照分工积极组织和开展残疾人康复工作;社会各界也要加入到残疾人康复事业中,以募捐、公益活动等形式支持、帮助残疾人康复,逐步形成政府主导、部门协作、社会广泛参与的残疾人康复服务模式。

在我国台湾地区,职业康复的对象有五类。第一类是指有就业或接受职业训练意愿,经评量需要职业康复服务的人员,例如有就业意愿的适龄身心障碍者,或者因为失业而需要再就业或重返职场的身心障碍者。第二类是指需要为其提供庇护性就业服务的身心障碍者,或者已于庇护工场就业,经评量不适合庇护性就业的身心障碍者,例如就业服务单位中的身心障碍者,或者庇护性职场中的身心障碍者。第三类是指医疗复健稳定(医疗复健稳定并持有身心障碍手册者),有就业意愿,经评量需要职业康复服务者,例如因为职业伤病进行医疗复健,复健效果较好且稳定,可以再就业或重返就业市场的身心障碍者。第四类是指中学以上的应届毕业生,有就业意愿,经评量需要职业康复服务者,例如高三应届毕业生且不愿意或不能继续升学,需要就业转衔者。第五类是指其他经主管机关认定的身心障碍者,例如职业训练局认为需要进行职业康复服务的身心障碍者。上述五类职业康复服务的对象是分别在人生的不同阶段,因为不同的原因接受职业康复服务,有些是由学校进入职场需要职业康复服务,有些是由原来的工作尝试转换不同的工作岗位需要职业康复服务,然而其共同点都是身心障碍者面临职业生涯的转折点,需要职业康复服务的协助。另外,身心障碍者是否需要接受职业康复服务、接受哪些职业康复服务项目等,都需要专业的判断。关于职业康复服务如何申请,台湾地区有关政策作出明确规定,只要领有身心障碍手册,经由学校、社区服务机构、医院或职业训练单位、社区福利机构等单位内的教师,就业辅导员与医疗人员的专业评量中有职业康复服务的需求,并进行转介,都可以获得职业康复服务。

## 第六节　积极推进残疾人支持性就业服务

近些年来,残疾人支持性就业正在我国发展起来,这是一种新型的残疾人就业安置形式,有助于残疾人在竞争性的职场中顺利持久地就业。持续性的支持是指就业辅导员(job coach),即为残疾人提供支持性就业服务的人员,可以利用任何活动来帮助残疾人维持有薪水的工作,如工作督导、职业培训和交通援助等。支持性就业服务的对象是所有残疾人,不论残障程度、残障类型,只要残疾人具有就业意愿,就业辅导员都要为其提供服务。一般来讲,支持性就业服务的内容主要有就业安置、就业培训、改善工作条件等,通过支持性就业服务,残疾人能够保持就业的持久性,并能领取合理的工资,是实现残疾人参与社会的有效途径。具体来讲,支持性就业服务发展的措施主要有以下几方面:

### 一、制定残疾人支持性就业的法律法规

国家应该根据《残疾人就业条例》《“十四五”残疾人保障和发展规划》《促进残疾人就业三年行动方案(2022—2024年)》等法律法规,制定具体的残疾人支持性就业服务方案,为残疾人支持性就业的实施提供操作方法。目前,我国一些经济发达地区已经制定了残疾人支持性就业的相关办法,如北京市残联与市财政局、市社会办联合制定了《北京市残疾人支持性就业服务办法(试行)》,办法分为总则、服务内容和补贴标准、就业辅导员、管理监督、附则五部分,对残疾人支持性就业的服务对象、服务内容和补贴标准、工作职责、管理监督等进行了细致、明确的规定,为北京市残疾人支持性就业工作的开展指明了方向。另外,要做好残疾人支持性就业工作,就离不开相关优惠政策的扶持,政府要综合各方面的意见,出台相关配套政策,如推动企事业单位,尤其是机关事业单位为残疾人就业提供岗位,对招收残疾人真正就业的岗位实行奖励,明确企业雇佣残疾人可享受的优惠项目等。政府还应设立专门的服务机构,或者充分利用社会资源,吸纳社会力量创办民间残疾人支持性就业服务机构,开展个案评估、就业机会开发、工作分析、职业训练、追踪服务等业务,为残疾人提供全方位的就业支持。

### 二、建立广泛的就业支持服务网络

支持性就业服务的目标在于满足残疾人不同的就业需求,通过持续的、有针对性的服务,充分实现残疾人在竞争性职场中实现给薪就业,因此残疾人支持性就业服务

应该以残疾人需求为本,需要根据残疾人的就业需求制定个别化就业服务计划,建立起集个案评估、职业训练、就业安置为一体的、广泛的就业支持服务网络。就业辅导员可以根据残疾人的不同条件和意愿,发展出有个性化的残疾人支持性就业服务方案,为残疾人提供有针对性的就业帮助,直到残疾人能够完全适应就业岗位,实现独立就业,就业辅导员再渐渐退出,由就业单位继续提供必要的、持续的支持,使残疾人能够真正就业。因此,为了使每个残疾人都能得到最适合自己的支持服务,需要就业辅导员集合社会各界的力量,建立起广泛的服务网络,才能实现残疾人支持性就业服务的目的。

## > 三、做好残疾人就业转衔工作

"转衔"(trainsition)一词近几年在我国特殊教育领域出现,以往在我国香港地区和台湾地区出现较为频繁,最早是由美国针对智力障碍人士的教育提出的。《美国残障人士教育法案》将"转衔"定义为:"一个以结果为导向的动态过程,是为了促进残疾人由一个阶段向另一个阶段的过渡,转衔的内容主要包括学校后教育、职业教育、整合式就业包括支持性就业,继续教育、成人教育及成人服务,独立生活以及参与社区生活等。"[1]残疾人就业转衔更是一种理念,是一个动态过程,与支持性就业服务融为一体。为做好残疾人就业转衔工作,首先,残疾人就业应该与特殊教育成为一个整体,残疾人就业服务机构应该与学校密切配合,在残疾人离开学校之前,对残疾人的职业能力进行评估,以了解残疾人职业能力与就业岗位之间的差距,以便就业服务人员为残疾人做好就业转衔计划,寻找适宜残疾人能力的就业岗位,为就业安置做好准备。其次,在残疾人进入就业单位前,也就是在就业转衔期间,就业服务部门应该注重对残疾人的生活自理能力和独立工作能力进行训练,还要将残疾人的工作能力向用人单位展示,让单位同事提前了解残疾人的工作能力和表现,以便在工作中获得同事的支持。

## > 四、建立健全的残疾人就业支持系统

政府也可以整合资源,构建健全的残疾人就业支持系统。一方面国家在各地建立残疾人支持性就业服务机构,通过公办机构的方式为残疾人开展支持性就业服务;另一方面,国家还可以吸纳民间力量加入残疾人支持性就业服务领域,采用民办公助的形式开展服务。国外残疾人支持性就业服务多采用民办公助的形式,在业务开展上接受政府的监督和调控,政府采用购买服务等形式实现残疾人支持性就业服务工作的有

---

[1] National Council on Disability.The Rehabilitation Act:Outcomes for Transition-age youth[M].ERIC Clearing house,2008:25-27.

效运行,依靠民间力量开展支持性就业服务是我国残疾人支持性就业服务发展的趋势,不仅调动了民间团体参与残疾人支持性就业服务工作的热情,还能使政府发挥监督的功能,有效促进残疾人支持性就业服务工作的开展。此外,国家人力资源和社会保障部门也可以将残疾人支持性就业作为国家就业发展工作的一部分,进行统一规划,使残疾人支持性就业更有保障。

> ## 五、开发适合残疾人特点的就业岗位

一般来讲,残疾人因为身体或心理存在一定的缺陷,导致他们在某些功能的发挥上受到了限制,但是,这并不代表残疾人不具备就业能力。个体的器官有代偿功能,亦称代偿作用,是指某器官失去了功能,其功能可以由其他组织和器官代替执行。例如视觉障碍者往往触觉更为发达,失去双手的肢体障碍者会用脚来代替手部完成很多工作。因此,只要得到充分的干预和康复训练,残疾人是可以从事职业活动的,人们也不要过多地关注他们的缺陷,即"他们不能做什么",而应该更多地关注他们的潜能,即"他们可以做什么",根据残疾人的身心特点,结合工作、市场的需要,扬长避短,开发适合残疾人特点的就业岗位。例如,听障人士适合计算机应用、动漫设计,还有车床、机械加工等噪声较大的工种;年轻的残疾人适合网店直销、工艺设计等岗位;适合残疾人就业的岗位还有居家养残、社区服务、电脑操作、电话接线、康复护理、社区保洁、洗车维修、社区绿化、市场协管员、城市道路停车泊位收费员、公共停车场管理员等岗位。另外,城乡社区要积极开发公益性就业岗位,残疾人就业困难大,公益性就业岗位在劳动强度等方面都更适合残疾人。如可以将门卫、停车场、洗衣店、垃圾回收、小区清扫等便民服务网点划分出一定的比例,专门安置残疾人就业。社区还可以成立电脑学习室、厨艺学习室、就业部、图书借阅处、慈善小卖部、心理咨询室等,开展残疾人职业技能培训,也为残疾人交流就业经验,以及进行就业心理辅导提供阵地。

> ## 六、加强残疾人职业技能培训

"授人以鱼,不如授人以渔",支持性就业服务开展的最终目的是让残疾人独立就业,因此,让残疾人获得一技之长是残疾人实现就业的根本所在。2022 年,中国残联、教育部等五部门共同印发了《"十四五"残疾人职业技能提升计划》,到 2025 年末,每个县(市、区)至少挂牌 1 家残疾人职业培训基地,建立全国残疾人职业技能线上培训资源库,实施职业技能等级证书制度,为技术技能人才持续成长拓宽通道。由此可见,《"十四五"残疾人职业技能提升计划》的颁布为残疾人职业技能培训指明了发展的方向。具体来讲,做好残疾人职业技能培训的主要策略有:

　　首先,发挥社区的力量,对有就业能力但尚未就业的残疾人进行登记。社区工作人员要定期对该辖区的残疾人进行走访,随时掌握残疾人就业的状况,对残疾人的就业需求进行登记,并积极开发就业机会,将残疾人的就业需求与就业岗位的差距进行分析和比较,找出二者的差距,据此制定残疾人职业培训计划,有针对性地开展职业技能培训。社区对残疾人进行职业技能培训时,要根据市场对人力资源的要求,实事求是地进行培训,避免为了完成任务而敷衍塞责,导致人力、财力、时间的浪费。社区可以集中与分散两种培训方式相结合,根据用人单位的实际需求,靶向定位,对残疾人开展指向性强的培训,让残疾人在职业培训中有所收获,真正改变残疾人的生存状态。

　　其次,增强残疾人职业技能培训的实效性,避免培训流于形式。目前,我国知识经济在经济发展体系中占据主体地位,在这种形势下,社会对高素质人才的需求量大。残疾人无论在知识层面,还是能力层面,与普通人群相比,就业竞争力都比较薄弱,这就需要对残疾人定期开展适合他们身心特点和能力条件的职业技能培训,保证残疾人的职业技能能够满足当前知识经济发展的需求。但是,由于我国残疾人就业服务体系还不够健全,对残疾人职业技能培训的力度不够,存在很多不尽如人意之处,残疾人职业技能培训有隔靴搔痒之感,例如培训配套经费不足,培训内容没有针对性,培训流于形式,培训只为完成数量而忽略培训质量的提升,培训随意、只重过程不重效果的现象明显存在,培训经常在搞,而残疾人的职业技能水平却没有得到实质性的提升,导致残疾人就业竞争力不足,即使勉强就业,就业质量也不高,就业稳定性差。基于这种现状,各级残联和劳动就业部门要明确责任,重视残疾人职业技能培训工作,确保落实执行。具体的工作措施是:第一,对残疾人职业技能培训采取动态管理。残联等部门要随时了解该地区残疾人职业技能培训的现状,对培训的内容、培训人数、培训质量等进行监控。残联和劳动就业部门可以根据当地经济的需求,对残疾人职业技能培训采用动态管理的方式,随时随地制定计划进行培训,也可以针对需求较为集中的岗位,单独开设培训班,开展残疾人职业技能培训,还可以定期组织残疾人到残联和各类培训机构进行特定岗位的培训,如烘焙培训班、汽车维修班等。第二,对残疾人职业技能培训实行特事特办。为了鼓励残疾人参加职业技能培训,提高残疾人参与培训的积极性,残联和劳动就业部门要制定政策,对于参加职业技能培训的残疾人,要优先给予安排就业;对于经过残联和有关部门核实,享受低保、下岗残疾人、家庭确实有困难的残疾人,可以适当减免其培训费用。对于农村残疾人,各乡镇应该多举办种植和养殖方面的培训,培训的形式可以灵活多样,如现场培训、单独设班等。第三,开展有地方经济特色的职业技能培训。残疾人的职业技能培训应该以切实提高残疾人的职业能力、提高就业质量为最终目标,培训应该紧紧围绕市场经济的需求,并考虑残疾人的特长和优势,开展有地方经济特色的职业技能培训,保证培训的实效性。第四,发放职业技能等级证书。职业技能等级证书是劳动者就业的条件,残疾人就业市场也是如此,拥有一定等级的职业技能证书,是残疾人顺利就业的砝码。残联等部门要及时与国家人力资源与就业保障部联系,对于通过培训而达到一定技能水平的残疾人,要及时进行鉴定,发放职业技能等级证书。国家劳动和就业部门所属的职业培训机构要做好服务,接纳残疾人进行职业技能培训,为残疾人取得职业资格证书提供便捷的条件。第五,用好残疾人就业保障金。使用残疾人就业保障金要做到专项核算,确保专款专用。残疾人保障金不得比照地方其他预算外资金提取政府调剂金,任何部门和个人不得挪用。

> ## 七、改变观念包容接纳残疾人

用人单位招收残疾人就业往往是决策层做出的决定,具体到用人单位中的相关部门,未必人人都会包容和接纳残疾人。而作为与残疾人日常打交道的企业员工,其包容和接纳的态度非常重要。用人单位除做好内部员工的培训,要求普通员工如何与残疾人相处外,也应该在不增加企业运营和管理成本的情况下,对自身的一些管理制度进行相应的调整。例如为残疾员工增加一位师傅,师傅帮助残疾员工解决工作中的一些小问题。企业对师傅进行一定金额的补贴。对于招收残疾人比较多的企业,参考香港地区和台湾地区的实际做法,企业可以增设自己的专职残疾人就业辅导员,负责开展该企业的残疾人支持性就业服务工作。

# 第八章
## 以职业能力评估为导向的残疾人职业能力培养

### 第一节　残疾人职业能力培养概述

> **一、残疾人职业能力的内涵**

职业能力是个体成功就业的必要条件,残疾人职业教育课程设置要围绕提高残疾学生的职业能力进行。目前,关于职业能力的定义主要呈现出两种观点。第一种是从职业能力适用范围的角度来界定,首先是特定职业能力,其适用范围最小,是针对特定岗位的专门职业能力;其次是通用职业能力,适用范围稍广,是适用于特定行业的职业能力,即同一行业的不同岗位都需要具备的职业能力;最后是核心职业能力,适用范围最广,是适用于所有行业领域的能力,具有迁移性的特点①。第二种是从职业能力构成要素的角度来界定,首先是方法能力,通过职业教育,残疾学生要学会终身学习,使职业具有可持续发展性,具备方法能力是职业持续发展的关键;其次是专业能力,残疾学生通过职业教育,掌握职业知识和职业技能,解决工作中的专业问题,这种能力便是方法能力;最后是社会能力,残疾学生需要具备合作、交往等社会能力才能适应复杂的职业环境②。在我国供给侧结构性改革背景下,经济发展进入新常态,产业结构开始向中高端转型升级,企业迫切需要具有技术创新性、工匠精神、复合型、发展持续性的高素质技术技能型人才,这一要求对残疾人也不例外,因此,本研究基于第二种职业能力的界定进行探讨。

> **二、残疾人职业教育课程设置的内涵**

课程设置关系到残疾人职业教育目标的实现、教学条件建设、师资配备、教学管理方式选择等。《简明国际教育百科全书》认为"课程设置是指学校或其他机构安排的课

---

① 匡瑛.究竟什么是职业能力:基于比较分析的角度[J].江苏高教,2010(1):131-133+136.
② 侯涛,李艳春,王逸.企业员工通用职业能力的界定与测量[J].职业技术教育,2020(6):49-55.

程的整个范围和特征"①。在残疾人职业教育课程设置上,有学者提出可在遵循基础性、灵活性、整合性、协同性原则的基础上,采用"发展+补救"的课程编制模式和"系统性+特殊性"的课程设置过程模式②。还有学者认为应突出职业能力(如现代化设备的使用、维护和调适,计算机网络技术与应用等),设置以"技术+技能"为核心的系统化课程、并进行职业技能专业的实践教学改革③。可见,残疾人职业教育课程设置是一个复杂的问题,不应仅是课程开设的问题,还应说明课程内容和结构通过学科教学、学时安排使学生达到人才培养目标的要求,因此,本研究比较赞同第二种观点。另外,残疾人职业教育突出残疾学生职业能力的培养,在课程设置方面既要考虑到职业教育职业性、实践性、社会性等属性,即在基础性课程设置上呈现出职业教育理论体系、基本知识和文化水平。

### ＞　三、残疾人职业能力培养的理论依据

#### (一)人权理论

人权(hun rights)是指人的或关于人的权利。古罗马的西塞罗认为,每个人都享有人格尊严,人都是平等的。《世界人权宣言》指出:"人人享有受教育的权利"④。根据我国的《教育法》,残疾学生享有使用学校教育资源权、获得物质帮助权、公正评价权等权利。基于上述认识,残疾人作为社会的成员,应该与健全人一样享有受教育权,并享有职业能力培养的权利,社会上存在的歧视残疾人,忽视残疾人职业能力培养,不接纳残疾人就业等现象和行为,都是与人权理论相悖的,是侵犯人权的表现。因此,消除社会对残疾人的歧视,加强对残疾人职业能力的培养,使残疾人获得就业的能力,是对人权理论的深刻认识。

#### (二)教育公平理论

到目前为止,学界对教育公平的界定众说纷纭,郭彩琴将教育公平定义为:"国家对教育资源进行配置时所依据的合理性的规范、原则。⑤"瞿葆奎认为:"教育公平指公民能够自由平等地分享当时、当地公共教育资源的状态,教育公平包括教育机会公平、教育过程公平和教育质量公平"⑥。总结众多学者的研究结论,教育公平有两方面要

① 王明伦.高等职业教育发展论[M].北京:教育科学出版社,2004:159.
② 梁明义,王本强.职业教育知识实用手册[M].兰州:兰州大学出版社,2008:225.
③ 郭文斌,张梁.残疾人职业教育研究热点及发展趋势[J],残疾人研究,2018(9):57-65.
④ 陈云英.中国特殊教育学基础[M].北京:教育科学出版社,2004:16.
⑤ 郭彩琴.教育公平论[M].北京:中国矿业大学出版社,2004:35.
⑥ 瞿葆奎主编.中国教育研究新进展[M].上海:年华东师范大学出版社,2003:61-62.

义：一是教育权利平等；二是教育机会均等。从教育公平理论出发，残疾人应该和健全人一样享有平等的教育权利和均等的教育机会，但是由于残疾人的生理和心理有缺陷，导致残疾人在接受职业能力培养时存在一定的局限性，如职业能力培养机会少、培养内容局限、就业途径狭窄等。融合教育的实施和我国随班就读工作的开展，为残疾人实现教育公平提供了有效的途径，残疾人接受职业能力培养人数的增多，也能够证明我国正在为残疾人职业教育迈向公正、公平的方向而努力。

### （三）全纳教育理念

1994 年 6 月 10 日，"世界特殊需要教育大会"在西班牙萨拉曼卡召开，大会通过《萨拉曼卡宣言》，首次提出全纳教育（inclusive education）的概念。全纳教育是一种新的教育理念和教育过程，它容纳所有学生，反对歧视排斥，促进积极参与，注重集体合作，满足不同需求，是一种没有排斥、没有歧视、没有分类的教育。全纳教育旨在通过增加学习、文化与社区参与，减少教育系统内外的排斥，关注并满足所有学习者多样化需求的过程。在全纳教育理念下，残疾人平等地享有职业能力培养的权利，并满足所有残疾人职业能力培养的个别化需求。全纳教育要求整个社会为残疾人职业能力培养和就业安置提供无障碍的、支持性的服务，促进了残疾人职业能力培养的科学化和制度化。

如上所述，残疾人职业能力培养不仅是残疾人个体发展的需求，也是残疾人追求自身权益，顺应社会发展的必然趋势。

### > 四、残疾人职业能力培养的现状

随着我国残疾人事业的不断发展，我国残疾人职业能力培养工作也取得了巨大的进步，规模不断扩大，保障水平有所提高，但从总体上看，我国残疾人职业能力培养的效果并不理想，主要表现为课程内容设置局限、师资专业性不强、实训基地运行效果不佳等。

### （一）残疾人职业能力培养课程设置局限

职业能力培养课程的设置关系到残疾人职业教育目的的实现，一般来讲，职业教育是根据地区、行业经济和社会发展的需要，按照技术领域和职业岗位的实际需要来设置和调整职业课程，由承办学校自行确定，报地方教育行政部门备案。目前，我国残疾人职业能力培养课程设置的依据有二：一是依据残疾人的障碍特征设置；二是依据地方产业特色设置。目前我国残疾人职业能力培养的课程主要有手工、绘画、按摩、汽修、美容美发、烘焙、家政、艺术设计、计算机应用等。按照以上两个原则设置课程，虽

然说可以在一定程度上发挥出残疾人自身的优势,但是缺乏对残疾人职业能力学习兴趣和就业意愿的考量,有关部门在残疾人职业能力培养课程设置和内容选择上显得过于主观,未能在职业能力培养前对残疾人的职业性向进行评估,课程设置更多地依据"理所当然",例如,人们普遍认为视障学生最适合学习音乐、按摩等,听障学生最适合学习美术、计算机等,对残疾学生的职业课程设置和训练内容安排采取"一刀切"的方式,如赵小红调查显示 9 所残疾人职业学校校长认为,职业学校应设置的课程依次为:烹饪、种植、手工编织、手工缝纫、家居家政、美工和养殖等①。这种情况导致残疾人职业能力培养针对性不强,没有发挥出残疾人的优势和潜能,导致残疾人就业时,缺乏就业优势,竞争力薄弱。

### (二)残疾人职业能力培养师资力量不强

《中等职业学校教师专业标准(试行)》中要求:从事职业学校教育教学工作的教师,要经过系统的培养与培训,具有良好的职业道德,掌握系统的专业知识和专业技能,专业课教师和实习指导教师要具有企事业单位工作经历或实践经验并达到一定的职业技能水平。对于承担残疾人职业能力培养任务的教师来讲,不仅要达到上述标准,要求在专业上有自身的专长,而且要求其能够了解残疾人的生理和心理特点,掌握适合残疾人需求的职业能力培养方法,而这两者都是当前承担残疾人职业能力培养任务的教师所缺乏的。目前,残疾人职业能力培养的师资来源主要有两部分,一部分是来自特殊教育学校的教师,这些教师通过进修等方式学习一些职业技能,如美容美发、烘焙等,而后从事残疾人的职业能力培养工作;一部分是来自企业的专业技术人员,对于一些专业课程,尤其是操作性和技术性强的课程,学校直接聘请企业的专业技术人员任教,如直接聘请企业中的面点师到学校任教。可以说,当前残疾人职业能力培养教师技能普遍偏低②,

师资队伍专业性不强,或是教师自身缺乏职业技能,无法保证残疾人职业能力培养的高度专业化,或是教师缺乏特殊教育方面的训练,与残疾人沟通、交流存在困难。可见,建立专门的教师培训、进修机制,是残疾人职业能力培养亟须解决的问题。

### (三)残疾人职业实训基地运行效果不佳

实训是指在学校控制状态下,按照人才培养规律与目标,对残疾人进行职业技术应用能力训练的教学过程。2021 年,国家发布《"十四五"特殊教育发展提升行动计划》,提出"对面向残疾学生开放的职业教育实习实训基地提供支持",实训可以通过模

---

① 赵小红.广西智力残疾学生职业教育现状调查报告[J].中国特殊教育,2009(11):18—24.
② 郭玲,李玉辉.四川省聋生职业教育实践研究:以 X 特校为例[J].现代特殊教育(高教版),2015(5):51-55.

拟实际工作环境,教学采用来自真实工作项目的实际案例,教学过程理论结合实践,更强调残疾人的参与式学习,能够在最短的时间内使残疾人在专业技能、实践经验、工作方法、团队合作等方面提高。可见,实训是提高残疾人职业能力的重要手段,在残疾人职业能力培养中具有不可替代的作用。然而,在我国残疾人职业能力培养中,职业学校或职业培训部门的实训设备良好但运行效果不佳却是不争的事实,如丁显洲提出,残疾人职业实训基地的使用率不高,对学生开放程度不足,实训基地使用信息共享缺乏,实训管理队伍素养有待提高①等。

> ## 五、残疾人职业能力培养的实践策略

既然职业能力对促进残疾人就业,提高生存质量,顺利融入社会有如此重要的作用,结合当前我国残疾人职业能力培养的现状,各级残联、特殊教育学校等部门应该制定措施,保证残疾人职业能力培养工作的顺利开展,积极探索有效的残疾人职业能力培养实践策略。

### (一)树立"以人为本"的残疾观念

在大多数人眼中,残疾就是"残废""无用",残疾人无法从事工作,中重度残疾人更应该被隔离在家庭中,与世隔绝。但是在国际功能、残疾和健康分类体系 ICF 倡导的理念下,残疾是个体功能与环境交互影响的一种状态,只要环境给予足够的支持,残疾人也可以与健全人一样,从事一定的职业。因此,人们应该转变残疾观念,以人为本,尊重残疾人,对残疾人职业能力培养有更高的认识,由关注"缺陷"转变为开发"潜能",根据残疾人的职业兴趣和职业性向进行职业能力培养,提高残疾人接受职业能力培养的比例,积极为残疾人职业能力培养提供环境和条件方面的支持,创建无障碍的就业环境。

### (二)开发职业能力训练课程

职业教育的首要任务是为生产一线培养具有生产、经营和服务能力的高层次技术人才,他们是在生产第一线工作的设计员、调试维护员、技术员等,是与技术革新等实践活动密切联系在一起的应用技术型人才。因此,残疾人职业能力培养应以残疾人的就业需求为出发点,开发新型的职业能力训练课程,课程内容的开发不仅要符合残疾人个体的身心特征,还应该紧紧跟随市场经济需求的步伐,使职业能力训练课程与市场需求达到同步,反映出地域经济和地域文化特色,把当地的产业和文化优势体现在

---

① 丁显洲.残疾人职业院校校内实训基地的运行与管理模式探究:以浙江特殊教育职业学院为例[J].教育教学论坛,2014(7):257-258.

残疾人职业能力训练课程中,如黑龙江省可以结合寒地黑土经济发展特色,为视力障碍人士开设按摩课程,为听力障碍人士开设种植、剪纸艺术、黑陶设计、亚麻工艺等课程,增加残疾人的就业优势。对于部分轻度残障的残疾人可以培养他们的创业能力,鼓励他们通过创业达到自主就业,如鼓励残疾人开网店等。

### (三)加强残疾人就业指导

针对残疾人就业信息获取途径狭窄,就业信息闭塞的现状。在残疾人职业能力培养阶段,职业能力培训部门应该为残疾人定期提供必要的就业指导,主要措施有:其一,为残疾人开展心理咨询服务,教授面试技能技巧,提高残疾人就业自信心和抗挫折能力;其二,开通残疾人就业信息交流平台,加强残疾人就业服务和劳动监察;其三,为残疾人提供就业政策法规指导,指导他们学习《残疾人就业保障法》,提高他们的法律意识,让残疾人能够知法懂法,保障自身的就业权益;其四,为残疾人提供职业再设计等服务,切实维护残疾人公平就业权益和劳动就业权益,促进残疾人稳定而高质量就业。

### (四)加强师资队伍建设

残疾人职业能力培养离不开专业的师资,教师的专业素质决定了残疾人职业能力培养的质量,是发挥职业教育促进残疾人发展的决定性因素。目前,建设一支专业化的残疾人职业能力培养师资队伍,提高教师自身的实践技能,进行相应的专业培训是当务之急。加强师资队伍建设的途径有:第一,对现有教师进行职业技能培训,可以采取集中培训和远端培训相结合的方式,对教师实施职后培训,目的是使教师的职业技能得到周期性的更新,使服务更能满足残疾人职业能力发展的需要,更加符合社会的需求;第二,通过"产、学、研"结合,派教师深入企业一线,培养教师的实践能力;第三,聘请企业兼职教师,即从企业引进和聘请相关技术人员,在进行特殊教育相关技能培训后进行残疾人职业培训,参与职业课程开发和审核教学计划,并通过他们与企业建立长效的合作机制。

### (五)健全残疾人职业能力培养的保障机制

《"十四五"残疾人保障和发展规划》明确指出"完善残疾人职业技能培训保障和管理制度。"首先要加强残疾人职业能力培养的经费保障,《残疾人就业条例》明确指出:"依法征收的残疾人就业保障金应当纳入财政预算,专项用于残疾人职业培训以及为残疾人提供就业服务和就业援助",特殊教育学校和残联部门应加大对残疾人职业能力培养经费的管理和投入,保证当地所有残疾人都能接受职业能力培养。其次是加强残疾人职业能力培养的制度保障,特殊教育学校和各级残联要尽快制定出适合当地残疾人的职业能力培养计划,保证残疾人职业能力培养工作开展的实效性,以提高残疾人职业能力培养的质量和水平。再次要改善残疾人职业能力培养的实训管理,实施学生、任课教师、实训基地管理人员"三方共管",利用现代化信息技术手段,构建智能化的实训基地管理系统,实现实训管理信息共享,保证实训基地的有效利用,服务于残疾人职业能力培养工作的顺利开展。

总而言之,残疾人职业能力培养是改善残疾人民生和保障其基本权益的最重要手段,对促进残疾人康复,提高生活质量,融入社会有着至关重要的作用。加强残疾人职业能力培养,是提高残疾人职业教育的功效,保证残疾人职业教育的针对性和提高残疾人就业率的重要手段,也是顺应教育公平、和谐社会发展的必然趋势。

## 第二节　以职业能力评估为导向的残疾人高等职业教育课程设置

当前,我国高等教育处于快速发展时期,已经进入高等教育大众化阶段,在此背景下,我国残疾人高等教育也得到发展,越来越多的残疾学生进入高校,以融合教育的方式接受高等教育。然而,随着残疾人高等教育事业的发展,残疾学生的学习需求也发生了巨大变化,促进残疾学生职业能力提升,实现残疾学生公平就业的呼声日益高涨。《"十四五"特殊教育发展提升行动计划》强调"推动职业教育和特殊教育融合",指出"优化课程设置和教学内容,提高残疾学生培养的灵活性、适应性、针对性",并"完善残疾学生就读普通高校措施",这为残疾人高等教育改革指明了方向。课程设置是残疾人高等教育过程中最基础、最核心的问题,是连接残疾人高等教育人才培养与社会对技术技能型人才所需素质能力的重要纽带,残疾人高等教育课程设置科学合理,才能使残疾学生的职业能力与企业岗位需求对接,进而提高残疾学生的就业能力和社会适应能力,更好地服务于我国经济社会发展。基于上述认识,从融合教育的视角出发,以促进职业能力提升为目标,开展残疾人高等教育课程设置的改革与实践,是社会经济发展对残疾人高等教育人才培养的时代诉求,有利于从根本上改变残疾人的社会地位,提高残疾人教育质量,促进教育公平。

> ### 一、当前残疾人高等职业教育课程设置存在的问题

### (一)课程目标不够全面,对职业能力分析不足

课程目标是课程实施的依据,是残疾人课程设置需要解决的首要问题。但是,当前部分残疾人高等职业院校的课程目标不够全面,存在对职业能力分析不足等问题,

例如某些院校仅说明了职业知识和职业技能方面的课程目标,缺少了职业价值观方面的目标,而残疾学生的职业能力应该包括职业知识、职业技能、职业价值观三个方面,在这三方面中,职业价值观是职业健康持续发展的重要保障,是职业能力培养不可或缺的一部分,残疾人高等职业教育既能让残疾学生获得职业知识和职业技能,也要让其具有职业道德、人道主义精神和社会责任感,体现我国精神文明建设的需求。如某院校餐饮服务课程目标为"掌握斟酒、托盘、摆台等服务技能"、包装设计课程目标为"了解常见包装设计的基本原理和基本知识;熟悉包装设计的市场环境;掌握包装设计的流程与方法。[①]"说明目前我国残疾人高等职业院校在课程目标制定上不够全面,对职业能力分析不足。

### (二)课程内容实用性不强,职业能力培养不能满足社会和残疾学生的需要

高等职业教育以培养高素质技术技能型人才为目标,课程内容应具有较强的实用性和职业性特征。然而,我国部分残疾人高等职业院校在课程内容选择上与社会需求联系不紧密,课程内容实用性不强,导致职业能力培养不能满足社会和残疾学生的需要,学生在就业竞争中优势不明显。首先,由于部分课程内容参照了普通高等教育的课程内容,课程内容过于抽象,实用性不强,不符合残疾人高等职业教育的特点和发展要求,因而学生学习较为被动,学习效果较差,严重影响了残疾人高等职业教育目标的实现,也违背了职业教育"必需、够用"的原则,一些残疾人高等职业院校照搬了普通高等学校的课程内容,导致残疾学生学习的知识与所处的教育阶段不符,无法达到有效学习的目的[②];其次,理论课和实践课比例不合理,理论课的比重要高于实践课,有些院校的课程设置从表面上看实践课的比例比较高,但在实施过程中实践课程仅占学时的25%[③];再次,"双创"课程特色不鲜明,多数院校的创新创业课程雷同,与本校办学定位和特色联系不紧密,与人才培养目标不融合,一些院校的"双创"课程体系差别非常小,忽略了各自的专业特色,导致残疾人高等职业院校"双创"教育无法满足社会经济的发展需求和残疾学生的职业发展需要[④]。

### (三)校企合作不够紧密,职业能力培养缺乏合力

高素质技术技能型人才培养的实践环节非常重要,校企合作可以提供真实的实践生产环节,加强校企合作是高素质技术技能型人才培养的重要方式。但是,目前部分残疾人高等职业院校与企业合作不够紧密,还未形成与企业互动的良好格局,企业在

---

① 郭文斌,张梁.残疾人职业教育研究热点及发展趋势[J].残疾人研究,2018(9):57-65.
② 汪甜甜.不同安置模式下残疾人高等教育体验的质性研究[D].重庆:西南大学,2019:13-15.
③ 汪甜甜.不同安置模式下残疾人高等教育体验的质性研究[D].重庆:西南大学,2019:13-15.
④ 汪甜甜.不同安置模式下残疾人高等教育体验的质性研究[D].重庆:西南大学,2019:13-15.

课程设置中参与的机会甚少。主要表现有:第一,校外实训基地数量不足,优质的校外实训基地可以为残疾学生提供真实的工作情景,让残疾学生尽快熟悉企业的工作流程,能较快地提升在校残疾学生的职业能力,实现以产促教,同时作为提供校外实训基地的企业,也能获得人才竞争的优势,通过实习实训环节深度了解残疾学生的职业能力,实现以教促产,但目前很多院校的校外实习基地数量不足,实训基地建设并不完善,严重影响了残疾学生职业能力的提升①;第二,企业参与课程设置的热情不高,深度不够,校企合作运行机制不完善,导致残疾学生职业能力培养的效果不明显,调查显示,当前企业参与残疾人高等职业院校课程设置的意愿较低,比例不足30%,校企合作面临较大的发展困境②。

### (四)课程评价不够科学,职业能力培养特色不突出

课程评价关系到课程实施的方向和效果,是残疾人高等职业教育课程设置的关键环节。目前,我国残疾人高等职业教育课程评价方面存在诸多问题:首先,课程评价的职业性特点不显著,高等职业教育具有职业性、实践性、社会性等属性,因此,课程评价也应体现出职业性特征,而在实际操作中,部分院校照搬了普通高校的课程评价模式,侧重考查理论知识的机械性习得,不重视残疾学生自学能力、职业能力的考核,缺失了职业特色③;其次,课程评价内容不全面,主要表现有重理论知识评价、轻实践能力评价,重结果评价、轻过程评价,重单一课程评价、轻课程整体评价,重知识评价、忽视对残疾学生职业价值观的评价④;再次,课程评价方式单一,一些院校的课程评价方式以书面考试为主,而考取职业资格证书、完成实际工作等形式鲜有少见⑤,单一的课程评价方式会误导教师教学的方向,忽视对职业技能的训练,导致残疾学生的职业能力较低;最后,课程评价主体单一,多数院校课程评价的主体依然是教师,忽视了残疾学生自评以及企业评价,残疾人高等职业院校不能掌握学生真实的学习情况,不利于有针对性地调整课程培养学生的职业能力。

---

① 周姝毓,贾海玲,刘海燕,等.校企合作视角下残疾人高等职业教育课程设置建议:以黑龙江省为例[J],2019(39):134-136.
② 周姝毓,贾海玲,刘海燕,等.校企合作视角下残疾人高等职业教育课程设置建议:以黑龙江省为例[J],2019(39):134-136.
③ 周姝毓.黑龙江省残疾人高等职业教育现状及对策研究[J].贵州工程应用技术学院学报,2017(10):117-121.
④ 周姝毓.黑龙江省残疾人高等职业教育现状及对策研究[J].贵州工程应用技术学院学报,2017(10):117-121.
⑤ 甘昭良.促进残疾人就业的职业教育支持研究[J].北京联合大学学报,2017(10):84-92.

## ＞　二、残疾人高等职业教育课程设置存在问题的原因分析

### (一)国家层面的原因

1.国家缺乏提升职业能力的保障制度

残疾人高等职业教育的发展需要国家相应的政策法规予以保障,尽管我国出台了一些关于残疾人职业教育和职业能力提升方面的政策和法规,但与国外相比,还比较缺乏与政策法规相配套的具体的实施细则。从总体上来讲,我国仍然比较缺乏提升残疾人职业能力的保障制度,在这种背景之下,残疾学生的职业能力培养不受重视,残疾人高等职业院校课程改革举步维艰。

2.国家没有建立起成熟完善的残疾人职业资格框架体系

目前,我国还没有建立起成熟完善的残疾人职业资格框架体系,相关部门缺少对行业岗位从业资格的严格管理,导致从业人员素质水平参差不齐,难以有效实现职业能力的提升,职业持续性发展不足。职业资格框架体系的不成熟不完善,直接影响到残疾人高等职业院校的课程设置,在课程目标制定、课程内容选择、课程实施以及课程评价等方面缺少依据,课程设置针对性不强,未能很好地满足残疾学生职业能力发展和岗位用工的需求。

### (二)社会层面的原因

1.社会对技能型人才认识片面

我国古代的教育目的为"学而优则仕",受这种官本位思想的影响,人们比较轻视生产劳动,对技能学习的重视不足,因而社会对技能型人才的认识也比较片面,技能型人才的社会地位、工资收入不高,技能型人才的培养面临较大社会压力,导致了残疾人高等职业院校招生困难,在课程设置中理论课时比重过大,职业能力培养方向有所偏颇。

2.社会上唯学历观念根深蒂固

我国唯学历观念根深蒂固,高学历越来越成为就业的门槛,忽视对个体职业能力的考核;加之高等教育进入大众化时代,多数青年学生选择进入本科层次学校接受高等教育,残疾人高等教育也不例外,残疾人高等职业院校招生压力巨大,在课程设置上采取了与普通高等院校类似的做法,失去了职业教育的特性,这也导致了就业市场矛盾突出,残疾学生找不到合适工作,企业雇用不到所需的技能型人才。

### （三）院校层面的原因

**1.知识本位课程观念影响残疾学生职业能力的获得**

当前,部分残疾人高等职业院校在课程设置中理论课时比重较大,这是一种知识本位的课程观,忽视了对残疾学生职业能力体系的构建,没有体现出残疾人高等职业教育职业性的特点,无法满足残疾学生谋求职业、提升职业能力的需要。

**2."双师型"教师数量不足导致课程实施存在困难**

部分残疾人高等职业院校"双师型"教师缺乏,教师本身职业技能不足,对社会、生产了解不多,缺乏企业工作经验,或者有些教师所掌握的技能老旧过时,所以部分教师难以驾驭实践课教学,导致对残疾学生实践指导的积极性不足,授课时以理论讲授为主,难以达到残疾人高等职业教育技术技能型人才的培养要求,课程实施存在困难。

## > 三、以职业能力评估为导向的残疾人高等职业教育课程设置的建议

### （一）确立科学而具体的课程目标,明确职业能力培养方向

残疾人高等职业教育的最终目的是充分发展残疾学生的职业能力,使其适应社会,并在就业竞争中脱颖而出,成为社会的栋梁之才,因此,在课程设置时需重视课程目标的科学性和合理性,应遵循社会需求与个人需求相统一,既要符合残疾人高等职业院校的办学实际和当地经济发展的需要,又要考虑残疾学生身心发展特点,切实提高残疾学生的职业能力。在确立残疾人高等职业教育的课程目标时,应该涵盖职业知识、职业技能、职业价值观三方面的目标,充分开发残疾学生的职业潜能,激发他们的学习能力。首先,残疾人高等职业院校要在残疾学生入学时开展职业能力评估,根据学生的职业兴趣编制课程目标,安排学习内容、学习顺序和教学方式,提高职业能力培养的针对性,使他们的能力得到充分发展,获得扎实的职业技能,进而顺利进入职场;其次,残疾人高等职业院校要根据社会需求制定课程目标,对用人单位的用工标准进行广泛调查,了解用人单位对残疾学生职业能力的要求,保证职业能力培养与岗位需求相对接;再次,残疾人高等职业院校应该为残疾学生有计划地安排一些促进他们职业价值观养成的课程,加强残疾学生职业精神的培育,如开设职业伦理课程,推广企业文化,用精益求精、敬业守信、敢于创新的职业精神影响残疾学生的发展,残疾人高等职业院校要多举办文化教育活动,提高残疾学生的文化修养,引导和鼓励残疾学生阅读经典文学作品,提高他们的文化素养。

### （二）构建合理的课程内容体系,满足残疾学生职业能力培养需要

当前国内很多残疾人高等职业院校的课程内容参照了普通本科教育的课程内容,

其课程内容过于专业和精深,并且课程的呈现方式和教师所采用的教学方法均没有体现出职业教育课程设置的灵活性、基础性、整合性和协同性原则,因而不适合残疾学生的学习,也不利于其职业能力和综合素质的提高。所以,要大力发展残疾人高等职业教育,必须开发适合残疾学生的课程内容,构建合理的课程内容体系。首先,建立合理的激励和保障制度,鼓励从事残疾人高等职业教育的教师从事校本研究,开发既符合专业要求又适合残疾学生学习的专业课程,同时教师之间要经常交流,不断完善残疾人高等职业教育的课程体系,使残疾人高等职业教育的课程建设得到科学、有序、健康的发展;其次,残疾人高等职业教育课程内容的开发要关注残疾学生的职业生涯发展,既要体现出职业教育的职业性特征,培养残疾学生胜任岗位工作的能力,也要考虑残疾学生自身发展的需求,还应考虑社会发展、科技进步等方面带来的工作和生活方面的变化,为残疾学生安排职业生涯规划课程,增加课程的前瞻性;再次,残疾人高等职业院校还应安排一些促进残疾学生社会适应能力发展的课程,如社交礼仪、法律法规、社会常识、语言表达、艺术欣赏等课程,使其综合能力得到提高,发展他们的社会适应性;最后,残疾人高等职业院校要营造和谐的校园文化环境,建立完善的导师制度和学长制度,由导师为残疾学生进行学业咨询和辅导,营造良好的学习风气,以及互帮互助的人际交往氛围,促进残疾学生个性的良好发展。

### (三)加大校企合作的力度,形成职业能力培养合力

职业教育最大的特点是面向市场办学,以就业为导向,以职业岗位群能力建设为中心[1]。《关于深化产教融合的若干意见》中提出:"把企业引进学校,多种方式支持企业办学,把人才培养和企业需求相结合。[2]"残疾人高等职业教育的发展应该坚持校企合作、学做合一的发展道路,大力加强残疾人高等职业院校与企业合作,指导残疾学生在做中学。首先,残疾人高等职业院校可以开设企业课程,由企业技术人员担任任课教师,除了教学外,企业技术人员还要参与残疾人高等职业院校的课程建设和开发,为课程设置注入企业活力;其次,残疾人高等职业院校要加强"双师型"师资队伍的建设,鼓励教师深入企业顶岗锻炼,并考取相应岗位的职业资格证书,提高教师的专业水平;再次,学校应该定期邀请用人单位参与本专业的课程建设指导座谈会,根据社会和用人单位需求及时调整课程,对课程进行修订和优化,使课程与社会需求接轨,使残疾学生的职业能力能够满足企业的最新要求;最后,学校还应该与企业开展深度合作,实现订单式培养,学做合一,加大校内和校外实习、实训基地建设,营造仿真的实训环境,真

---

① 王前新,卢红学.高等职业教育学[M].汕头:汕头大学出版社,2002:149.
② 国务院.关于深化产教融合的若干意见[N].人民日报,2017-12-20(1).

正让残疾学生掌握技能,最终走进职场。

### (四)构建科学的课程评价体系,提高职业能力培养效果

课程评价是残疾人高等职业教育课程设置的重要环节,对课程目标的制定起着引导作用,并监督课程实施的整个过程,关系到课程设置的成败,同时也影响着残疾学生职业能力培养的效果。首先,确立科学的课程评价目标,课程评价目标应突出培养残疾学生自我导向能力,促进残疾学生自身职业能力的终身可持续发展,课程评价目标还应突出职业特色,把残疾学生职业能力是否满足社会需要作为课程评价目标的重要内容;其次,创新课程评价方式,教师应该根据课程目标和内容灵活地选择课程评价方式,如专业理论课程需要考察残疾学生的掌握程度,可以采取纸笔测验的方式,实操课程需要考察残疾学生的操作能力,可以采用演示、实际操作、情景模拟、小组作业等方式,残疾人高等职业院校也可以将课程评价与参加职业培训、获取职业资格证书等形式相结合,对残疾学生职业能力的培养起到引导作用;再次,增加课程评价主体,为了使课程评价更具客观性,残疾人高等职业院校应努力实现课程评价主体的多元化,除教师外,残疾学生应成为课程评价的主体之一,为了优化课程设置,要适时增加残疾学生自我评价和对课程的整体评价,突出残疾学生的主体地位,以此调动残疾学生学习的积极性,另外,用人单位也应成为课程评价的主体之一,重视用人单位的评价有利于真实地反映残疾学生的职业能力水平,同时也有利于学校根据用人单位实际的职业能力需求及时调整课程设置,更好地培养残疾学生的职业能力,并增强课程评价的客观性和有效性。

总之,随着国家经济转型发展,高素质技术技能型人才越来越受到重视,职业能力培养成为残疾人高等职业院校课程改革的重要依据,提高残疾学生的职业能力是残疾人高等职业教育的最根本任务。课程设置连接着社会对技能型人才的需求和残疾人高等职业教育人才培养的方向,是高素质技术技能型人才培养的关键因素,科学合理的课程设置能实现残疾人高等职业教育的价值,也有利于我国残疾人高等职业教育事业朝着科学、健康的方向快速地发展。

# 第九章
# 职业能力评估视角下的残疾人职业康复服务资源整合

## 第一节　国外残疾人职业康复服务资源的类别

### ＞　一、美国的残疾人职业康复服务资源类别

美国是开展残疾人职业康复比较早的国家,在 1920 年开始实施残疾人公共职业康复计划,由职业康复公共部门和私人雇主一同为残疾人提供职业康复服务。根据社会保障部的统计数据显示,近 90% 接受过职业康复服务的重度残疾人,能够走向社会,开始独立生活。美国不仅较早地开展了残疾人职业康复服务工作,并建立了完善的法律制度加以规范和指导,美国先后颁布的残疾人职业康复法规有《康复法》(1973 年)、《修正法》(1998 年)、《劳动创新与机遇法案》(2014)。美国设立了专门的机构为残疾人提供职业康复服务,残疾人在机构中接受职业能力评估,以及职业训练,专业人员充分挖掘残疾人的潜能,为残疾人重返社会提供支持服务。在资金方面,联邦政府统一拨付一部分资金供各州开展残疾人职业康复服务,联邦政府根据各州的人口和人均收入将资金拨付给州政府,州政府再从资金中抽出 21.3%用于资金准备,这些由联邦政府和州共同筹措的资金用于残疾人康复项目的管理费用,以及为残疾人提供直接服务。而社区残疾人康复服务的资金则由州政府承担50%的费用。一些州政府根据本州的实际情况,利用部分资金设立了独立的州立康复机构,视觉障碍人士提供职业康复服务,同时,联邦政府批准一些州设立残疾人保障金,为残疾人提供职业康复补贴,可见,美国各州之间的残疾人职业康复服务计划已经表现出较大差异。

在美国各州,残疾人如果有职业康复需求,职业康复机构会对其进行评估和鉴定,如果符合条件,就可以获得持续的职业康复服务,直到稳定就业。由于康复服务资源有限,如果当前各州的职业康复服务机构不能满足所有残疾人的需求,将优先向残障程度重的残疾人提供职业康复服务,每个州可以制定本州的职业康复服务制度,来规

范和指导本州的残疾人职业康复服务工作,筛选制度(an Order of Selection,OOS)就是针对此种情况出台的制度。美国自1920年实施公共职业康复服务计划以来,已经有50%的机构采用了筛选制度开展残疾人职业康复服务工作,平均每年为100多万残疾人提供职业康复服务,能够安置18万至22万残疾人口就业。经过近百年的发展,美国的残疾人职业康复服务已经逐渐彰显出自己的特色。

### (一)联邦、州、地方政府职业康复服务资源体系

美国是一战后较早开展残疾人职业康复服务的国家,经过近百年的发展,已经形成了由联邦政府、州、地方政府组成的自上而下的服务资源网络体系,地方政府下设专门的残疾人职业康复服务机构,为残疾人提供不同方面的服务。具体来讲,各机构的职责如下:

1.残疾人统计研究机构

该部门负责收集、统计、发布残疾人相关数据。它下设三个部门,分别是人口普查局(the census bureau)、残疾人统计中心(the disability statistics center)和全国残疾人组织(the national organization on disability)。人口普查局的职责是负责统计全美残疾人口数量,以及统计各州、城市的残疾人口数量;残疾人统计中心的职责是提供和发布残疾人就业数据;全国残疾人组织的职责是对成年人的就业情况和受教育情况进行统计。各部门提供的数据能够体现出美国残疾人就业的动态变化,为全国残疾人职业康复服务工作提供数据参考。

2.财政部

财政部负责为残疾人职业康复提供资金支持。财政部负责为联邦和各州政府开展的残疾人职业康复项目提供财政拨款,供项目执行使用。

3.健康和公共事业部

该部门属于政府机构,负责管理残疾人各项事务,满足残疾人不同需求,各类残疾人都是它的服务对象,为残疾人职业康复提供各类动态数据。美国健康和公共事业部下设疾病监控和预防中心,根据疾病监控和预防中心的数据显示,在2013年,美国18岁以上有功能障碍的人数有754万,占该年龄段人口总数的32.9%。2014年,美国18岁以上成人中患有感官知觉障碍的人数有98.2万人,其中,听觉障碍人数最多,达到40.3万人,占成人总数的16.8%;视觉障碍人数也较多,达到21.7万人,约占成人总数的9.1%;肢体功能障碍也是成人残疾的主要类型,是指由于各种原因导致的无法行走和坐卧等,人数达到36.2万人,占成人总数的15.1%。

4.社会保障部及劳动部

在美国,如果残疾人符合接受职业康复服务的各项条件,就可以在各州接受职业

康复服务,具体的职业康复项目的实施由社会保障部及劳动部负责。职业康复服务的内容有开发就业市场;提供就业信息;联络残疾人、雇主和职业康复服务机构;监督企业用工是否符合法律规定等,通过一系列具体的服务内容保障残疾人充分就业,重返社会。在资金方面,社会保障部负责为各州提供残疾人职业康复项目实施的资金补贴,除此之外,社会保障部还为职业康复服务机构提供社会保障伤残保险福利(Social Security Disability Insurance,SSDI)或者补充收入保障(Supplemental Security Income,SSI)。社会保障部支付资金的范围仅限于本州之内的残疾人职业康复机构,这样可以保证在社会保障系统中的残疾人获得资助,减少社会保险金在政府财政资金支出的比例。

5.教育部

美国教育部下设康复服务管理部(Rehabilitation Services Administration,RSA),主要为各州残疾人职业康复机构提供技术支持,以及专业人员的技术培训工作[1],并为残疾人以及雇主、家庭提供相关服务资源和指导。康复服务管理部设有众多培训和技术援助中心(training and technical assistance centers,TACs),具体包括雇主带动就业的职业康复技术支持中心(JDVRTAC)、国家转衔技术中心(NTACT)、康复训练和项目评估与质量保障技术援助中心(PEQATAC)、社区康复为目标的职业康复技术援助中心(VRTAC-TC)、残疾青年职业康复技术援助中心(VRTAC-Y)、劳动创新技术援助中心(WINTAC),它们为州政府职业康复机构,为各州职业康复服务机构提供有针对性的技术支持。各技术中心提供的技术能够解决残疾人职业康复中出现的各种问题,保障残疾人职业康复服务工作的科学性和合理性,让残疾人能够获得职业技能,顺利走向职场,实现重返社会。各中心具体的工作职能如下表9-1所示:

表9-1　美国各培训与技术援助中心主要职能表

| 技术支持中心 | 主要职能 |
| --- | --- |
| 雇主带动就业的职业康复技术支持中心 | 拓展残疾人就业安置范围;提高各州职业康复服务机构和雇主的职业培训能力;设置企业带动的职业康复项目;扩大残疾人接受职业康复服务范围;提高残疾人就业成功率。 |
| 国家转衔技术中心 | 协调政府、职业康复服务机构、学校各方资源,保证学生在学校学习足够知识,接受职业训练,提供适当支持帮助学生顺利从学校过渡到就业岗位。 |

---

① 朱丽叶.残疾人社会工作[M].曾守锤,张坤,译.上海:华东理工大学出版社,2013.

续表

| 技术支持中心 | 主要职能 |
|---|---|
| 康复训练和项目评估与质量保障技术援助中心 | 制定残疾人职业康复服务质量标准,以及康复项目质量提高措施,协助机构提高项目管理水平。 |
| 社区康复为目标的职业康复技术援助中心 | 为从事残疾人职业康复服务工作的专业人员提供技术培训,提高专业人员职业康复服务知识和技能水平,进而提高残疾人职业康复服务效果,实现康复目标。 |
| 残疾青年职业康复技术援助中心 | 主要面向开展在校残疾青年学生,以及非在校残疾青年学生职业康复服务的机构提供技术支持和服务。 |
| 劳动创新技术援助中心 | 针对2014年颁布的《劳动创新与机遇法案》中的规定,为各州残疾人职业康复服务工作人员提供培训和技术支持。 |

### (二)非政府组织职业康复服务资源体系

除了政府组织为残疾人提供职业康复服务,美国还有许多民间组织和机构承担着残疾人职业康复服务任务,这些民间机构包括残疾人职业能力评估和职业培训机构、社区计划机构以及残疾成人日间照顾机构等,这些民间机构除了完成自身工作,还承担着残疾人从医院到社区转衔的服务工作。由于民间机构具有独立运营和管理的特性,他们可以根据残疾人职业康复需求,采用灵活的方式实施康复项目内容,以及灵活安排时间和进度。并且,民间残疾人职业康复机构运用个别化的服务方式,保证残疾人的康复需求得到充分满足,确保服务项目的个性化和服务内容的多元化,以及服务流程的持续性。美国的民间残疾人职业康复机构多数是非盈利性的,有些机构是专门为某类残疾人提供职业康复服务,如重度智障者联盟、盲人光明屋协会等机构,是专门解决某一类残疾人就业问题的机构。还有一些民间康复机构以社区为中心,为社区残疾人提供职业康复服务。另外,美国的民间康复机构还具有地域性特点,有些机构为全国残疾人提供职业康复服务,有些机构则按地域提供康复服务。

民间职业康复机构在美国的残疾人职业康复服务中扮演了重要的角色,为了促进民间职业康复机构的发展,美国组织资金、人力等多方资源来促进和保障机构运行。主要措施有:第一,多方筹措资金,保证机构顺利运行。民间职业康复机构资金来源的途径有政府财政拨款、民间筹集资金、私人捐赠等。第二,组成专业团队,保证服务的专业性。美国民间职业康复服务人员来源广泛,有专业康复服务人员、志愿者、残疾人亲友等,他们在民间职业康复机构中为残疾人提供部分或者全部服务。另外,由于工伤残疾人职业康复服务项目需要联邦政府花费较多资金,近些年来,美国鼓励企业通过民间职业康复机构为工伤残疾人提供职业康复服务,利用市场机制引导民间职业康复服务机构良性竞争,惠及更多残疾人。

> ## 二、日本的残疾人职业康复服务资源类别

日本的残疾人职业康复起源于20世纪50年代,日本的残疾人类型主要有身体残疾、精神残疾和智力残疾等类型,因为身心障碍,残疾人在就业中存在很大困难,在就业年龄人口中,残疾人就业比例远低于普通就业者,残疾人参与社会严重不足。日本政府针对这种现象,完善残疾人就业相关法律法规,发展残疾人职业康复服务项目。从历史的发展来看,二战后日本的职业康复服务处于停滞状态,从20世纪50年代初开始,日本派出大量学者赴国外(主要是欧美国家)学习职业康复的理论和实践,回国后,他们结合日本当时发展残疾人职业康复的需求,建立了符合日本政治、经济、文化特点的残疾人职业康复服务体系,逐步开展社会、医疗、职业、教育等领域的康复事业。总结起来,日本的残疾人职业康复服务资源主要有以下两方面:

### (一) 中央、地方职业康复服务资源体系

在日本,残疾人职业康复服务主要由卫生与福利部门和劳动部门这两个政府部门来开展,2001年,这两大部门合并为厚生劳动省(the Ministry of Health,Labour and Welfare,MHLW),负责全国的残疾人职业康复事业。厚生劳动省下设多个康复机构,这些康复机构有些隶属于国家管理,称为国立职业康复中心(National Institute of Vocational Rehabilitation,NIVR),有些隶属于地方管理,厚生劳动省下设的这些国家和地方职业康复机构组成了日本中央——地方的残疾人职业康复服务资源网络体系。各机构的职责明确,国立职业康复中心下设研究和计划部,它主要负责残疾人职业康复研究工作,为残疾人和用人单位建立信息共享平台,方便残疾人、雇主、康复服务人员及时获得相关信息,保证康复服务的顺利开展。地方职业康复中心的职责是为各地方康复机构提供康复技术支持,建立康复模型,协调各地方机构资源[①]。日本各残疾人职业康复服务机构及服务内容详见表9-2。

---

① BOELTZIG-BROWN H,SASHIDA C,NAGASE O,et al.The Vocational Rehabilitation Service System in Japan[J]. Journal of Vocational Rehabilitation,2013,38(3):169-183.

表 9-2 日本残疾人职业康复服务机构及服务内容情况表

| 组织名称 | 下设机构数 | 行政上级 | 为残疾人提供的服务内容 | 为雇主提供的服务内容 |
|---|---|---|---|---|
| 公共劳动就业保障办公室 | 437 个（全国） | 厚生劳动与福利部（MHLW）下的地方劳动局 | 职业指导；就业相关信息；职业康复相关的医疗及其他服务；工作准备（3 个月见习就业，精神残疾 3-12 个月的见习）；职业训练；寻求就业的辅助支持与就业安置；就业跟踪指导服务；提供家庭办公就业辅助支持。 | 审批企业年度雇佣情况，审核企业残疾人是否达到规定就业比例；对所雇佣的残疾人提供建议、指导、咨询与帮助（多针对辅助设施建设及基金帮助）；完成残疾人按比例就业的特殊指导。 |
| 残疾人地方职业康复中心 | 47 个 | 国家职业康复中心（NIVR），部分由 MHLW 下设的 JEED 管理 | 职业评估、咨询、培训及指导、工作准备；职业推荐（私营部门）；工作教练支持；就业跟踪；精神残疾特殊就业支持。 | 对已雇佣的残疾人提供就业持续支持服务，其中包括咨询与指导等；工作教练支持；精神残疾特殊就业支持。 |
| 大的地区性职业康复中心 | 2 个 | 同上（埼玉县、冈山） | 职业评估、职业咨询与指导；工作训练（1 年期；智力残障长期）。 | 根据雇主实际需求，定期提供传统的短期职业训练。 |
| 残疾人职业能力发展中心 | 19 个（6 个地方级，13 个国家级） | 2 个属 JEED 管理，17 个归地方管理 | 职业培训。 | 无 |
| 老人及残疾人生活与就业保障中心 | 272 个（全国） | 非营利性组织 | 工作相关的支持（就业信息，就业安置）；日常生活辅助及计划。 | 协助企业雇主办理残疾人就业人数比例调整和资金补助调整申请；开展残疾人就业意识和相关技能培训。 |
| 国家职业康复中心（NIVR） | 1 个（千叶） | JEED | 提供有关残疾人就业相关信息、研究及资源。 | 提供有关残疾人就业相关信息、研究及资源；企业工作教练的教育与培训。 |

资料来源：BOELTZIG-BROWN H, SASHIDA C, NAGASE O, et al. The Vocational Rehabilitation Service System in Japan[J]. Journal of Vocational Rehabilitation, 2013, 38(3):169-183.

## （二）非政府组织职业康复服务资源体系

同样,除了政府组织的康复机构为残疾人提供职业康复服务之外,日本也有部分私营康复机构从事残疾人职业康复服务工作。在日本,目前共有二十家私营康复机构提供政府组织机构所涵盖的职业康复服务项目,通过方式灵活的职业康复服务,为残疾人提供多元的职业康复服务,成为政府组织康复机构的有力补充。

日本的非政府组织康复机构有三种类型,分别是社会团体、基金会、民办非企业康复机构。与美国相比,日本的私营康复机构数量较少,并且机构运营依赖于政府的资金支持。日本最大的非政府组织机构是日本残疾人康复协会,它也是日本唯一的国家级康复组织,它的职责主要是协调政府和私营康复机构资源,推动各类康复机构的对外交流与合作。日本政府还支持民间残疾人康复机构的发展,这些机构主要是针对不同障碍类型的专门康复机构,在资金上政府给予部分支持,剩余的运营资金则需要自己筹款,款项的途径来源于募捐、福利基金等。与此同时,民间康复机构通过收取残疾人一定的职业康复服务费用,作为机构运营资金来源的一部分。

## > 三、我国残疾人职业康复服务资源的类别

### （一）概况

我国残疾人口众多,截至 2010 年底,我国残疾人总人数为 8502 万人,各类残疾人的人数分别为:视力障碍 1263 万人;听力障碍 2054 万人;言语残疾 130 万人;肢体残疾 2472 万人;智力残疾 568 万人;精神残疾 629 万人;多重残疾 1386 万人。可见,我国不仅残疾人口总数众多,而且残疾类型多样,在这种压力下开展残疾人职业康复,是引导残疾人回归社会,促进我国经济发展的重要举措。

与国际上发达国家以及我国台湾地区和香港地区相比,我国的残疾人职业康复服务事业发展较晚。中国在 2007 年签署了《残疾人权利公约》,并于同年颁布《残疾人就业条例》,使我国残疾人职业康复服务事业的发展有了法律依据和政策保障。《残疾人就业条例》中规定"用人单位安排残疾人就业人数不少于职工总数的 1.5%",并且,残联与税务部门联合,对没有履行法律规定的企业和事业单位将征收就业保障金,并将就业保证金纳入政府预算统一安排管理。《残疾人就业条例》还规定,在条件相同的情况下,政府要优先购买残疾人服务和生产的产品,拓宽就业渠道,扶持农村残疾人就业,残联和地方职业康复服务机构要为残疾人提供多元化的服务,包括职业能力评估、技能训练、职业指导,以及持续性的就业支持服务。2008 年我国修订了《残疾人保障法》,进一步保障了残疾人公平就业的权利,提出反对歧视残疾人,充分实现残疾人权

利平等等方面政策,为我国残疾人职业康复服务事业的发展提供了又一重法律保障。

在国家出台残疾人职业康复相关法律法规的背景下,国家各部门和机构联合对残疾人开展职业康复服务,涉及到的部门有民政部、人社部、财政部、卫健委、教育部,以及民间康复机构。人社部和中国残疾人联合会负责残疾人职业康复的领导工作,民政部负责统计残疾人数据,财政部在资金方面给予支持,卫健委主要负责医院采用医疗手段开展残疾人医疗康复服务,教育部的职责是针对残疾人开办特殊职业教育,培养残疾人的职业能力,以及培养残疾人职业康复从业人员。除此之外,我国还成立了各种残障类型的康复服务机构,针对不同障碍类型的人群开展职业康复服务。到2022年,我国有856.7万残疾人得到基本康复服务,其中有视力障碍人75.5万、听力障碍人67.4万、言语残疾人5.6万、肢体残疾人414.3万、智力残疾人65.6万、精神残疾人157万、多重残疾人49.7万。我国残疾人职业康复服务机构的性质有两种,分别是政府部门,一种是非政府部门,二者共同为残疾人提供职业康复服务。

1.政府部门职业康复服务资源体系

(1)民政部

在残疾人职业康复服务体系中,民政部负责统计残疾人各方面数据,并协助其他部门开展残疾人职业康复服务。民政部会与中国残疾人联合会和国家统计局合作,统计残疾人教育、就医、职业训练和就业等方面的相关数据,为残疾人提供辅具服务,并通过在基层开设社区康复机构,指导基层残疾人职业康复工作的开展。据民政部统计,2023年第一季度,全国有1160.6万贫困残疾人需要发放生活补贴,有1533.5万重度残疾人需要发放护理补贴。民政部提供的数据可以帮助职业康复部门筛选职业康复的对象,并确定残疾人职业康复需求的范围,为残疾人职业康复服务工作提供指导。除了提供数据之外,民政部还要负责残疾人辅具的归类、登记、分配等,方便残疾人能够获得适当的辅具,减少由残疾给个体生活带来的不便。2014年,民政部对残疾人辅具进行重新统计和归类,并制定了辅具标准编码,编制了辅具说明,规范了《中国康复辅助器具目录》,对我国残疾人康复辅具生产和使用的规范起到了辅助作用,也对我国残疾人辅具使用的分配和支出进行掌控和规划。截至2022年底,国家共为164.8万残疾人提供各类辅助器具适配服务。另外,民政部还通过在社区开设残疾人职业康复机构,协调和安排社会工作者等相关专业人员,指导基层单位开展残疾人职业康复工作。

(2)人社部

在残疾人职业康复服务体系中,人社部主要为因工伤致残的残疾人提供职业康复服务,从事的是工伤保险制度下的职业康复,服务的内容主要是为工伤残疾人提供医学治疗、职业能力评估、职业训练等,以缓解残疾人职业康复的压力。在我国,如果被认定为工伤,个体的职业康复费用则由工伤保险支付,国家为工伤职工指定康复机构,为其开展个性化的医疗康复和职业康复服务。此外,一些社会保险也可以为残疾人医疗、教育、就业提供保障,从而减轻残疾人职业康复的经济负担。

在我国,一些少数经济发展较好地区已经实现由社保机构直接组建工伤康复中心,例如广东省工伤康复中心便是由广东省社保部门直接组建的工伤康复中心;其他省市地区则是由社保部门与工伤试点机构签订协议来开展残疾人职业康复服务,在开展工作时,由机构提供职业康复服务,社保部门不直接管理康复机构的工作,但是负责机构资质的审核、评估,以确保康复机构的服务质量。在 2009 年,人社部对 51 家工伤试点康复机构进行首次业务评估,在这次评估中有 23 家机构达到了人社部的评估标准。2010 年,人社部对新成立的工伤定点康复机构和首次评估没有达标的试点机构进行业务评估,本次评估共有 12 家定点康复机构通过评估,成为第二批合格工伤康复试点机构。为了规范工伤试点康复机构的业务开展和事务管理,我国在 2008 年颁布实施了《工伤康复服务项目(试行)》和《工伤康复诊疗规范(试行)》两个文件,并在 2013 年对其修订,项目涵盖了残疾人职业评估和训练治疗的项目,为我国工伤试点康复机构开展康复服务工作提供了示范和引导。到 2010 年,国家又纳入 9 项康复服务项目于基本医疗报销范围,这 9 项项目主要涉及日常生活功能训练和肢体功能训练。到 2016 年,民政部、卫健委、财政部、人社部、残联等部门联合新增 20 项医疗康复项目于基本医疗报销范围,这些新增项目包括自闭症测评、综合康复评定和精神障碍者作业治疗,原有的康复项目继续保留。2015 年,人社部又在已经列入地方工伤康复协议管理的机构中遴选出一批区域性工伤康复示范平台,本次评选上的机构有上海市养志康复医院(上海市阳光康复中心)、首都医科大学附属北京康复医院、重庆西南医院、广东省工伤康复医院(广东省工伤康复中心)四家机构。为了使区域性工伤康复平台能够充分发挥作用,保证残疾人职业康复的效果,其评估和使用上都有一些具体规定。在科室设置方面,要求有独立设置的职业康复服务部门;在人员配备方面,要求职业康复训练师达到 5 人以上,康复医师配置达到 0.2 人/床,康复治疗师配置达到 0.4 人/床,在场地配置上,要求用于职业康复训练的场地不小于 500m$^2$,要设有模拟或真实的实习工作场所;在职业康复用具和设备方面,要参照国家相关规定标准去执行。根据此标准建设区域性工伤康复平台,可以有效满足当地残疾人职业康复的需求,为本地康复机构的运行和管理提供示范引领作用,并带动整个地区残疾人职业康复服务水平的提高。

（3）卫健委

卫健委在整个残疾人职业康复服务体系中,主要负责医疗机构开展职业康复服务工作。医疗机构是全面康复的一个组成部分,是残疾人职业康复服务的基础。所有残疾人都需要到医疗机构中去接受治疗,并接受职业康复服务,因此,医疗机构更有利于及时介入残疾人的职业康复服务,让残疾人能够及时得到身体功能的恢复,并得到精神方面和心理方面的康复。目前,卫健委所下辖管理的医疗部门和社保部门合作,成立定点康复机构或医疗机构,负责为残疾人提供职业康复服务。例如在上海有上海市养志康复医院(阳光康复中心),在四川有成都市第二人民医院①。下面就上海市阳光康复中心来介绍定点医院开展残疾人职业康复服务的具体做法。上海市阳光康复中心是一所综合性公立定点康复医院,医院具有现代性,康复项目齐全,也是我国第一批工伤保险定点康复医院。上海市阳光康复中心建有独立的康复大楼,下设职业社会康复科。除了提供职业康复服务外,该中心还负责为残疾人提供辅具验配服务。同时,作为我国第一批工伤保险定点康复医院,上海市阳光康复中心还提供职业康复培训项目,是大学医学专业和康复专业的教学基地和实习基地,承担培养职业康复从业人员的任务。该中心还具有学术交流的职能,通过举办国际性学术交流会议,探讨残疾人职业康复服务研究进展,搭建职业康复学术研究平台,共享残疾人职业康复服务研究成果。

（4）教育部

教育部也是我国残疾人职业康复服务体系中的重要组成部分,它负责为残疾人提供特殊教育,提高残疾人的职业能力,并为社会培养专业康复服务从业人员。我国特殊教育办学情况详见表9-3。由表9-3可见,从2018年至2022年近五年间,我国残疾人职业教育和残疾人高等教育在校生数和考生数逐步提高,说明我国残疾人的知识素养和职业技能逐步提升,残疾人就业前景良好。

表9-3 特殊教育办学情况一览表

| | 2018 | 2019 | 2020 | 2021 | 2022 |
|---|---|---|---|---|---|
| 特殊教育普通高中在校生数(人) | 7227 | 7488 | 7686 | 8466 | 7666 |
| 残疾人中等职业教育在校生数(人) | 11671 | 8134 | 11209 | 12968 | 19475 |
| 高等院校录取残疾考生数(人) | 8183 | 8508 | 9592 | 18818 | 11154 |

---

① 崔华.康复医疗机构中职业康复实施模式探析[J].当代医学,2012(5):79-81.

总而言之,我国残疾人职业康复服务工作要想顺利开展,需要多个政府部门通力合作,各司其责,形成合力,共同促进残疾人就业事业的发展。

2.非政府部门职业康复服务资源体系

政府部门是残疾人职业康复服务工作实施的主体,除此之外,我国还有一部分非政府部门参与其中,以更加灵活的方式,为残疾人提供多元化、个性化的职业康复服务。

(1)残联

残联作为非政府组织,在残疾人职业康复服务中扮演比较重要的角色,它主要负责协调政府与社会资源,是政府和民间康复机构联系的纽带。我国非政府组织有很多,包括各类社会团体如学会、商会、研究会、学会等;有民办非企业组织如民办学校、民办康复机构等;有各类基金会如"嫣然天使基金组织"等。残联作为非政府组织,具有半官半民的性质,是广大残疾人的代言人,残联下设的行政机构具有事业单位性质,同时,残联又设有非政府性质的社团组织。残联采用自上而下的组织体系开展工作,国家残联开展工作主要依托省级残联、市级残联、区及地方残联等逐级安排落实具体工作。其中,省级残联按照国家残联工作要求统筹规划本省残疾人各项事务;市级残联传达省级残联精神,落实省级残联工作要求,为下级残联开展工作提供资源和信息,也有部分市级残联直接按照国家要求开展工作;各区及地方残联根据当地实际情况和上级残联要求,整合地方经济、社会、教育、医疗等资源,直接为残疾人开展康复服务。残联部分组织机构及主要职能详见表9-4。

表9-4　残联部分组织机构及主要职能一览表

| 单位或<br>组织类型 | 单位或组织名称 | 主要职能 |
| --- | --- | --- |
| 事业单位 | 中国康复研究中心 | 康复人才培养;康复技术支持;康复技术研讨。 |
| | 中国聋儿康复研究中心 | 听觉障碍儿童康复研究 |
| | 中国残疾人辅助器具中心 | 残疾人辅具开发、推广、供应、指导;残疾人辅具技术培训及质量监控。 |
| | 中国残联信息中心 | 统计残疾人事业各项数据;为各部门提供残疾人信息服务;指导地方残联工作。 |
| | 中国残联就业服务指导中心 | 统计残疾人就业数据;指导残疾人就业服务机构工作;提供残疾人支持性就业服务;提供残疾人职业能力评估;落实残疾人就业各项工作。 |

续表

| 单位或组织类型 | 单位或组织名称 | 主要职能 |
|---|---|---|
| 社团组织 | 中国残疾人福利基金会 | 筹集用于残疾人教育、职业训练、就业所需资金。 |
| | 中国残疾人康复协会 | 提供康复咨询;培训康复人才;开展职业康复相关研究。 |

除此之外,残联还指导民间力量,成立不同障碍类型的残疾人协会,例如聋人协会、盲人协会、肢残人协会、智力残疾人及亲友协会、精神残疾人及亲友协会、智力残疾人及亲友协会和精神残疾人及亲友协会合一的协会等,为各类残疾人提供康复服务。

(2)民间康复机构

民间康复机构联合政府、社会为量及残疾人社区及家人,共同为残疾人提供康复服务。例如各地区开办的"阳光家园"计划,是民间康复机构的典型代表。

(3)民办非盈利机构

民办非盈利机构也为残疾人提供职业康复服务,它主要解决残疾儿童一对一康复训练问题,属于非政府机构。在我国,目前针对自闭症患儿开办的民办非盈利机构数量较多,这些机构由残疾儿童家长开办的居多,能够在一定程度上缓解我国特殊教育资源不足,特殊儿童康复训练困难的现状。有些民办非盈利机构还成为残联康复项目的承担机构,如残联的"七彩梦"计划,由部分民办机构承担,残联定时对项目执行情况进行督导和评估。但是,民办非盈利机构能够争取到的资源有限,资金短缺,专业人员相对缺乏,残疾人康复需求不能及时得到满足,需要国家出台相应政策给予扶持,让民办康复机构成为我国残疾人职业康复服务可以依靠的力量。

### (二)我国香港地区的残疾人职业康复服务资源类别

我国香港地区残疾人职业康复服务工作起步较早,相关的残疾人职业康复法规比较完善,而且配备比较细致的实施细则。总结起来,我国香港地区残疾人职业康复法律法规有《康复社区资源手册》和《残疾人士社区支援计划》,这些法律法规不仅有残疾人职业康复服务内容和方法的规定,还有职业康复资源整合方面的要求,为香港地区残疾人职业康复服务工作的开展提供了操作指南。香港社会福利署是负责香港地区残疾人职业康复服务工作的政府部门,它通过购买服务的方式实施残疾人职业康复服务工作。政府设计职业康复服务项目,向非政府机构购买服务,在职业康复服务工作实施过程中,按照"竞标——监督——评估及考核"的环节监督非政府机构开展工作,从而为残疾人提供全面的职业康复服务。具体的香港职业康复服务机构及服务内容情况详见表9-5。

表9-5　香港地区残疾人职业康复服务机构及服务内容情况表

| 服务机构 | 服务内容 | 提供服务的机构总数(个) |
| --- | --- | --- |
| 庇护工场 | 多样化的职业技能;与工作相关的社交技巧;工作习惯。 | 20 |
| 辅助就业中心 | 职业分析(残疾人、雇主、残疾人家属);职业技能培训;就业支援服务。 | 10 |
| 综合职业康复中心 | 职业技能训练;工作实习;岗位技能更新;就业支持服务。 | 26 |
| 综合职业训练中心（日间） | 职业技能培训;岗位技能更新;工作实习。 | 16 |
| 残疾人在职培训计划部 | 就业指导;职业技能培训;工作实习;工作试用;就业支持服务。 | 14 |
| "阳光路上"培训计划 | 就业指导;职业技能培训;工作实习;工作试用;就业支持服务。 | 15 |

在香港地区,社会工作者从事残疾人职业康复服务,他们在政府、非政府、社区组织机构中从事残疾人的职业康复服务。社会工作者主要由高校培养,因此,有时职业康复机构还与高校联系,社工专业学生可以在机构中实习和见习,承担一定的职业康复工作任务。到目前为止,香港地区高校培养的社会工作者具备的知识和技能可以胜任社会工作职位要求。

香港地区的残疾人职业康复机构在服务本地残疾人的基础上,还与内地通过项目合作的形式,参与内地康复机构的残疾人职业康复服务工作。例如,香港工人健康中心与广东省工伤康复中心合作,开展工伤预防项目(2011—2014),为内地因工伤致残的残疾人提供职业康复服务。此外,香港工人健康中心还与内地其他企业和团体组织建立联系,开展职业康复服务工作,如职业安全顾问、职业宣传、职业培训等工作。2013—2014年,香港工人健康中心在内地开展职业咨询讲座和培训共计75次,为3795人提供康复服务;开展健康研究2次;出版职业康复宣传资料4次,有2400人受益;组织职业康复主题展览7次,为7200人提供服务。香港工人健康中心在项目合作结束后,仍旧与内地开展合作,以灵活的方式共同为残疾人提供职业康复服务。

### (三)我国台湾地区的残疾人职业康复服务资源类别

台湾地区的残疾人教育始于 1891 年,英国牧师甘为霖在台南设立训瞽堂(后改为台南盲哑学校,为当前台南启聪学校前身),教授盲人学习简易读算、音乐、点字等课程。台湾地区将残疾人成为身心障碍者,所谓身心障碍者,是指持有身心障碍手册的人员,在 2013 年修订的《特殊教育法》中,明确将身心障碍者定义为:"因生理或心理之障碍,经特殊教育评量确有学习特殊需求,需要特殊手段和相关服务协助者。"台湾地区身心障碍者包括十三类,分别是视觉障碍、听觉障碍、智能障碍、语言障碍、脑性麻痹、肢体障碍、身体病弱、学习障碍、情绪行为障碍、多重障碍、发展迟缓、自闭症、其他障碍。目前,台湾地区身心障碍者有 111.5 万人,约占台湾地区总人口的 4.77%[①],从总体上讲,当前台湾地区残疾人教育的发展展现出"推行适性服务,建构优质化与精细化的残疾人教育"的特点。

根据台湾有关部门的统计数据显示,目前台湾地区的身心障碍者以听觉障碍和肢体障碍者人数最多,而自闭症人士的数量增幅最快。"台湾身心障碍者权益保障法"规定,行政管理机构要联合卫生、劳动、教育等主管部门,并与私营康复机构一同为残疾人提供职业康复服务。各主管部门的职责分别是:财政主管部门为各个康复机构开展工作提供资金支持,并扶持民间康复机构的发展和运营;教育主管部门为残疾人提供职业教育,培养残疾人的职业能力,组织残疾人实习,并培养职业康复从业人员;台湾省政府建立残疾人社区康复中心,依托社区开展残疾人职业咨询和训练,实现在社区训练并在社区就业的社区一体化职业康复服务;劳动主管部门联合各财团法人和基金会,根据残疾人职业康复需求,提供有针对性的服务。根据台湾地区统计年报的数据显示,2006 年台湾地区共有 248 所残疾人康复机构,其中私立机构有 179 所,公设民营机构有 54 所,公立机构有 15 所,由上述数据可知,台湾地区私营机构在残疾人职业康复服务中扮有重要角色,台湾地工区行政管理机构鼓励私营残疾人职业康复机构的发展,如果私立康复机构的服务标准达标,台湾省政府会通过购买服务的方式,与私营机构共同开发职业康复项目,合作开展职业康复服务。为了扶持民间康复机构的发展,台湾省政府还在资金方面给予支持,如免费提供场地、减免场地租赁费用、安排专项资金、提供专业设备经费预算等。在 2008 年,台湾地区还修订了"优先购买办法",提出"优先购买残疾人康复机构或者庇护工场生产的物品以及提供的服务。""优先购买办法"具体规定了政府优先购买的范围和招标方式等,要求各单位采购的比例不低于总

---

① 厉才茂,申竞然.台湾身心障碍者保障与服务状况综述.残疾人研究,2015(1):74-79.

采购额度的5%,这些单位不仅指政府单位,还包括接受政府补贴的私立康复机构,这样的举措有利于残疾人就业的稳定性和可持续性。同时,台湾地区还强制要求各个用人单位需要安排一定比例的残疾人就业,其中,省政府机关应安排不少于本单位职工数2%的残疾人就业,私立康复机构的比例则为1%。在资金方面,台湾地区将征收的残疾人就业保障金应用于职业康复服务,为残疾人职业康复的发展提供资金方面支持。在残疾人职业康复服务管理方面,台湾地区借鉴澳大利亚的模式,采用个性化服务方式,制定严格的残疾人职业康复服务流程,并按照流程严格操作,确保为残疾人提供全面的职业康复服务。具体来讲,台湾地区残疾人职业康复服务流程为:评估残疾人职业康复服务需求——开发职业康复服务项目——个案管理员根据残疾人康复需求与残疾人共同制定职业康复服务计划——执行计划实现残疾人就业[1]。台湾地区还专门配备了职业康复管理人员,每个社区都建立了残疾人个案管理中心,由个案管理员负责残疾人职业康复服务工作,个案管理员整合各方资源(包括社区、家庭、其他社会资源),为残疾人提供职业能力评估、机构转介、康复后评估等个性化、多元化的服务。个案管理员的专业性,决定了残疾人职业康复的效果,是残疾人得到适合自己的职业康复服务的关键因素。

## 第二节　残疾人职业康复服务的必要性

### > 一、残疾人职业康复服务是国家经济发展和文明进步的重要标志

残疾人与普通人一样,需要在就业中实现个体的价值。残疾人有权利进入职场,获得有薪资的职位,并为家庭和社会创造经济效益。实现这一目标的前提是残疾人需要具备一定的职业能力,因此,残疾人职业康复服务工作在残疾人事业发展中具有举足轻重的地位,它是一项基础性服务工作,关系到残疾人能否顺利就业,与每一位残疾人息息相关。开展残疾人职业康复服务,不仅能帮助残疾人恢复身体功能,提高职业能力,顺利走上工作岗位,还是提高残疾人生存质量,增强残疾人参与社会能力的有效途径。残疾人职业康复能极大缓解残疾人家庭经济困难,社会各界人士参与到残疾人职业康复服务中来,还能让残疾人感受到社会的关爱,有利于实现社会公平,维护社会稳定。因此,残疾人职业康复服务是国家经济发展和文明进步的重要标志,是利国利

---

① 杨立雄.四川省残疾人服务模式创新研究[M].四川人民出版社,2013:23.

民的重要举措。

> ## 二、残疾人职业康复服务是完善残疾人社会保障体系的重要内容

残疾人职业康复服务是残疾人社会保障工作中的重要内容,关系到每一个残疾人的切身利益。改革开放 40 年来,我国社会保障制度逐步完善,保障了人民生活、安全、医疗、教育、精神生活的基本需求。残疾人是弱势群体,需要国家建立制度保障其基本生活,因此,残疾人社会保障制度建设是国家社会保障建设的重要内容。目前,我国残疾人社会保障有三项重要内容,分别是社会物质保障、社会安全保障和需求发展保障①,服务项目涉及到残疾人生活、教育、康复医疗、就业、服务保障等五个方面。经过国家各部门和专业人员的努力,我国接受职业康复服务的残疾人人数比例逐年增加,康复辅具验配工作取得了进展,越来越多的用人单位能够主动安置残疾人按比例就业,残疾人就业事业的发展取得了巨大进步。

> ## 三、残疾人职业康复服务是残疾人融入社会的重要前提

残疾人因为身体和心理存在一定的缺陷,导致他们的各项功能受到限制,在参与社会方面存在严重的不足。残疾人与普通人一样享有生存、尊严的权利,需要社会提供条件,帮助他们恢复健康,尽可能减少因残障带来的参与社会受到的限制。就业是残疾人融入社会的重要途径,通过就业,残疾人不仅实现了自食其力,还通过与其他人的接触,发展着社会性,切实提高生存质量。而要想让残疾人顺利就业,需要专业人员在残疾人就业前为其开展职业康复服务,帮助残疾人了解自身职业兴趣,获得相应职业能力,学习求职技巧,并在工作中维持工作的稳定和持久。国家已经开始重视职业康复服务在残疾人就业事业发展中的作用,提出"政府及社会要帮助他们通过医疗康复、职业康复、社会康复来提升其能力②。"可见,残疾人职业康复服务是残疾人融入社会的重要前提,是残疾人消除身体和心灵痛苦,回归社会的重要条件,有利于我国残疾人事业的进步,社会文明的形成,以及社会和谐稳定发展。

## 第三节　残疾人职业康复服务资源整合的必要性

残疾人职业康复服务工作的开展,需要国家各部门提供资源,共同保障残疾人权

① 万荣宝.完善残疾人托养服务体系的路径研究:以盐城市为例[D].苏州:苏州大学,2012:13.
② 孙树菡.康复是残疾人融入社会的重要前提[J].北京劳动保障职业学院学报,2011(1):15.

益的充分实现,因而,将残疾人职业康复服务事业发展情况与当地经济、政治、文化及社会相结合,为残疾人提供服务,将残疾人职业康复服务资源进行整合十分必要,有利于完善残疾人职业康复体系,使各残疾类型、残疾程度的人群都可能实现职业康复,有利于国家统筹社会资源,合理调配,节约残疾人职业康复服务成本,还有利于形成合力,提高残疾人职业康复服务效果,促进残疾人公平就业。残疾人职业康复服务资源整合的必要性具体体现在以下三方面:

### > 一、有利于完善残疾人职业康复体系

党的二十大报告指出要"促进残疾人事业全面发展。"而残疾人实现就业,不仅是一个国家政治稳定的体现,也是一个国家精神文明进步的标志。对于残疾人个体来讲,就业不仅能让残疾人实现经济独立,还能得到社会的认可和尊重,就业是实现残疾人融入社会的最有效途径,能使残疾人回归社会主流,增强其生活勇气和信心。同时,残疾人就业也为社会了解和接纳残疾人提供了机会和平台,能有效优化帮残助残的社会环境,促进社会的安定和团结。因此,关爱人的生命、改善人的健康,整合残疾人职业康复服务资源,构建残疾人职业康复服务网络,确保残疾人人人享有康复服务,能够平等获得健康的权利,是当前时代要求体现。

### > 二、有利于国家统筹社会资源

残疾人职业康复事业是一项涉及到残疾人医疗、教育、社会保障等多方面的事业。国家各部门和机构联合对残疾人开展职业康复服务,涉及到的部门有民政部、人社部、财政部、卫健委、教育部,以及民间康复机构。残疾人职业康复联系着各部门和机构的工作,将各部门和机构统筹连接在一个平台上开展工作,可以说,充分利用资源,加快康复机构建设,培养康复训练人才,对于全面提高残疾人职业康复服务的能力和水平,节约残疾人职业康复成本具有重要的意义。

### > 三、有利于提高残疾人职业康复服务效果

一个社会进步和文明的标志之一是残疾人权益的充分实现。我国政府一直关心残疾人就业问题,能让残疾人与普通人一样享有公平就业的权益,是我国政府一直努力的目标。随着近几年我国残疾人就业事业的发展,残疾人已经充分实现了就业的权益,残疾人参与社会的范围不断扩大。尽管如此,目前我国残疾人就业问题仍旧比较突出,主要表现为残疾人就业稳定性差、就业层次和就业收入低。解决上述问题的有效方法之一就是在整合残疾人职业康复各项服务资源环节上下足功夫,扩大评估的对

象,拓展职业培训的范围和领域,进而为残疾人公平就业提供科学的操作性标准,让残疾人根据自己的长处选择喜欢的和适合的工作岗位,让残疾人掌握就业的主动权,让就业变得有针对性。

## 第四节  残疾人职业康复服务资源整合存在的问题

从中华人民共和国成立至今,我国残疾人职业康复服务工作取得巨大成就,已经建立起政府和非政府各部门资源共享、协同工作的残疾人职业康复服务网络体系。但是,在实际工作中,各部门资源整合仍旧存在一些可以改进的问题,如残联协调整合各部门职业康复服务资源存在困难;工伤和非工伤职工职业康复服务资源分配不平衡;不同残障类型的残疾人职业康复服务资源不协调;社区和家庭职业康复力量参与有限;职业康复服务人员数量不足且服务效能偏低;城乡职业康复服务资源分配不平衡;残疾人就业率低,支持性就业发展不理想等。

### > 一、残联协调整合各部门职业康复服务资源存在困难

#### (一)康复工作受多部门管理

残疾人职业康复工作的开展需要各个部门和组织协调运行。但是在实际工作中,各部门往往各自为政,工作条块分割明显,部分工作有交叉出现无人管理,部分部门信息沟通不畅,工作重复,浪费了时间和资源。尽管残联负责统筹各部门资源,但是残联由于职能的限制,难以将各类资源进行整合。

各部门运行的实际情况是:卫健委负责管理的医疗部门仅仅提供身体机能方面的训练,没有将身体机能的康复与职业康复有效结合起来,导致残疾人在医疗康复期间失去了职业康复的最佳时期,残疾人在出院后还要继续寻找职业康复机构进行训练,浪费了大量时间。教育部门负责为残疾人提供教育训练,同时为职业康复部门培养专业康复从业人员,但实际上,残疾人受教育的比例仍旧不高,在职业技能学习上存在一定困难,导致就业困难,而康复从业人员的培养也较为艰巨,需要国家人事部门的协助和配合。人社部提供的工伤保险制度虽然能够解决一部分残疾人职业康复的资金问题,但是无法惠及到非工伤残疾人,而实际情况是我国农村从事农业种养的残疾人数量庞大,这一部分残疾人无法纳入到工伤保险制度中,职业康复压力较大。近几年,我国民间康复机构的数量迅速增加,受教育部门、民政部门、卫生部门同时管理,尽管民间康复机构能够解决残疾儿童一对一教育训练问题,补充了我国残疾人职业康复服务

资源,但是由于民间康复机构存在多头管理的情况,在工作开展中难免出现工作重复、效率不高的情况。另外,由于民间康复机构在专业设施和专业人员方面,都存在一定局限,残联在自身工作繁重的情况下,不能对民间康复机构及时给予指导,民间康复机构的发展举步维艰。

### (二)残联协调工作缺乏强制性

残联作为"半官半民"性质的组织机构,担任着整合各部门资源的职责,并没有强制执行的权利,所以,在工作中较为被动,在残疾人职业康复服务资源整合的过程中受到很多阻碍。无论对政府部门还是非政府部门,残联仅仅能对所拥有的资源进行协调,指导力度不足。另外,我国对残疾人的事务管理还没有实现数字化,残疾人教育、职业训练、就业等数据不能有效共享,导致残联掌握的残疾人职业康复供需信息更新不及时,无法将资源进行有效分配,造成资源的浪费。与此同时,残联对残疾人就业保障金使用情况掌握不全面,在残疾人职业康复中不能有效调配资金,使得职业康复服务经常面临资金短缺的局面,影响了职业康复项目的开展。加之残疾人职业康复服务涉及医疗、教育、社会服务等多个领域,残联工作人员的专业化程度还不能胜任综合度如此之高的职业康复服务工作,需要调配各方面专业人员,这对残联来讲,在开展协调工作时都有一定的难度。

## ＞　二、工伤和非工伤职工职业康复服务资源分配不平衡

### (一)机构中职业康复服务资源的使用率不高

目前,我国通过定点医疗机构为残疾人开展职业康复服务,医院康复设备和资源较丰富,专业人员的专业化程度较高。这些定点医疗机构主要接收工伤职工,在满足工伤保险项目的前提下,接受职业康复服务,康复费用从工伤保险金中支出,这对工伤职工家庭来讲,可以大大减轻家庭经济负担,也能让因工伤致残的残疾人得到很好的康复。但是,对于非工伤职工来讲,其康复治疗的费用,除了社会保险项目能支出一部分外,其余部分需要自己负担,并且康复是一个漫长的过程,这对家庭来讲是一个沉重的负担,因此一些家庭选择放弃。因此,在实际工作中能够持续康复的人员一般是符合工伤保险制度的残疾人,导致医院的医疗设备和资源不能得到充分使用,造成了资源的浪费。

### (二)职业康复资金使用的合理性有待提高

用于残疾人职业康复资金的主要来源是工伤保险金和残疾人就业保障金。工伤保险金用于支付残疾人及家属的医疗费、护理费、补助费、工伤预防费和职业康复费

用。我国工伤保险金结余充足,但实际上,受传统"轻康复,重赔偿"的观念影响,每年在工伤保险金中支出职业康复的费用比例较低。关于残疾人就业保障金的使用,我国有明确法律规定就业保障金的征收、管理和使用办法,在《残疾人就业保障金征收使用管理办法》中指出,地方税务部门负责征收残疾人就业保障金,各部门参与管理,充分保证残疾人就业保证金的收缴。但在实际使用中,我国每年残疾人就业保证金都有大量结余,用于残疾人职业康复服务的实际支出较预算明显减少,残疾人职业康复服务资金的有效利用率较低。如上海在 2010 年收缴残疾人就业保障金共计 22.7 亿元,但用于残疾人职业康复服务的实际支出仅为 2.5 亿元。2011 年,湖南省残疾人就业保障金结余 800 余万元,而到了 2012 年,湖南省残疾人就业保障金结余超过 1600 万元,大量的结余资金没有有效利用于残疾人职业康复事业的投入,而是简单将资金结转到下一年。在当时,全国只有北京市将结余的残疾人就业保障金用于投资残疾人职业康复事业,让剩余资金得到了有效的再利用①。

目前,全国能公开残疾人就业保障金使用情况的地区极少。广州市残疾人职业康复服务发展较好,对残疾人就业保障金的使用情况也较公开,在 2013 年,广州市率先在全国公布了残疾人就业保证金的使用细目。根据广州市残联发布的统计数据可知,广州市将残疾人保障金应用在残疾人职业康复、就业培训和残疾人体育项目建设方面。可见,广州市对残疾人职业康复服务资金投入的比例也较少,投入金额低于年度财政预算,并且投入残疾人职业康复的资金主要用于支出劳务费、材料费等方面,用于残疾人职业能力评估、职业介绍、职业训练、就业指导等方面的比例较少。在四川省,阻碍残疾人职业康复服务发展的仍旧是资金问题。八一康复中心是四川省残疾人职业康复服务的主要部门,但该部门也存在资金缺乏的问题。中心有一些残疾人有职业康复的潜力,但是却因费用问题不得不终止治疗。康复资金缺乏的原因是工伤保险主要是针对医疗项目进行报销,报销比例也比较低,职业康复服务项目不在工伤保险报销范围里,部分用人单位会为残疾人支付职业康复费用,但这样的支付方式,也存在一定风险,而残疾人家庭一般是经济比较困难的家庭,支付职业康复费用比较困难。因此,资金缺乏是困扰残疾人职业康复服务发展的症结问题。

> ### 三、不同残障类型的残疾人职业康复服务资源不协调

#### (一)各类残疾人享受职业康复服务资源存在不协调

目前我国主要对肢体残疾、精神残疾、视力障碍和智力残疾人开展职业康复服务。

---

① 曹伊.湖南省残疾人就业保障金管理问题研究[D].湖南:湖南大学,2013:25.

根据《2022 年残疾人事业发展统计公报》的数据显示,2022 年我国有 856.7 万残疾人得到基本康复服务,得到康复服务的持证残疾人中,有视力障碍人 75.5 万、听力障碍人67.4 万、言语残疾人 5.6 万、肢体残疾人 414.3 万、智力残疾人 65.6 万、精神残疾人 157万、多重残疾人 49.7 万。从数量上看,职业康复资源存在不协调的现象。

当前,我国开展"阳光家园"项目,主要为智力障碍、精神障碍和重度障碍残疾人提供职业康复服务。"阳光家园"项目的开展尽管在一定程度上缓解了残疾人职业康复资源不协调的情况,但是在实际运行中,还存在很多亟待解决的问题。这些问题主要集中在:第一,资源利用问题。"阳光家园"项目是政府通过购买服务的方式向残疾人提供职业康复服务,政府雇佣社会工作者作为专业人员开展具体工作,但政府主导的方式也存在一定限制,如资金投入有限导致机构发展规模受到限制,政府管理较为刻板导致其他机构不能整合到"阳光家园"的体系中,康复资源的利用率不高。第二,资金问题。政府购买服务的形式决定了"阳光家园"服务项目的资金来源单一,资金较紧张,导致服务设备和设施不足,对模拟或实际工作场所建设产生影响,因此,残疾人职业康复服务只能局限在简单的手工操作,残疾人职业能力的获得与实际就业需求脱节,影响了残疾人职业适应能力的获得。第三,服务覆盖面问题。"阳光家园"项目一般选择某社区或街道比较有规模的机构开展服务,方便该社区或街道的残疾人接受服务,但对于居住偏远的残疾人会造成不便,尤其对于肢体残疾人来讲,长时间到机构接受康复服务存在困难,因此,职业康复服务的覆盖面不足[①]。

### (二)残疾人辅具配置数量少且适配度低

我国目前有残疾人口 8502 万人,2022 年,全年共为 164.8 万残疾人提供各类辅助器具适配服务,可见,我国残疾人辅助器具适配的需求较高,还有大部分残疾人没得到相应的辅助器具配置服务,已经配置了辅助器具的残疾人,还存在辅助器具的更新、维修等需求。辅具的使用可以大大降低残疾人的功能障碍限制,能够较好地参与社会生活。但是,我国辅具适配服务起步较晚,辅具品种类别较少,针对肢体、听力和视力障碍人的辅具品种较多,缺乏为智力残疾、精神残疾和自闭症人士设计的辅具,辅具验配专业人员缺乏,辅具验配机构设施设备不足,辅具验配的技术有待更新,这些都成为我国目前残疾人辅具验配发展中需要解决的问题。目前,我国基本建立了"省——市——县级"辅具适配服务网络,但是由于残疾人辅具适配需要开展一对一的服务,如果出现辅具选用不当会对后续的训练和生活带来影响,不仅浪费的资源,还浪费了时

---

① 李翠兰.社区中非营利组织运行状况研究:以西安市某阳光家园为例[D].西安:西北大学,2012:21-25.

间,辅具适配服务的工作效率和专业性都有待提高①。

## > 四、社区和家庭职业康复力量参与有限

社区是社会的基本单位,是宏观社会的缩影,是由若干个社会群体和社会组织聚集在一个领域里形成的互相影响、互相制约的有机整体。社区是除家庭外,残疾人涉及比较广泛的生活环境,因此,社区也应该发挥残疾人职业康复服务的重要作用。但是,目前社区职业康复力量参与有限,不能充分发挥社区的影响。在开展残疾人职业能力评估、举办职业技能培训、发布就业信息、提供就业岗位、进行残疾人就业宣传、营造就业服务氛围等方面还要加强。

另外,家庭是一个人生活的重要场所,温馨、和谐的家庭环境,可以形成关爱残疾人的氛围,对残疾人身心健康发展产生有利的影响,残疾人在职业康复中会充满自信,进而培养积极向上的就业态度,对于残疾人稳定就业有促进作用。根据据《2006 年第二次全国残疾人抽样调查》的数据显示,我国共有 7050 万户残疾人家庭,这是一个不容忽视的群体,专业人员需要充分调动家庭的力量参与到职业康复服务中来,这会大大减轻专业人员的工作负担,解决专业人员数量不足的问题,提高残疾人职业康复服务的效果。尽管有关部门定期举办针对家庭开展职业康复服务方面的培训,但是能够参与培训的家庭数量很少,因此,动员家庭成员,使其成为残疾人职业康复服务工作中的一员,协助专业人员在家庭中及时对残疾人开展康复训练,是我国残疾人职业康复服务工作改革的方向。

## > 五、职业康复服务人员数量不足且服务效能偏低

有研究指出,我国从事残疾人职业康复服务的专业人员数量不足,《中国残疾人事业发展统计公报》的数据显示,截至 2022 年底,全国有残疾人康复机构 11661 个,康复机构在岗人员达 32.8 万人,其中,管理人员 3.4 万人,业务人员 23.9 万人,其他人员 5.5 万人,说明我国残疾人职业康复专业人员的数量严重不足。另外,我国残疾人康复服务人员的工资待遇较低,月收入约 2000 元②,有些经济欠发达地区工资待遇更低,劳动强度与工资收入不成正比,而且,残疾人职业康复服务人员的工资收入还不与绩效挂钩,奖励机制不健全,我国残疾人职业康复服务人员几乎没有正规的编制,他们普遍认为即使参加了专业培训,也没有晋升的机会和发展前途,导致职业康复服务人员专业

---

① 田壮,宋毓,金荣,等.上海市残疾人辅助器具组合适配评估结果分析[J].中国康复理论与实践,2016(2):221-226.
② 徐倩.我国残疾人就业服务现状、困境与优化[J].残疾人研究,2015(3):28-32.

理想缺乏,专业化发展的方向不明确,提高职业康复服务水平和服务效率的动机不强,所以,残疾人职业康复服务人员队伍会出现不稳定、流动性较大的情况,这直接会导致残疾人职业康复服务效能低下的现象。

> ### 六、城乡职业康复服务资源分配不平衡

我国有8502万残疾人口,其中有6225万人生活在农村,占残疾人总数的75.04%,受城乡经济发展差异大等因素的影响,城市和乡村残疾人职业康复服务的内容和服务质量均有很大差异。城镇残疾人口就业培训的内容一般是家政、社区服务、手工制作、电脑操作、汽车修理等,残疾人可以定期接受社区开展的职业技能培训,职业康复服务也逐渐开始考虑残疾人个别化的需求,专业人员为残疾人打造个别化的职业康复服务。但是,乡村残疾人口绝大多数从事农业种植和养殖,就业质量不高,乡村的职业康复服务理念和服务资源都是十分匮乏的,残疾人职业康复服务基本上处于空白状态。而且,由于乡村残疾人知识文化程度较低,对残疾人福利和政策理解存在局限,残疾人参与度较低,城镇残疾人可以享受无障碍就业设施,环境对残疾人就业的支持程度较高。而乡村残疾人在就业环境等方面的限制较多,就业渠道主要来自于家庭和熟人介绍,专业人员对乡村残疾人开展职业培训和就业指导比较少。综上,我国残疾人职业康复服务城乡资源分配不合理,进而导致职业康复服务水平不高。整合相关资源,将社会上有助残疾人职业康复的资源形成合力,能够切实解决残疾人职业康复服务资源城乡分配不均衡等问题,提高残疾人职业康复服务效果。

## 第五节　残疾人职业康复服务资源整合的对策

> ### 一、国外残疾人职业康复服务资源整合的经验

### (一)政府与非政府组织均提供康复资金支持

在美国,工伤职业康复服务会结合职业康复机构为残疾人提供职业康复服务,这些机构既有公立性质的康复服务机构,也有私营性质的康复服务机构。美国政府也鼓励企业雇主采用购买服务的方式为职工提供职业康复服务,以此来缓解政府财政上的压力。美国非工伤职工的职业康复机构服务主要由各州设立的职业康复部负责提供,除此之外,当地私营康复机构也负责为非工伤职工开展职业康复服务。与美国不同的是,日本工伤与非工伤职工都能得到国家财政资金提供的职业康复服务,日本对工伤

和非工伤致残的职工提供失业补助,用以减轻残疾人家庭的经济压力,并为其参与职业康复提供资金支持。其他国家和地区除了政府财政拨款外,还通过对企业征收社会保障金,社会筹企业捐赠等形式,对残疾人职业康复服务、康复辅助设备购买、无障碍环境建设提供资助。

### (二)政府与非政府康复机构提供不同层次的康复服务

在美国,由政府和非政府组织机构共同为残疾人提供不同层次的职业康复服务。美国在各州设立职业康复部,并带领民间康复机构成立障碍者联盟,或残疾人协会,根据残疾人的具体要求,提供不同层次的职业康复服务。同时,美国发挥市场竞争优势,成立私营职业康复机构,与公办康复机构一同为残疾人提供服务。日本的职业康复服务虽然起步较欧美国家晚,但由于系统学习了欧美国家残疾人职业康复体系建设的经验,因此日本残疾人职业康复体系建设较快,资源整合力度较强。日本是由职业康复中心和就业保障办公室联合承担残疾人职业康复服务任务。同时政府还出资帮助残疾人家长成立康复机构,招收中重度精神残疾人,缓解长期接受职业康复服务的经济压力,同时也与政府配合,为残疾人提供多层次的职业康复服务。

### (三)合理分配专业人员提供职业康复服务

残疾人职业康复服务的效果取决于专业人员的能力和水平。美国、日本以及欧洲各国都比较重视职业康复专业人才的培养,通过理论学习和实践锻炼相结合的方式,培养职业康复专业人才,并在工作中根据实际需求合理配置专业人员,保证康复服务工作有效合理地开展。

### (四)社区利用资源提供全面康复服务

美国以社区为中心,利用社区设备、资金、人员等社区资源,积极开展本社区范围内的残疾人职业康复服务,来缓解康复部和康复机构的压力,满足残疾人职业康复的需求。与此同时,美国还有社工介入残疾人职业康复服务的开展,更加发挥了社区优势,为残疾人提供全面的服务。而日本则是有赖于当地职业康复中心的专业人员,开展残疾人职业康复服务,并积极促进残疾人由机构康复向社区——家庭康复模式转变,吸纳更多力量,更加全面地为残疾人提供职业康复服务。

### (五)采用恰当的就业形式促进残疾人就业

美国和日本等经济发达国家采用适当的形式促进残疾人就业,如按比例就业、支持性就业等。美国鼓励开展残疾人支持性就业服务,专业人员在残疾人就业前以及就业后均提供职业康复服务,保证残疾人在就业前能获得相关的职业技能以及进入职场的技巧,在成功就业后也能获得持续的支持,保证残疾人就业的稳定性和持久性。日本实施按比例就业来安置残疾人就业。日本早期的按比例就业政策要求企业向相关部门报送残疾人用工情况,达不到安置残疾人就业比例的企业,每年还要上交企业用人计划。后来,日本改进了按比例就业政策,不要求企业每年报送用工数据,但是需要企业提供改善工作环境的报告,创设有利于残疾人工作的环境,保证了辅具使用的无障碍条件,充分保证残疾人工作的实现。日本实施的按比例安置残疾人就业的政策对促进残疾人就业起到积极作用,其具体的实施办法为我国改进按比例安置残疾人政策提供了参考。

## > 二、我国残疾人职业康复服务资源整合的对策

目前,我国各地残疾人职业康复服务已经开展,但在发展过程中还存在诸多的问题。结合残疾人职业康复服务发展存在的问题,以及我国经济发展情况,研究者提出的残疾人职业康复服务资源整合对策有:

### (一)提高残联对职业康复服务资源整合协调力度

1.落实"政府购买服务",规范管理非政府机构

我国残疾人口众多,职业康复需求量大,残疾人职业康复工作需要多部门配合完成,如人社部、财政部、民政部等政府机构,以及残联、民间机构等非政府机构和组织,因此,残疾人职业康复服务工作是一项多组织、多环节的工作,需要各个部门密切配合,将资源有效整合去完成。在这些部门和机构中,残联具有纽带作用,负责协调政府机构与非政府机构和组织,使各方面资源得到有效利用。为了使各方资源有效得到整合,我国需借鉴美国"政府购买服务"方式,缓解政府部门职业康复服务工作的压力,消除多头管理带来的重复工作、空白地带等现象,利用市场机制充分挖掘非政府机构潜能,从而为残疾人提供多元化、多层次的职业康复服务。"政府购买服务"体现出一种供给需求平等的关系,与以往自上而下的政府与非政府的领导关系有很大区别,极大调动了非政府机构参与残疾人职业康复服务的积极性。"政府购买服务"可以促进非政府机构和组织在市场竞争的条件下参与到残疾人职业康复中来,既能在服务中获得政府机构的资金支持,改善机构服务条件,也能在提供服务的过程中不断学习,提升机构运营和管理的水平。在"政府购买服务"中,政府机构需要筛选出具有资质的非政府机构,并安排工作人员对非政府机构定期评估,保证残疾人职业康复工作的有序进行。对于职业康复服务工作开展效果理想的非政府机构,政府部门可以考虑采用"政府购买服务"的方式,使其加入到职业康复服务体系中来,以此为契机,加强民间康复机构的监督和管理,提供民间康复机构的服务质量和水平,也能让民间康复机构获得发展资金,改善服务条件。

2.给予残联工作实权,提高其协调资源执行力度

残联作为"半官半民"性质的机构,负责组织、管理和协调残疾人职业康复服务工作。残联设有对应政府部门的行政机构,但在工作中却没有行政权力,在协调各部门残疾人职业康复服务资源时,缺乏行政强制权力,导致工作执行力度不佳。为了改善这种局面,国家需要给予残联足够的行政权力,在政策上明确规定出残联的工作范围、工作内容、工作职责,让残联在具体工作中具有行政执行权力,化解执行力度不足的尴尬。我国也可以借鉴美国做法,在各地设立康复服务管理部门,负责各地残疾人职业康复技术培训,为各地康复机构提供技术援助支持、机构管理水平提升等服务,这样做既能减轻残联工作负担,也能提高职业康复服务的专业化水平。此外,国家还需加强残联对民间康复机构管理的权利,让残联有权为民间康复机构发展提供支持,掌握民间康复机构发展动态,结合残疾人职业康复需求,将政府资源和非政府资源有效结合,共同为残疾人提供多层次的职业康复服务。

### (二)合理分配工伤与非工伤职工职业康复服务资源

1.提高现有机构康复资源利用率,将私营机构纳入康复服务体系

我国设有工伤保险制度,在满足工伤保险制度的条件下,工伤致残的职工可以享受资金支持,接受职业康复服务。但是工伤保险制度下的职业康复运行涉及到社保部门、用人单位、工伤职工和康复机构多方面配合才能完成,多个部门共同管理的劣势在于容易出现康复资源重复建设,造成资源浪费的情况出现。同时,非工伤职工没有工伤保险资金支持,仅有部分社会保险项目提供资金补贴,在职业康复费用高昂、耗时长的情况下,受伤职工常常放弃,延缓残疾职工回归社会的时间,还导致康复机构设备闲置,出现职业康复设备利用率不高的现象。因而,我国可以参考日本对工伤和非工伤职工采取临时补贴的方法加以管理,同时加大非工伤职工补贴金额,缓解因经济问题带来的困扰,确保残疾人具有能力完成职业康复,顺利回归到就业岗位。另外,我国需加强对康复机构的管理,严格规范机构运行,规范服务定价,监督康复项目纳入基本医疗报销执行情况,让康复机构严格按照诊疗项目管理方案提供服务,结合"全民医保"实现"人人享有康复服务"的目标。

我国还可以借鉴美国的经验,将各省、自治区、直辖市的公立康复机构与当地私营康复机构合作,整合康复服务资源共同为残疾人服务。美国将工伤职工"分流",公立康复机构对重度残疾人提供职业康复服务,同时引导用人单位与私营康复机构合作,为职工购买服务,这样做不仅可以将私营康复机构纳入到残疾人职业康复体系中来,发挥私营康复机构高效、服务多层次的优势,还能减轻政府部门的财政压力,同时促进私营康复机构在市场经济的调解下,提高运营和管理能力。对于残疾人来讲,"分

流"的做法节约了资源,满足残疾人不同的康复需求,让非工伤职工的权益得到保障,避免因经济困难问题导致的放弃康复的现象出现。当然,我国政府部门在引导私营机构参与残疾人职业康复服务时,需要对其资质加以评估,发挥政府作用,引导私营康复机构按评估标准执行项目,政府还需加强监督管理,让私营机构成为残疾人职业康复服务的可靠力量。

2.加强落实各方资金的使用,提高相关资金使用透明化

我国残疾人职业康复服务资金来源于中央财政、省级政府拨款和社会募集资金等方面,其中工伤保险金和残疾人就业保障金是残疾人职业康复服务资金的主要来源。工伤保险基金属于社会保险基金的一种类型,可以为工伤致残的残疾人接受职业康复提供必要经费。残疾人就业保证金主要由税务部门从没有按比例安置残疾人就业的用人单位中收缴而来,主要用于残疾人康复条件改善、无障碍环境建设和企业奖励等。从工伤保险金和残疾人就业保障金的使用情况来看,目前这两项经费的年结余数量较大,但用于残疾人职业康复服务经费的支出比例较小,多用于残疾人补助和残疾人设施建设方面,资金的有效利用率不高。残疾人职业康复关系到残疾人能否顺利就业,能否提高生活质量,因此,作为关系到残疾人生存问题的职业康复服务,政府各部门资金应该落实到位,合理使用到残疾人职业康复服务工作中去,减少三公经费和行政资金的使用,切实提高资金使用效果。

此外,各地应该公开残疾人就业保障金的使用细目,供公众监督,提高相关资金使用的透明度。我国各地区可以借鉴广州市的做法,及时向社会公布残疾人就业保障金的使用情况,接受社会各界监督,将就业保障金合理应用在残疾人职业康复事业中,切实提高资金的使用效率,提高残疾人职业康复的效果,从而促进残疾人顺利就业。

### (三)开展各种残障类型的职业康复服务

1.提高"阳光家园"实际康复效果

目前,我国专门为肢体残疾、听力语言障碍和视力障碍人群成立康复机构,机构内的康复设施设备较齐全,提供的康复项目内容丰富,专业人员数量较多,因此,这一部分残疾人的职业康复需求基本能得到满足。但是,我国目前为精神残疾和智力残疾人群建立的康复机构数量较少,职业康复服务的频率与肢体残疾、听力语言障碍和视力障碍人群相比远远不足。为了解决这个问题,国家专门为精神残疾和智力残疾人群设立了"阳光家园"项目,负责为他们开展职业康复服务。但是,在项目实际运行中,服务侧重点仍旧在托养服务方面,即使开展职业康复服务,受机构条件限制,也是简单从事手工劳动,康复服务项目类型有待开发。基于此,我国可以借鉴日本政府加大"阳光家园"补贴力度的做法,政府发挥主导作用监督资金使用情况,让家庭加入到残疾人职业

康复服务中来,对于家庭支付的费用,从残疾人补贴中直接抵扣,保证残疾人能够接受到持续的职业康复服务。也可以借鉴台湾地区"优先购买残疾人提供的产品及服务"的经验,在政府采购项目中,将"阳光家园"生产的产品和服务列入到采购清单中,支持残疾人职业康复的发展。当然,这需要政府加强监督和引导,将残疾人职业技能培训和工作结合起来,不断更新产品,确保产品和服务的质量。此外,在"阳光家园"中工作的残疾人,机构可以根据残疾人的工作能力,将残疾人分配到不同的劳动项目中,并根据残疾人的劳动数量和成果支付费用。这样,残疾人可以在劳动中获得报酬,提高了残疾人参与职业康复服务的积极性,残疾人也可以自由支配劳动报酬,例如抵扣在机构中缴纳的费用等。

2.落实辅具配置工作,提高辅具适配程度

科技辅具能减轻残疾给个体带来的障碍影响,可以提高残疾人参与生活的能力。我国残疾人口众多,残疾人辅具验配的需求度高,但是受我国经济、科技发展的影响,我国残疾人辅具验配需求得不到满足,辅具适配程度不高。因此,政府部门应该根据残疾人的实际需求,加大资金和科研投入力度,提高辅具生产厂家生产能力,提高生产技术,与此同时更新辅具目录,时刻关注残疾人对辅具需求的变化,调整辅具生产技术。但是,在实际辅具验配中,残疾人往往一味求贵求好,忽略自身实际需求,造成辅具资源的浪费,以及影响辅具使用效率,没能让辅具真正发挥提高残疾人功能的作用。基于此,我国可以采用日本政府的经验,在国家补贴的同时,由残疾人本人或家庭承担一定比例的辅具验配费用,适当减少辅具验配资源浪费的现象。我国各地区也可以借鉴上海辅具验配的经验,建立"省——市——县"三级自上而下的服务网络体系,由各层级专业人员提供辅具验配评估数据,根据评估数据,提供适当的辅具验配服务。在这个过程中,专业人员的专业能力尤为重要,需要专业人员详细了解辅具产品以及残疾人实际需求,对验配效果持续评价。当然,政府部门对残疾人辅具也要加强管理,建立互联网查询系统,方便残疾人及时了解辅具更新情况,方便残疾人选择辅具和专业人员开展评估。

## (四)构建社区和家庭职业康复模式

1.发挥社区平台服务的作用

首先,社区组织本社区残疾人参加职业技能培训,还可以发布就业信息帮助残疾人就业。第二,社区开发就业岗位,对残疾人给予重点帮助。如为残疾人提供面向居民生活、社区公共管理、机关企事业单位后勤保障等方面的就业岗位,还可以为残疾人提供一些公益性岗位,如社区保安、绿化、清洁、公共设施养护等岗位。第三,社区开展就业宣传,如张贴就业信息海报、宣传残疾人就业事迹、定期开展残疾人就业咨询,通过媒体的力量扩大残疾人就业的影响,积极争取社会力量的帮助,消除社会对残疾人的就业歧视,营造和谐的就业服务氛围。

2.强化个人及家庭就业服务的意识

残疾人只有自己拥有娴熟的职业技能,才能在就业竞争中立于不败之地,因此要强化个人及家庭就业服务的意识。残疾人应树立自力更生的意识,培养积极的就业观念,通过职业教育和职业培训提高自身素养,获得技能,适应企业的就业需求。已经就业成功的残疾人还可以以自身的经历对其他未就业的残疾人提供帮助和指导,为其树立就业信心,提升其就业经验。另外,家庭是一个人生活的重要场所,温馨、和谐的家庭环境,可以形成关爱残疾人的氛围,对残疾人身心健康发展产生有利的影响,残疾人在就业中会充满自信,进而培养积极向上的就业态度,对于残疾人稳定就业有促进作用。

### (五)提高职业康复服务人员数量和专业素养

1.加强职业康复人员的职前教育

职前教育是指个体在正式步入职场之前所接受的培训,是全面、系统获得专业知识的过程。职业康复人员的职前教育主要是指特殊教育专业学生在本科、研究生、博士等学校教育阶段接受的专业理论知识和专业技能的学习。目前,我国开设特殊教育专业的高等院校没有普遍开设残疾人职业康复方面的课程,高校在专业课程设置上,应该根据社会的需求,充分考虑到学生未来就业的可能性,以专业选修课的方式将残疾人职业康复课程向学生开设,让学生在大学教育阶段就能掌握职业康复理论和职业康复技能,为将来的职业康复工作打下坚实的基础。

2.开展职业康复人员职后培训

我国残疾人职业康复的理论和技术不断更新,随着国际上残疾人职业康复方法和技术的更新,我国学者也在不断探索适合我国国情的职业康复方法和技术,面对职业康复的新理论、新技术、新方法,职业康复人员必须具有终身学习的觉悟和意识。因此,职业康复人员必须与时俱进,不断学习,始终用最先进的方法对残疾人开展职业康复,以确保职业康复的科学性。具体来讲,残联、科研院所等部门必须经常组织职业康复人员开展业务学习,对新的职业康复方法和职业康复理念有所掌握,职业康复人员也可以通过网络等形式开展继续教育学习。为了提高职业康复人员职后学习的积极性和主动性,有关部门可以将职业康复人员的职后学习与职称晋升挂钩,要求职业康复人员必须修满一定数量的学分才能晋升职务,也可以把职后学习作为个人绩效的衡量标准,从而激励职业康复人员学习职业康复知识的积极性,在残疾人职业康复领域进行深入研究和探索。

### 3.行职业康复人员资格证书制度

残疾人职业康复工作是一项十分专业化的工作,从事职业康复服务工作的专业人员应当提升个人的学历水平,并要通过资格考试,获得证书才能从事职业康复服务工作。加强残疾人职业康复服务人员的专业化水平,实行资格证书制度,是确保职业康复服务专业化发展的必要途径,打造专业化、专家型的残疾人职业康复服务队伍可以保证我国残疾人职业康复服务工作的科学性和专业性发展,是残疾人职业康复服务的发展方向。

## (六)调配城市和乡村职业康复资源

### 1.增加农村康复机构数量,提高农村康复服务质量

我国农村残疾人口比重大,职业康复服务需求率高,但是,目前我国的残疾人职业康复资源多集中在城镇,农村残疾人在获取职业康复服务资源方面存在严重不足。因此,政府部门应该增加农村康复机构数量,根据农村残疾人康复服务需求,设计康复项目,重点提升康复服务质量。具体来讲,首先,政府部门可以在农村卫生院设立康复科,并争取农村合作医疗的支持,将农村残疾人职业康复项目纳入合作医疗报销范围,也可以将重度需要长期康复的残疾人纳入到大病统筹系统,解决因经费不足问题导致的放弃康复的现象。其次,政府还可以尝试推行社区康复,在农村建立社区康复服务站,设置专业人员岗位,并配置职业康复师、社工等专业人员,在社区范围内为农村残疾人提供职业康复服务。对于部分已有职业康复设备的地区,政府要组织专业人员加以利用,充分提高康复设备的使用率。再次,加强托养机构建设力度,政府发挥主导作用,吸纳社会力量加入其中,在托养机构内开展职业训练和就业指导。最后,打破城乡界限,实现资源共享,城镇康复机构可以与农村康复机构结成互助帮扶团队,避免农村残疾人职业康复服务流于形式,确保提高农村残疾人职业康复服务的质量。

### 2.多方筹措资金,为农村残疾人职业康复服务提供经费支持

除了工伤保险金、残疾人就业保障金、社保金外,政府还应发展残疾人其他福利,为职业康复提供资金支持。首先,我国应制定残疾人救助和福利政策,惠及城镇和农村残疾人。其次,政府鼓励残疾人参与保险项目,为残疾人解决职业康复中的资金困难。对于家庭经济困难的残疾人家庭,民政部或残联应该为其提供家庭生活补贴,以及职业教育及职业培训补贴。政府还应为托养机构和接受家居安养的残疾人提供政策支持和资金补贴。再次,建设无障碍环境,提高辅具与环境的匹配程度。最后,筛选社会服务项目,将其与残疾人职业康复服务匹配,提高社会参与残疾人职业康复的热情。通过这些措施,有效促进城镇和农村残疾人接受可持续的职业康复服务。

## 第六节　残疾人职业能力评估服务体系构建案例

> ### 一、黑龙江省残疾人职业能力评估现状及就业服务体系构建的背景

特殊教育事业以残疾人生活质量的切实提高为最终目的。黑龙江省第二次残疾人抽样调查显示,黑龙江省有残疾人 218.9 万人,残疾人占全省总人口的 5.72%[①]。2022 年《黑龙江省残疾人事业发展统计公报》显示,2022 年全省城乡残疾人就业人数 214332 人,其中,从事农业种养加 91060 人。以上数据显示出黑龙江省残疾人就业率较低,残疾人未能有效参与社会。《黑龙江省"十四五"残疾人保障和发展规划》已经明确指出"为残疾人提供职康训练、职业指导、岗位介绍、职业能力评估、职业生涯规划等精准化服务"。因此,开展残疾人职业能力评估,对残疾人进行有效就业安置,构建公平、融合的残疾人就业服务体系十分必要,且十分有意义。首先,残疾人就业能够体现社会的文明进步程度,是和谐社会不可或缺的重要组成部分,对于更好维护社会稳定,促进经济发展、精神文明建设以及社会进步,具有十分重要的实践意义。其次,残疾人就业能够提高残疾人的社会地位,是残疾人自食其力的体现,彰显出残疾人的社会价值,从这个角度讲,本研究具有重要的社会价值。最后,残疾人因存在身心缺陷,所以在就业中处于劣势地位,无法与健全人在职场中竞争,并且残疾人就业问题不被社会重视,所以,对残疾人就业问题开展研究,能够引起社会的高度关注,从而解决残疾人就业难的社会问题。构建黑龙江省残疾人就业服务体系的意义在于:通过对目前黑龙江省残疾人就业现状以及就业困难原因进行分析研究,构建公平、融合、支持的残疾人就业服务体系,可以为黑龙江省出台相关的法律法规及残疾人就业政策,推进黑龙江省残疾人支持性就业发展提供参考依据。

> ### 二、黑龙江省残疾人职业能力评估现状

### (一)评估法规

近几年来,黑龙江省对残疾人职业能力评估工作越来越重视,在有关残疾人发展的各类政策法规中,均有对残疾人职业能力评估的规定。黑龙江省"十四五"残疾人保障和发展规划》已经明确指出"为残疾人提供职康训练、职业指导、岗位介绍、职业能力

---

[①]　尹海洁,徐占忱,等.黑龙江省残疾人教育需求与保障研究[R].2007.

评估、职业生涯规划等精准化服务"《黑龙江省"十四五"残疾人职业技能提升计划实施方案》中强调："坚持强化培训,提升技能。优先对残疾人开展多样化、多层次、灵活性评估和培训,逐步提高残疾人科技文化素质和劳动技能,发挥残疾人潜能,提高自我发展能力。"《黑龙江省关于做好巩固拓展残疾人脱贫攻坚成果有关工作的实施意见》中提出："各级残疾人就业服务机构和公共就业服务机构要免费向残疾人提供职业指导、职业介绍、就业援助、职业能力评估等就业服务。"这些政策和法规都直接或间接地规定了残疾人职业能力评估的作用和意义,对黑龙江省残疾人职业能力评估工作的开展,提供了有力的政策支持和保障。

### (二)评估部门

#### 1.残联

黑龙江省的残疾人职业能力评估由残联来组织和开展,主要采用残疾人职业能力评估系统来开展工作。具体来讲,残疾人职业能力评估系统是运用先进的科学方法,对残疾求职人员的能力与技能、心智活动、个性特征和发展潜力等进行综合分析、实施测量和判断评鉴,通过此款系统的测评,残疾人能对自身能力及潜质进一步了解,减少残疾人盲目就业或勉强就业;就业服务机构和用人单位通过测评,可以更好地发挥残疾人的潜能、特长,有利于因人定岗,使广大的残疾人和用人单位都能够从中受益。目前,黑龙江省大部分地市残联都开通了残疾人职业能力评估系统,解决了残疾人职业能力评估工具缺乏和不足的问题,但是,职业能力评估人员面临的新挑战是评估系统的熟练使用,以及对评估数据的分析和解释,这就要求评估人员需要进行继续教育学习,熟练掌握评估系统操作的方法,为残疾人建立职业能力评估档案,并对残疾人的就业进行持续的跟踪和服务,保证评估结论能有效指导残疾人就业。

#### 2.民间机构

一些地市的康复机构也从事残疾人职业能力评估工作,他们利用已有的评估工具,对有就业意愿的成年智力障碍人士及自闭症人士进行职业能力评估,从而确定他们的工作能力、人格特征和职业兴趣,评估其所具备的职业潜能,为他们制定个别化的职业训练计划,并在训练过程中对其进行多次评估,以确保他们的职业能力有所进步,最终能够充分发挥自身优势成功就业。机构开展评估的项目具体有生活自理能力、认知发展、身体健康状况、工作能力、人格特征、职业兴趣等,通过评估提供职业能力成绩分布、人格特征分布和兴趣类型分布等情况,从而了解残疾人能做什么、适合做什么、希望做什么,也使残疾人可以客观认识自己的职业适应性情况,明确自己的就业目标,科学规划自己的职业生涯,也促使康复机构根据残疾人职业能力现状因人施教、因材施教,从而提高职业康复的科学性和针对性。

3.用人单位

一些用人单位在招收残疾员工时,需要对残疾人的工作能力进行评估,通常采用的方法是在职评估法,通过残疾人在工作现场的实际表现,来判断残疾人是否能胜任某些工作。例如,大庆市某银行招收残疾员工从事单据的电脑录入工作,银行对残疾员工的打字速度进行了现场测试,以残疾人的实际表现决定是否录用,或对工作进行再设计和调整。

## > 三、黑龙江省残疾人就业现状

### (一)就业情况

黑龙江省有残疾人 218.9 万,根据各类残疾人的比率(视力障碍 14.86%,听力障碍 24.16%,言语残疾 1.53%,肢体残疾 29.07%,智力残疾 6.68%,精神残疾 7.40%,多重残疾 16.30%)推算,全省有视力障碍 32.5 万人,听力障碍 52.9 万人,言语残疾 3.3 万人,肢体残疾 63.6 万人,智力残疾 14.6 万人,精神残疾 16.2 万人,多重残疾 35.8 万人。根据全国 15 至 85 岁在业人口比例(30.38%)推算,我省 15 至 85 岁在业残疾人数为 66.5 万人。2022 年《黑龙江省残疾人事业发展统计公报》显示,2022 年全省城乡残疾人就业人数 214332 人,其中,从事农业种养加 91060 人。可见,黑龙江省残疾人口数量众多,残疾人就业情况不容乐观。

### (二)就业困难的原因

1.自身原因

缺乏职业技能。残疾人在身体、智力、认知、语言、适应能力等方面均存在缺陷,在知识学习和技能获得方面有严重困难,所以,残疾人文化程度较低,缺乏必备的职业技能,因此残疾人受到其障碍类别、障碍程度和职业技能等因素的影响,他们可选择的工作类型较少,在工作岗位选择上受到很大限制。加之社会能够为残疾人就业提供的支持性服务有限,部分用人单位缺乏接纳的环境,残疾人应有的潜能得不到充分的发挥,工作不适应,容易失去就业机会。

就业需求不符合实际。残疾人存在就业需求不符合实际的情况。部分残疾人职业技能缺乏,但本身对用人单位的待遇要求却很高,对工资待遇、工作条件等有较高期望;一些残疾人认为国家会分散按比例安置残疾人就业,不用掌握职业技能便能被用人单位录用,工作时较为懈怠,用人单位较为无奈,会出现解雇已被录用的残疾人的情况;还有一些残疾人自己不能开拓就业渠道,不能实现自主就业,依赖国家安置。

2.外部原因

残疾人就业保障制度不健全。为了促进残疾人就业,建立残疾人就业保障制度势在必行,根据国家关于推进残疾人就业的法律法规,黑龙江省出台了适合地方发展的残疾人就业促进规章制度,如《黑龙江省残疾人保障条例》等,并制定了相应的残疾人就业促进方案和配套措施,经过一段时间的努力,黑龙江省残疾人就业事业有了明显的进步。但是,由于我国政治、经济、医疗、教育事业等发展迅速,相关政策调整也较为频繁,导致残疾人就业保障制度随之发生变化,但黑龙江省相关法律没有及时改进,政策相对滞后,例如,政策表述较为宏观和笼统,大部分是对残疾人就业保障的倡导建议,具体的奖惩细则少之又少,对就业服务的操作性指导不强。再加上黑龙江省各地市制定残疾人就业保障制度存在一定差异,落实国家和省级层面的文件各有千秋,导致残疾人就业保障事业发展的关联性不足,不能妥善解决当下残疾人就业存在的问题。

残疾人就业歧视问题突出。残疾人能够成功就业,不仅有赖于自身职业技能的提升,环境给予的支持也很关键。一般来讲,环境支持既包括物理环境的支持,如工作条件改善、无障碍就业环境建设等;也包括社会环境的支持,如用人单位的态度,同事的包容等。当前,残疾人就业环境的改善已经提上日程,国家为残疾人就业提供了很多优惠政策,其中就有关于改善残疾人工作环境的政策,但是残疾人就业社会环境的改善还不尽如人意,主要表现在残疾人就业歧视问题突出,黑龙江省也不例外,促进残疾人公平就业的措施还有待完善。残疾人就业歧视来自于多个方面,首先是来自于用人单位招聘时的歧视,由于当前社会对高学历、高技能人才的需求量较大,因此用人缺口也较大,此种人才供小于求,就业较为容易,但对于技能不过硬、身心存在缺陷的残疾人来讲,就业缺乏优势,在招聘时用人单位的意见是主导,这就很容易出现用人单位凭借经验进行判断的情况,忽视残疾人的能力和需求,直接拒绝录用残疾人。残疾人就业歧视的另一个表现存在于按比例安置残疾人就业的问题上,一些用人单位虽然能够落实国家按比例安置残疾人就业的政策,但是并未将残疾人安排实际的工作,残疾人就业的热情遭到伤害,不利于残疾人就业事业的可持续性发展。

残疾人就业扶持力度不够。虽然国家出台了一些促进残疾人就业的政策法规,但这些政策法规大多是指导性文件,缺乏明确的责任和义务,责任划分不清就会导致多个部门对残疾人就业进行管理,但是有些部分又成为死角,找不到相应的管理部门解决出现的问题。目前,黑龙江省残疾人就业管理存在着责任和义务不清,重叠管理的情况。一般来讲,由县级以上政府开设的残疾人工作委员会负责残疾人就业的组织协调工作,省内各级残联负责残疾人就业日常管理监督工作。我国及各省的残疾人联合会的性质是社会团体,虽然能够对残疾人就业工作进行监督和检查,但是不是决策部门,只能对就业服务工作提供改进建议,却不能进行处罚和强制管理,刚性手段缺乏。残疾人工作委员会可以执法,但是主要职责是负责残疾人就业的协调工作,不涉及残疾人就业服务的日常事务性工作,因此在残疾人就业权益受到侵害时,不能第一时间开展调查了解,还需要残联进行责令整改,可以说,残疾人工作委员会对残疾人就业服务的管理往往是滞后于事件发生本身的,残疾人的就业权益已经受到了侵害,对残疾人就业的扶持力度不足。

残疾人就业服务滞后。目前,黑龙江省残疾人就业服务滞后,没有发挥出残疾人就业服务机构的功能。我省残疾人就业服务的滞后性主要表现在以下几方面:其一,残疾人获得就业信息的途径单一,残疾人就业服务网络不完善,就业服务范围较狭窄,残疾人与用人单位就业信息不通畅;其二,黑龙江省残疾人就业培训只针对城镇残疾人,农村残疾人未纳入到就业培训体系中,就业培训工作未做到全覆盖,残疾人缺乏职业特长,导致残疾人在就业市场上没有优势;其三,黑龙江省缺少残疾人庇护性就业服务机构,许多重度和多重障碍残疾人缺少必要的就业服务,就业服务的覆盖面明显不足。

> ### 四、黑龙江省残疾人就业服务体系构建的途径

由上述论述可见,近几年来,黑龙江省残疾人就业事业在政府和社会的支持下取得了一定的发展,但仍存在较多问题。由于残疾人自身障碍,残疾人就业保障制度不完善,残疾人就业法律法规不健全,以及社会对残疾人就业接纳度不够,导致黑龙江省残疾人就业形式不容乐观,为解决上述问题,探索残疾人就业服务发展的新途径,构建符合黑龙江省经济社会发展特点的残疾人就业服务体系势在必行。

#### (一)提高残疾人就业能力

1.树立正确的就业观念,培养健康的就业心理

健康的就业心理能够帮助残疾人保持就业的热情,并在就业中主动克服困难,进行心理上的调试,适应就业环境。因此,残疾人要想能够顺利就业,必须转变观念,主动寻求机会就业,而非被动等待。残联等残疾人就业培训部门要鼓励残疾人大胆展示自己的职业特长和能力,帮助他们树立就业自信心,发挥自己的职业特长,补偿缺陷,开发潜能。对于已被用人单位录取的残疾人,就业培训部门要帮助残疾人调整就业心态,克服自卑和依赖心理,树立就业自信心,将残疾人的就业心理调整至最佳状态,让残疾人用积极的态度去面对就业竞争。

2.开展残疾人职业能力评估,了解自身职业性向

残疾人能够顺利就业并融入社会,需要对自身特点有所了解。对残疾人开展职业能力评估,能够有效帮助残疾人了解自身的职业性向,残疾人在就业时可以有目的的进行就业岗位选择,避免了误打误撞情况的发展生,既节省了残疾人的时间,也提高了残疾人的自信。职业能力评估与残疾人就业事业密不可分,是残疾人就业事业中的一个部分,需要社会各界人士重视起来,如家长、教师、用人单位等,评估的结论不仅可以指导残疾人就业,也可以用于家庭中开展职业技能训练,以及教师制定个别化职业教育计划,用人单位更是可以依据评估结论提供适合残疾人特点的就业岗位,并对就业环境进行调整,最终目的都是为了更好地促进残疾人的稳定就业。

3.积极加强职业培训,提高就业能力

近年来黑龙江省残疾人职业培训工作较有力度,残疾人就业培训基地数量增多,城镇残疾人受训人数也逐年上升,从根本上提高了黑龙江省残疾人的就业能力。黑龙江省各地残联根据就业市场对人才的需求,有针对性的组织开展残疾人职业技能培训,提高残疾人的就业能力。残疾人也要依据职业能力评估的结果,依据自身条件和职业性向,选择适合的职业培训,提高自身在就业中的竞争力。已就业的残疾人还需要进行职业培训,更新职业技能,使残疾人的就业能力和社会需求相匹配,提高他们的就业竞争能力。

## (二)实施残疾人支持性就业

目前,黑龙江省有三种较为传统的残疾人就业安置形式,分别是集中就业、分散按比例就业和自主就业。但是,近些年来,残疾人支持性就业正在我国发展起来,这是一种新型的残疾人就业安置形式,有助于残疾人在竞争性的职场中持久就业。所以,实施残疾人支持性就业,是残疾人就业服务发展重要措施。

1.支持性就业的概念

美国在颁布的《发展障碍残疾人援助和权利法案》(1984)中提到,由于残疾人存在各种障碍,导致他们无法与普通人一样就业,必须由专业人员为他们提供支持,这种支持可以在残疾人就业的任何场合开展①。支持性就业服务由就业辅导员开展,服务的对象是所有残疾人,不论残障程度、残障类型,只要残疾人具有就业意愿,就业辅导员都要为其提供服务。一般来讲,支持性就业服务的内容主要有就业安置、就业培训、改善工作条件等,通过支持性就业服务,残疾人能够保持就业的持久性,并能领取合理

---

① RUSCH F R,HUGHES C.Overview of Supported Employment[J].Journal of Applied Behavior Analysis,1989 (22):351-363.

的工资,是实现残疾人参与社会的有效途径。

2.支持性就业的特征

首先,服务对象支持需求较高。支持性就业服务的对象一般是支持需求较高的残疾人,一般是重度障碍残疾人,这类人群在支持性就业服务开展之前,是不能够走出家庭或社区的,他们只能被安置在隔离的环境里。但是,在支持性就业服务下,这部分残疾人可以通过就业辅导员的帮助实现就业。例如,对于一个自闭症患者,就业辅导员可以根据该个案的特性——刻板行为和沟通障碍,为该个案安排图书归档的工作,因为图书归档是一项程序化的工作,且不需要该个案与他人沟通和交流,在就业辅导员的提示和引领下,该个案完全可以实现图书的分类和归档。就业辅导员在提供支持性服务时,可以将残疾人的缺陷变为残疾人的潜能,充分挖掘残疾人的特长,并根据岗位的需求因势利导,实现残疾人顺利就业。

其次,开发提供薪资的就业机会。之所以要实施支持性就业,就是为了通过提供持续的支持,实现残疾人能够与普通人一样在竞争性环境中工作的目标,这是实现残疾人就业权益,促进残疾人公平就业的有利举措。支持性就业可以大大提高残疾人就业的成功率,残疾人通过自己的劳动获得收入,可以提高个人的生活水平,还可以减轻家庭经济负担[①],能转化为社会的人力资源。就业辅导员开发提供薪资的就业机会,不仅能改善残疾人的生活质量,最重要的是残疾人领取薪水能提高自信,充分彰显了残疾人的价值,还起到了疏导残疾人消极情绪的作用,极大地调动了残疾人就业的热情。

再次,在融合的环境中工作。支持性就业为残疾人提供融合的就业环境,具体来讲,融合的环境有四种:其一,残疾人到某用人单位从事一项具体的工作,例如复印、文件整理等,就业辅导员对残疾人进行一对一的帮助,直到该残疾人能够完全胜任该项工作,就业辅导员撤出,由该用人单位的工作人员进行协助,该用人单位为其提供一定补助,就业辅导员仍定期辅导,或随时处理突发的状况。其二,将残疾人安置在小型商店,例如超市、洗衣店等,这种形式一般是一次性安置几名残疾人,最多不超过 10 人,就业辅导员集中进行就业服务,薪资按残疾人的工作份量和分工不同有所区分。其三,残疾人从事机动型工作,几名残疾人由就业辅导员带队,组成一个工作团队,可以到公园、停车场等地包揽清洁工作,工作时间灵活,薪资按工作分工和份量发放。其四,残疾人在工厂从事生产性工作,这些工厂一般是社区开办的工厂,具有福利性企业的性质,就业辅导员对残疾人进行集中协助,帮助残疾人胜任该项工作。

最后,持续性支持服务。为保证残疾人就业的顺利进行,就业辅导员需要为残疾

---

① 林静新,古阳春,林一帆.广州市智障人士支持性就业实践及政策援助诉求[J].改革与战略,2013,29(8):121-124.

人提供持续性支持服务,服务的内容十分广泛,有工作技能训练、职务再设计、环境适应、时间管理等,这就需要就业辅导员具备较强的专业知识和较强的责任心。除此之外,就业辅导员还要联合其他相关人员,共同为残疾人支持性就业提供服务,例如用人单位主管领导、学校教师、家长等。通过持续不断地服务,残疾人职业技能不断提高,更好地适应就业环境,为残疾人稳定就业提供了机会和可能。

**3.支持性就业的实施步骤**

残疾人支持性就业工作是一项程序严谨的工作,每一环节工作的执行都会影响到后续工作的开展,工作实施具有连环效应,因此,在推进残疾人支持性就业工作时,需要遵循一定的程序和步骤,具体内容如下:

第一步,就业辅导员筛选就业市场、联系雇主,进行初步环境分析,为残疾人开发就业机会。

第二步,就业辅导员对残疾人及家长进行访谈,收集残疾人的基本资料,了解残疾人的就业需求、人格特征和就业经历,对残疾人开展工作适应评估,找出残疾人能力与工作岗位需求之间的差异,最后形成残疾人个别化就业服务计划。

第三步,残疾人就业后,就业辅导员对残疾人开展就业岗位适应的职业训练,训练前就业辅导员需要依据残疾人在就业岗位的实际表现,根据工作内容进行工作流程分析,进而为残疾人制定职业训练计划,训练的内容围绕技能提升、职务再设计、就业环境适应等与促进残疾人稳定就业相关的方面。

第四步,残疾人稳定就业后,就业辅导员要渐渐退出工作场所,由残疾人所在的用人单位进行持续的支持,但是就业辅导员仍然要进行追踪服务,在部分项目上就业辅导员对残疾人开展定期协助。

第五步,就业辅导员将就业服务的情况每月进行整理,及时更新服务计划,该计划既是残疾人就业服务工作开展的依据,也是就业辅导员工作业绩的体现,据此可以对就业辅导员的工作进行考评。详细的支持性就业实施步骤见图9-1。

**图9-1 残疾人支持性就业实施步骤图**

从上述五个阶段的支持性就业实施的历程可以看出,残疾人支持性就业涉及的范围广泛,在这个过程中,就业辅导员扮演着相当重要的角色,具有举足轻重的作用,也可以看出就业辅导员需要具备多元化且专业化的知能,以及高尚的职业道德和责任心。同时,支持性就业需要具备明确的服务理念和原则,残疾人就业安置应以社区为本位,提倡生态评量,以及多元的支持策略等,这也是未来黑龙江省发展残疾人支持性就业的方向。

### (三)健全残疾人就业监督制度

残疾人就业监督制度可以有效激励残疾人就业工作的开展。为了能给残疾人提供良好的就业条件,可以从以下几方面入手。第一,政府要发挥主导作用,积极促进残疾人按比例就业。第二,各级部门一方面要落实国家和省级层面的残疾人就业政策,另一方面对残疾人加大职业技能培训的力度和频率,政府方面依法对残疾人就业给予政策方面的优惠。第三,加大执法监察力度,确保残疾人与普通人一样享有同工同酬的待遇和权利。第四,建立残疾人社区,拓展餐饮、家政、清扫等服务产业就业渠道。第五,政府部门要通过提供政策、信息、信贷、科技等服务,鼓励农村残疾人就业,并结合当地经济发展的实际,把农耕、养殖和家庭副业等作为农村残疾人就业的主要渠道。

### (四)争取社会力量帮助残疾人就业

1.提高社会对残疾人就业的认识,营造关爱残疾人的良好氛围

残联等部门要利用互联网、媒体、社交平台等手段,积极进行残疾人就业宣传,开展残疾人成功就业典型事迹的宣传和推广,让社会对残疾人就业有客观的认识,转变"残疾"就是"无用"的歧视观念,接纳、尊重残疾人就业。黑龙江省各地残联和就业服务部门还需对残疾人就业政策进行宣传,例如成立残疾人就业政策宣讲团,到各地宣传国家助残的政策,为当地残疾人提供就业信息,还可以组织社区为残疾人开展就业咨询和就业心理辅导,邀请就业成功的残疾人现身说法,分享就业经验,为其他残疾人树立成功就业的榜样。总之,残联和其他部门要聚集社会的力量,让社会各界人士都积极参与到残疾人就业服务的宣传工作中来,形成全社会帮残助残的良好氛围,实现残疾人就业。

2.开展"精准帮扶"活动,拓展残疾人就业渠道

由于残疾人的个体差异大,受残疾人致病因素、障碍程度、障碍类型和教育背景的影响,残疾人获得的职业技能水平有所差异,需要就业服务人员提供靶向定位的训练和就业支持。国家有关部门号召社会广泛开展精准扶贫和精准康复事业,让社会弱势群体的生活条件得到本质上的改变。残疾人就业服务的开展也要响应国家的有关号召,对残疾人的就业需求充分了解,制定个别化的、精准定向的残疾人就业服务方案。具体来讲,残疾人就业服务部门要组织和发动机关、企事业单位、团体开展"精准帮扶"活动,深入残疾人家庭,不仅要为残疾人就业提供必要的资金、设施,还要提供技术和

信息,创造无障碍就业环境,帮助残疾人在多条渠道上实现就业。

### (五)发挥特殊教育学校在残疾人就业中的作用

目前我国残疾人职业教育未能与残疾人就业有效接轨,二者分属不同的管理系统,在这种管理体制下容易出现残疾人职业教育和残疾人就业各自为政的局面,残疾人职业教育内容的选择跟不上就业市场的变化,职业教育的指向性不强,残疾学生走出学校后很难立刻适应就业市场的需求。我国学者甘昭良指出:残疾学生毕业后需要经历从学校到职业培训机构,再从职业培训机构到工作单位①的过程。由此可见,残疾人的职业教育与就业中间存在空档,残疾人走出学校必须要经历一个中间的职业适应阶段才能就业,这就影响了残疾人就业的效果,用人单位也会因为残疾人就业适应不良而拒绝残疾人就业。这就要求特殊教育学校充分发挥出在残疾人就业中的作用,学校在职业教育阶段就要根据残疾学生的职业兴趣,设置职业教育课程,并通过就业心理辅导等方式提高残疾学生的适应能力。此外,特殊教育学校还应该重视职业教育与就业的衔接等问题,并把特殊教育学校残疾学生的职业训练部分纳入到整个残疾人就业服务体系中。

### (六)构建残疾人高等融合教育学校支持体系

残疾人知识能力水平的提高,是保证其高质量就业的必要条件,因此,高等学校应该参与到残疾人职业康复工作中来。我国目前接受高等教育的残疾人数量越来越多,据《2023年残疾人事业发展统计公报》显示,高等教育阶段,招收30035名残疾学生,其中高职(专科)17644人,本科10703人,硕士生1520人,博士生168人。因而,构建残疾人高等融合教育学校支持体系,整合学校各方面资源和力量,投入到残疾人职业康复服务中来,有助于提高残疾人就业质量,也是提高残疾人职业康复服务水平的有效途径。

1.残疾人高等融合教育相关概念的厘清

(1)高等融合教育

在高等教育领域,残疾人与普通人群共同学习,能最大限度地推进教育公平,提升残疾人的受教育水平。因此,在本研究中,高等融合教育是指普通高等学校在融合教育理念指导下,根据高等教育规律,以及残疾人身心特点,对有高等教育需求的听力障碍、视力障碍、肢体残疾等适龄人群实施的安置、培养、支持与服务等。通常情况下,残疾人接受高等融合教育的方式有两种:一是经高考录取的残疾人进入到普通班级,与普通大学生随班就读;二是残疾人经过单考单招后,被高等特殊教育学院录取,这些高

---

① 甘昭良.残疾人职业教育:"从学校到工作"的模式[J].职业技术教育,2006(28):64-65.

等特殊教育学院设立在普通高校内,承担着残疾人培养的任务,目前全国共有22所①高校设有特殊教育学院,如天津理工大学聋人工学院、长春大学特殊教育学院、绥化学院特殊教育学院等。残疾人在学校与普通人群一起生活、学习,共同融入学校的文化氛围中,为融入社会打下坚实的基础。

(2)支持体系

残疾人高等融合教育的发展需要学校提供多方位的支持,简言之,"支持"就是扶持、帮助、援助、救助,《全纳教育共享手册》中提出:"支持包含能够帮助学生学习的全部手段,尤其是那些能够对普通教育已有的手段提供补充的资源②。"可见,普通高等学校不仅要在教育教学方面提供支持,还要在残疾人受教育机会、管理、教育科学研究发展等其他方面提供支持。因而,本研究认为,残疾人高等融合教育支持体系就是按照残疾人高等教育的特殊需求,从残疾人管理、教学、中高等教育衔接、教育科学研究等不同方面建立起的相互作用、相互影响的支持系统,整合资源协同促进残疾人高等融合教育的发展。

2.残疾人高等融合教育学校支持体系的模型

残疾人接受高等融合教育需要学校提供全方位的支持,基于上述相关概念的阐述,支持的内容主要包含四个方面,分别是残疾人管理方面的支持、教学方面的支持、中高等教育衔接方面的支持、教育科学研究方面的支持。具体内容如下:

残疾人管理支持主要包括设立残疾人管理机构、建立残疾贫困大学生资助制度、提供残疾人校园生活服务、开展残疾人心理健康教育以及就业指导、建设残疾人支持信息网站等,通过这些支持能最大限度保障残疾人的日常生活和学习,让残疾人高等融合教育得以顺利开展。残疾人教学支持体系的构建主要包括学业方面的支持(专业支持、教学支持、辅具支持、师资支持)以及无障碍环境建设,教学支持是决定残疾人获得专业知识和技能的关键所在。残疾人中高等教育衔接系统的构建主要包括招生考试信息的衔接、知识技能标准的衔接、助学补助的衔接,教育数据统计的衔接等,做好残疾人中高等教育衔接,能够为普通高校输送素质较优的生源,有助于残疾人高等融合教育的可持续发展。残疾人高等教育科学研究支持强调学校要重视残疾人高等融合教育方面的研究,用科研反哺教学,为残疾人接受融合教育提供智力支持。这四方面内容相互联结,双向互动,形成了以残疾人高等融合教育为核心的多元双向的学校支持体系模型(详见图9-2)。

①　边丽,张海丛,滕祥东,等.我国残疾人高等教育单独招生考试现状与改革建议[J].中国特殊教育,2018(5):9-14.

②　联合国教科文组织.全纳教育共享手册[M].陈云英,杨希洁,赫尔实,译.北京:华夏出版社,2004:65.

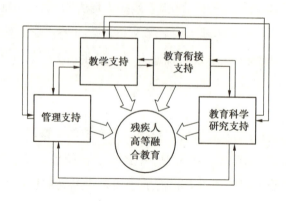

**图9-2　残疾人高等融合教育学校支持体系模型**

在这个模型中,"多元"是指残疾人高等融合教育学校支持的内容与形式是多样化的,既包括来自日常事务管理方面的支持,也包括教育教学方面的支持,更有来自残疾人中高等教育衔接以及教育科学研究方面的支持,回避了支持内容单一的弊端;"双向"是指各个支持内容之间是相互联系、相互影响的,而不是单向封闭的支持,各方面内容共同促进残疾人高等融合教育的发展。多元双向的残疾人高等融合教育学校支持体系模型的建构,有利于整合学校各项资源,发挥合力为残疾人高等融合教育的开展提供保障,让残疾人充分享有平等、无歧视的高等教育。

3.残疾人高等融合教育学校支持体系构建的策略

(1)提供残疾人管理支持,最大限度保障残疾人日常生活和学习

首先,设立残疾人事务管理机构。普通高等学校要设立专门的残疾人事务管理机构,专门负责为残疾人提供服务。该机构应由校级领导做负责人,由学校教务处、学生处、就业指导中心等部门人员组成,负责残疾人的日常生活和学习等事务的管理,全面协调残疾人在学校接受融合教育的管理工作,也成为连接残疾人家庭、社会、残联、教育等部门的桥梁与纽带。另外,由于我国目前将特殊教育的管理集中在基础教育阶段,各地方教育部门设有基础教育的特殊教育处,特殊教育有较为统一的发展和规划,但对残疾人高等教育的关注较少,因此,本研究建议国家教育行政部门设立专门的残疾人高等教育管理机构,与各高等普通院校的残疾人事务管理机构形成自上而下的教育管理系统,统一协调管理残疾人的入学、学习和就业事宜,贯彻融合教育理念,为残疾人提供各项帮助和支持,方便残疾人与普通大学生一同获得公平、优质的高等教育。

其次,建立残疾贫困大学生资助制度。残疾人群体中,家庭经济困难者比例较大,因而残疾大学生绝大多数为贫困大学生。普通高等学校要建立健全残疾贫困大学生资助制度,为他们争取更多的受教育机会。首先,普通高等学校要根据国家资助贫困大学生的相关政策,将普通大学生和残疾大学生的资助名额和金额分开设立,优先资

助残疾贫困大学生,并提高资助的比例和金额。其次,普通高等学校需要深入落实残疾大学生勤工助学、学费减免、特困补助以及绿色通道制度,普通高等学校应从学费中抽取一定比例的经费资助残疾贫困大学生;设立奖学金,并提高资助的金额,激励残疾贫困大学生刻苦学习;为有一定能力和意愿的残疾贫困大学生安排勤工俭学,让他们从事一些力所能及的教学辅助工作。再次,普通高等学校应积极争取企事业单位或团体、各类慈善基金会、个人等的经济或实物援助,确保残疾贫困大学生获得基本的学业和生活保障。最后,普通高等学校应与地方政府和残联加强沟通和联系,建立残疾贫困大学生生活补助机制,保障残疾人与普通大学生一样生活顺利,能够获得学业上的进步。

再次,建设校园残疾人支持服务网络。残疾人高等融合教育实施的最终目的,是为了让残疾人自食其力,顺利就业和融入社会,因此,普通高等学校需要在就业、心理辅导和职业生涯规划方面为残疾人构建校园支持服务网络。首先,开设就业指导课程,普通高等学校要专门为残疾人开设就业指导课程,以及开设相应的人际交往、法律、金融、保险、工商税务、创业训练等课程,树立残疾人就业信念。其次,成立心理辅导中心,为残疾人定期开展心理辅导和调适,解决残疾人学校适应不良问题,促进其全面发展,此外,心理咨询中心应配合学校就业指导部门开展就业心理咨询和指导,根据残疾人的身心特点和需求,制定个别化的就业支持服务方案,聘请专家举办就业指导讲座。再次,普通高等学校要根据残疾人的身心特点,做好残疾人职业生涯规划,举办残疾人职业生涯规划专题讲座,提高残疾人的就业准备意识。最后,在校园网开辟出就业板块,专门用于发布就业信息和国家助残政策,引导残疾人就业创业,实现经济独立。

(2)提供残疾人教学支持,保证残疾人获得专业的知识和技能

第一,提供全方位学业支持。学业支持是残疾人高等融合教育学校支持的重要内容。首先是专业支持,普通高等学校需要拓宽专业口径,在专业招生时为残疾人保有一定的名额和比例,增设新专业,为残疾人提供更多的选择空间,并在课程内容的制订上充分考虑残疾人的需求和社会经济发展的需求,科学定位专业培养目标,优化课程设置,提高残疾人教育的质量。其次是教学支持,根据残疾人的身心特点,普通高等学校需要制订个别化教育计划实施教学,并为残疾人提供同伴指导、课堂笔记员、手语翻译员等,改革教学方法和考核方式,尽可能多地挖掘残疾人的潜能,增强教学的实效性和有效性。再次是辅具支持,为了实现残疾人高等融合教育,让残疾人与普通大学生共同学习,学校需要为残疾人提供必要的辅具,如为视力障碍大学生提供盲文图书、有声读物、盲文转换系统、盲人阅读和输入设备、视力障碍学生选课系统、电脑语音合成

系统、电子触摸显示器、放大镜、扩视机、盲文打字机、盲文纸板笔、盲杖等,为听力障碍大学生提供听障直译系统、助听器、电子耳蜗、音频发射器与接收器、实时字幕、FM 调频助听系统、可视文字信号、震动报警器、闪灯提醒器、多媒体教学设备、发音诱导仪等,为肢体残疾大学生提供辅助握笔套、电动轮椅、拐杖(腋拐)、可调节式靠背、助行器(架)、假肢、按键式滑鼠等等。最后是师资支持,残疾人高等融合教育的实施需要素质精良、结构合理、教学水平高、科研能力强的教师队伍作为支撑①,普通高等学校需要加大对师资的培养力度,培养出具有特殊教育知能和专业技术技能的教师,只有这样,才能为残疾人高等融合教育的发展提供质量保障,一般来讲,残疾人高等融合教育教师培养可以采取两条路径:一是加强高校特殊教育专业人才的职前培养,扩大招生规模,尤其是扩大硕士和博士的招生数量,培养高层次特殊教育专业人才;二是加大特殊教育教师职后培养的力度,将高校从事残疾人教学的教师也纳入国培体系,提高特殊教育教师职后培养系统性。

第二,构建无障碍的教学环境。残疾人高等融合教育的实施离不开融合的环境。一方面是建设无碍物理教学环境,普通高等学校要从整体建设的大局出发,考虑到无障碍物理环境教学建设的细节,为残疾学生提供生活和学习的便利,使残疾人在最少受限制的环境中接受平等的教育,普通高等学校需要提供的无障碍设施主要有建筑物和到路边的滑坡、轮椅用的卫生间、盲道、无障碍通道、电梯、平台、房间、盲文标识、音响提示以及通讯、无障碍扶手、沐浴凳等设施。一方面是构建融合的人文校园环境,残疾大学生作为高校大学生的一份子,同样渴望参与到集体生活中,因此,在高校营造和谐的人文环境很有必要,是一种隐形课程建设,主要内容有接纳、理解和尊重的态度,同伴互助的制度等,全体师生员工要以接纳的态度面对残疾人,主动与残疾人打招呼,一些教辅部门(食堂、浴池、图书馆、体育馆、保卫处等)需要主动学习手语等沟通方式,让残疾人在学校自然地融入到普通群体之中。

(3)提供残疾人中高等教育衔接支持,为高校输送优质生源

残疾人基础教育、职业(高中)教育和高等教育是一个完整的残疾人教育系统,其中,残疾人基础教育和职业(高中)教育的质量决定了残疾人高等教育的质量,所以提供残疾人中高等教育衔接支持十分必要。首先,政府部门需要加大经费的投入力度,制订残疾学生升学计划,加强对残疾学生在高中阶段的知识学习和辅导,让残疾学生在知识上能有效对接,提高残疾学生考入大学的几率。其次,黑龙江省各级教育部门要加强对各阶段残疾人教育的质量评估和监测,鼓励残疾学生在普通高中随班就读,

① 陈云奔,张宝玲.全纳教育理念下英国特殊教育教师培养及其启示[J].黑龙江高教研究,2017(9):66-70.

这样就能为普通高等学校输送更多的优质生源,确保残疾人高等融合教育可持续发展。再次,完善残疾人高中教育与高等融合教育对口单招制度,建立全国范围内的残疾人高教联盟,组建特殊教育专家团队,根据高等教育的发展规律、社会对特殊教育发展的需求以及残疾人的身心特点,统一规划残疾人高等教育招生计划,编制统一的考试大纲,科学合理地命题,制定高中阶段和大学阶段相互衔接的知识体系,形成与普通高考制度相互协调、相互配合的有效管理机制。

(4)提供残疾人教育科学研究支持,以科研反哺教学

为了让残疾人高等融合教育得到可持续发展,需要教育科学研究提供智力支持。首先,在人才培养方面,国家需要培养高学历、高层次的残疾人教育科学研究专门人才,黑龙江省应在经费方面大力倾斜,扩大高校特殊教育专业的招生规模,特别是特殊教育硕士和博士的招生规模,使这些专业人员能够从事教育教学和辅助工具的研发,促进残疾人高等融合教育的科学发展。其次,在残疾人高等融合教育研究方面,要组建科研团队,国家以科研项目形式投入经费,鼓励团队开展实证性研究,为我省残疾人高等融合教育的发展提供可操作的指导。再次,在残成果转化方面,要充分发挥普通高等学校在此方面的优势,结合融合教育的需求,在残疾人康复技术和科技辅具方面倾注精力,多出科研成果,将成果转化为教学支持软件、教学辅具、教学设备等,以供残疾人高等融合教育教学之需。提供残疾人教育科学研究支持,以科研反哺教学,能为残疾人高等融合教育的开展提供强有力的技术支持,提高教育教学效果。

仁爱是中华民族的传统美德,尊重、理解、关心、爱护、帮助残疾人,是中华民族传统美德中的道德遗产。残疾人是社会群体的一部分,他们与普通人同样拥有尊严和就业权利,残疾人同样渴望实现自我,追求生命的价值。残疾人要想成功就业,涉及到教育、政府、残联、用人单位等各方面力量的协同配合,要想构建公平、融合、支持的残疾人就业服务体系,必须把上述几方面力量进行整合和统筹安排,政府为残疾人就业提供政策支持,特殊教育学校提供系统的残疾人职业教育,残联为残疾人提供必要的职业训练和支持性服务,用人单位提供适当的就业岗位以及就业保障、就业环境等。总而言之,构建公平、融合、支持性的残疾人就业服务体系,是从根本上改变残疾人的经济地位和社会地位,最大限度地发挥个人潜能和自身价值,提高残疾人生活质量的必要途径。

# 参考文献

[1]陈云英,等.中国特殊教育学基础[M].北京:教育科学出版社,2004:16.

[2]第二次全国残疾人抽样调查办公室.第二次全国残疾人抽样调查主要数据手册[M].北京:华夏出版社,2007.

[3]瞿葆奎.中国教育研究新进展[M].上海:年华东师范大学出版社,2003:61-62.

[4]郭彩琴.教育公平论:西方教育公平理论的哲学考察[M].徐州:中国矿业大学出版社,2004:35.

[5]刘艳虹.中国部分省市三类残疾人职业适应性状况调查[M].北京:华夏出版社,2013.

[6]王芳,杨广学.广泛性发展障碍青少年自立能力评价量表[M].上海:上海社会科学院出版社,2017.

[7]何青,陈湘平.残疾人职业评估方法探索——介绍残疾人就业用职业适应性评估方法[J].中国康复,1993,8(4):188-189.

[8]王莲屏.残疾人职业能力评估的内容与方法[J].中国康复,2005,20(2):120-121.

[9]王丹,汤明瑛.认识残疾人职业能力评估[J].中国残疾人,2011(12):50-51.

[10]石茂林.构建国内残疾人职业康复体系的构想与建议[J].北京劳动保障职业学院学报,2012,6(3):20-23.

[11]何侃,范莉莉,李强,等.残疾人职业能力评估系统改进研究[J].残疾人研究,2014(1):58-62.

[12]王海丽.基于聋生职业能力评估下美术教学方法的改进[J].艺术科技,2014,27(12):1-1,10.

[13]杜林.残疾人职业评估——以M中心为例[D].武汉:华中师范大学,2014.

[14]王莲屏.谈谈残疾人职业咨询的内容与方法[J].中国康复,1996,11(3):141.

[15]朱宗福,郑青立.我国农村残疾人职业康复浅析(附杨林尾镇开展职业康复情况调查)[J].中国康复,1993,8(3):141-142.

[16]何青,陈湘平.职业康复在全面康复过程中的地位和作用[J].中国康复,1992,7(4):188-189.

[17]刘艳虹,韦小满,肖非,等.《北京市肢体残疾人职业适应性量表》的编制[J].中国特殊教育,2008(5):53-59.

[18]陈德刚.职业康复简介[J].中国康复,1989,4(3):125.

[19]汪海萍.以社会模式的残疾观推进智障人士的社会融合[J].中国特殊教育,2006(9):6-10.

[20]刘东刚.残疾人生态性职业评估模式初探[J].中国特殊教育,1999(4):15-17.

[21]邱卓英,李智玲.现代残疾康复理念与发展策略研究[J].社会保障研究(北京),2008(1):193-200.

[22]卓大宏.中国当代康复医学发展的大趋势[J].中国康复医学杂志,2011,26(1):1-3.

[23]杜林,李伦,雷江华.美国残疾人支持性就业的发展及对我国的启示[J].中国特殊教育,2013(9):14-20.

[24]甘昭良.残疾人职业教育:"从学校到工作"的模式[J].职业技术教育,2006,27(28):64-65.

[25]王姣艳,何侃.国内外残疾人康复人才培养模式比较研究[J].残疾人研究,2012(A01):39-43.

[26]牟晓宇,昝飞.美国残疾人职业康复[J].社会福利(实务版),2011(3):33-34.

[27]王育瑜.瑞典、英国中途致障者职业重建模式[J].社区发展杂志社,2003(10):445-452.

[28]王云东.英国身心障碍者职业重建制度[J].就业安全,2015(2):108-113.

[29]许靖兰.澳大利亚灾后职业重建机制[J].就业安全,2015(2):97-107.

[30]香港康复计划方案检讨工作小组.职业训练局为残疾学生士提供的职业训练服务[R].香港:职业训练局,2015.

[31]陈苏华福.综合职业评估简介[M].香港:职业训练局,2000:90.

[32]观塘技能训练中心.职业评估服务简介[M].香港:职业训练局,1996:103.

[33]陈明显.身心障碍者职业辅导评量之执行与应用结果分析:以高雄市劳工局博爱职业技能训练中心为例[D].高雄:国立高雄师范大学,2014.

[34]蔡心珍.台北县职业辅导评量中心2012年度服务成果报告[R].台北:劳工局,2012.

[35]花敬凯.欧美、日本等国职业重建服务之发展历程与趋势[J].特殊教育季刊,2013

（6）：27-37.

[36]赖德胜,廖娟,刘伟.我国残疾人就业及其影响因素分析[J].中国人民大学学报,2008,22(1):10-15.

[37]陈美智,张书杰.身心障碍者职业重建的组织与制度研究:以台北市、台中市的社区化就业服务计划为例[J].特殊教育季刊,2012(69):13-14.

[38]林静新,古阳春,林一帆.广州市智障人士支持性就业实践及政策援助诉求[J].改革与战略,2013,29(8):117-120.

[39]赵小红.广西智力残疾学生职业教育现状调查报告[J].中国特殊教育,2009(11):18-24.

[40]郭玲,李玉辉.四川省聋生职业教育实践研究——以 X 特校为例[J].现代特殊教育,2015(10):51-55.

[41]丁显洲.残疾人职业院校校内实训基地的运行与管理模式探究--以浙江特殊教育职业学院为例[J].教育教学论坛,2014(30):257-258.

[42]王珏,邱卓英,等.中国残疾人康复需求分析与发展研究[M].北京:华夏出版社,2008.

[43]联合国经济和社会事务部等.联合国《残疾人权利公约》导读[M].张国忠,译,北京:华夏出版社,2008.

[44]黄东兴.中国残疾人实用全书[M].北京:华夏出版社,2000.

[45]张益刚,李继刚.以案说法——残疾人保障法[M].北京:中国社会出版社,2006.

[46]全国残疾人康复工作办公室,中国残疾人康复协会.残疾人康复咨询教材[M].北京:华夏出版社,2008.

[47]迈克尔·奥利弗,萨佩.残疾人社会工作(第二版)[M].高巍,尹明,译.北京:中国人民大学出版社,2009.

[48]王思斌.社会工作概论[M].北京:高等教育出版社,2008.

[49]陈奇娟.社会工作在残疾人职业康复服务中的实践——以香港邻舍辅导会为例[J].社会工作,2014(3):79-85,154.

[50]程寒.守护阳光的人们——云南省开远市'阳光家园'计划调研[J].中国残疾人,2015(8):44-45.

[51]杜林,李伦,雷江华.美国残疾人支持性就业的发展及对我国的启示[J].中国特殊教育,2013(9):14-20.

[52]高家军,梅运彬.从实现康复权的视角看康复服务进医保[J].残疾人权利研究,2015(2):23-25.

[53]何青.日本职业康复现状分析[J].中国康复,1991,6(3):140-143.

[54]胡艺,张勋.国外发达地区及中国香港残疾人就业的经验与启示[J].经营管理者,2013(12):14+8.

[55]边丽,许家成,郑俭,等.国外残疾人康复立法研究[J].残疾人研究,2012(4):33-37.

[56]肖菊英,郑俭.美国康复法及其对我国的启示[J].中国康复理论与实践,2011,17(5):478-480.

[57]赵溪,郭春宁.英国残疾人社会福利政策及其启示[J].残疾人研究,2014(2):78-81.

[58]周培.从《德国残疾人康复与参与法》看残疾人平等权的实现[J].湖北社会科学,2011(4):167-169.

[59]刘婧娇.残疾人社会保障国际比较及启示[J].劳动保障世界(理论版),2012(10):16-20.

[60]孙树菡,毛艾琳.我国残疾人康复需求与供给研究[J].湖南师范大学社会科学学报,2009,38(1):5-11.

[61]姚志贤.残疾人"人人享有康复服务"现状分析与发展思考[J].残疾人研究,2014(2):20-24.

[62]姚远,尹银.老年残疾人康复的社会意义[J].残疾人研究,2011(2):7-10.

[63]郝蕊.残障妇女健康、康复基本状况分析[J].残疾人研究,2013(2):25-28.

[64]包学雄,陈舒超.民族地区残疾人康复服务体系问题探析[J].中国市场,2012(14):67-70.

[65]严妮,李静萍.农村残疾人康复服务困境与对策建议[J].残疾人研究,2013(4):72-75.

[66]张金明.青年肢体残疾人全面康复需求现状调查[J].中国社会医学杂志,2014,31(2):140-142.

[67]曹跃进,陈森斌.我国残疾人康复组织体系研究[J].残疾人研究,2014(2):7-11.

[68]姚志贤.残疾人康复机构建设的回顾与探讨[J].残疾人研究,2013(1):64-68.

[69]程军,密忠祥,崔志茹,等.我国残疾人康复机构建设现状及对策[J].中国医院,

2012,16(6):5-8.

[70]程凯.我国残疾人康复工作的回顾与展望[J].中国康复理论与实践,2008,14(3):201-205.

[71]何侃,肖敏,张跃,等.《世界残疾报告》及对我国残疾人康复服务的启示[J].中国康复理论与实践,2012,18(12):1194-1197.

[72]张金明,刘宇赤,银芳,等.试论国际社区康复与我国残疾人"两个体系"建设[J].中国康复,2012,27(6):478-480.

[73]江明融.公共服务均等化论略[J].中南财经政法大学学报,2006(3):43-47.

[74]刘厚金.公共服务均等化:理论内涵与路径选择[J].生产力研究,2011(1):23-24,45.

[75]欧阳万鹏,谢少华.马克思主义社会保障理论及其思想教育意义[J].学校党建与思想教育(下),2012(2):83-85.

[76]邓莉.对我国社会保障理论的思考[J].山西煤炭管理干部学院学报,2007,20(4):12-13.

[77]葛忠明,杨彦.残疾人权益保障研究现状与拓展[J].残疾人研究,2012(4):42-46.

[78]孙树菡.康复是残疾人融入社会的重要前提[J].北京劳动保障职业学院学报,2011,5(1):15-16.

[79]新华.强调完善残疾人两个体系保障残疾人合法权益[J].中国残疾人,2012(7):16.

[80]岳云云.我国残疾人就业保障金管理现状及问题研究[J].劳动保障世界(理论版),2013(11):12-13.

[81]卢亦鲁.脑瘫康复的现状及政策建议[J].社会福利(实务版),2011(9):13-14.

[82]任占斌,丛向群,段小蕾.英法残疾人社会保障和服务工作考察[J].残疾人研究,2012(1):58-61.

[83]李建军,杨明亮,王方永,等.我国康复服务的未来发展方向探讨[J].中国康复理论与实践,2008,14(11):1081-1082.

[84]杨丹丽,罗英妹,韩冬,等.残疾人社区康复现状研究[J].护理研究,2014,28(27):3329-3331.

[85]姚建红.日本康复事业现状、主要特点及对我国康复事业的启迪[J].中国初级卫生保健,2002,16(4):13-14.

[86]转引自:韩君玲.日本残疾人福利法制的特征及启示[J].学术交流,2010(11):

80-83.

[87]郭悠悠,刘林.残疾人社区康复的历史与现状[J].中国农业大学学报(社会科学版),2011,28(1):154-161.

[88]卓大宏.中国的社区康复现状[J].中国残疾人,2004(9):43.

[89]傅青兰,方玉飞,俞德鹏,等.残疾人社区康复管理的问题与对策研究[J].中国康复医学杂志,2014,29(6):563-567.

[90]刘保芬,严秀群,段清萍,等.社区残疾人康复服务的影响因素与对策[J].护理实践与研究,2012,9(14):155-156.

[91]李艳,史玲莉,张长杰,等.社区康复在残疾人康复体系中的意义及发展现状[J].中国康复理论与实践,2012,18(2):190-192.

[92]李坤.残疾人基本公共服务纳入《国家基本公共服务体系"十二五"规划》[J].残疾人研究,2012(03):33.

[93]刘琼莲.论基本公共服务均等化的实质[J].教学与研究,2009(6):34-40.

[94]肖丽琴.我国残疾人体育基本公共服务研究[J].成都体育学院学报,2012,38(2):10-13.

[95]王凤民.残疾人权益保障社会化工作初探[J].中国残疾人,2014(1):34.

[96]丁少英.完善残疾人公共服务的若干思考[J].决策与信息(下旬刊),2012(9):282-283.

[97]万荣宝.完善残疾人托养服务体系的路径研究:以盐城市为例[D].苏州:苏州大学,2012.

[98]王文香.残疾人康复服务网络构建研究[D].金华:浙江师范大学,2010.

[99]严红艳.肢体残疾人社会工作服务介入研究——以广西假肢康复中心南宁分部为例[D].南宁:广西师范学院,2015.

[100]徐虹.个案工作提升聋哑人文体参与能力问题研究-以珠海市G区康复中心学院为例.[D].桂林:广西师范大学,2018.

[101]宋相鑫.日本残疾人社会福利状况研究与启示[C].残疾人社会福利政策与服务研讨会暨第六届中国残疾人事业发展论坛,2012.

[102]STODDEN R A. Career/Vocational Assessment of the Special Needs Individual: A conceptual model[J]. Exceptional Children, 1987, 47(8): 600-608.

[103]ANDERSON W T, Hohenshih T H. Vocational Assessment in the USA: school

Psychology's Evolving Roles [J]. School Psychology International, 1990 (11): 405-410.

[104]LEVINSON E M. Current vocational assessment models for students with disabilities [J]. Journal of Counseling & Development, 1994(73):94-100.

[105]FLEXER R, LUFTP.Transition Assessment and Postschool Outcomes.In R. W. Flexer, T. J. Simmons, P. Luft, & R. M. Baer, Transition planning for secondary students with disabilities Upper Saddle River[J].NJ:Prentice Hall,2001:197-226.

[106]MCFADDENS,MACDONALD A, FOGARTY, A,et al. Vocational Assessment: a review of the literature form an occupation-based perspective[J]. Scandinavian Journal of Occupational Therapy, 2010,17(1): 43-48.

[107]BOCK M A, HURLBUTT K. Preacademic and Vocational Assessment: The Key to Effective Educational Programming for Students with Autism [J]. Assessment for Effective Intervention, 2002,27 (2): 81-88.

[108]EMINE A,MUSTAFA, S, ERSIN A. Assessment of Vocational Training and Workplace Safety from the Perspective of the Injured Worker[J]. Turkin Journal of Emergency Medicine, 2013,13 (3): 105-113.

[109]CASTON H L, & WATSON A L. Vocational Assessment and Rehabilitation Outcomes [J]. Rehabilitation Counseling Bulletin, 1990,34(1):61-67.

[110]LEVINSON, E M. Current Vocational Assessment Models for Students with Disabilities [J]. Journal of Counseling & Development, 1994,73(1):94-101.

[111]BERGESKOG A. Labor Market Policies, Strategies and Statistics for People with Disabilities: A cross-national comparison[J].Uppsala: Office of Labor Market Policy Evaluation,2001(7):105-112.

[112]RUSCH F R,HUGHES C.Overview of Supported Employment[J].Journal of Applied Behavior Analysis,1989(22):351-363.

[113]YAMAMOTO S,UNRUH D,BULLIS M.TheViability of Self-employment for Individuals with Disabilities in the United States:Asynthesis of the empirical-research literature [J].Journal of Vocational Rehabilitation,2012(36):121-134.

## 附录1  残疾人职业能力评估问卷

您好！首先感谢您参与本次问卷调查！您的填写没有对错之分,其结果仅供科学研究之用。此外,本问卷采取匿名制,不涉及对个人的评价,相关信息我们严格保密。为保证收集的信息有价值,烦请您根据实际情况认真填写,问卷填写大致需要10分钟。再次对您的支持表示感谢！

1.您认为职业能力评估对于残疾人来讲____

A.非常重要　　　　　B.比较重要　　　　　C.重要　　　　　D.不重要

2.您认为对残疾人职业能力评估的意义有____（此题可多选）

A.职业能力评估能发现残疾人的职业潜能

B.职业能力评估能发展残疾人的社会属性

C.职业能力评估有利于残疾人职业训练内容的制订

D.职业能力评估是制定残疾人职业康复计划的基础

E.职业能力评估能促进残疾人的职业生涯发展

F.职业能力评估能为残疾人提供就业安置建议

G.职业能力评估能促进残疾人公平就业

3.您认为残疾人职业能力评估的侧重点应该是____

A.身体功能　　　　　B.工作能力　　　　　C.职业兴趣　　　　　D.职业人格

E.人际交往　　　　　F.沟通　　　　　G.环境适应

4.您对残疾人进行职业能力评估最常采用的方法是____

A.纸笔测试　　　　　B.网络测试　　　　　C.操作测试

5.您对残疾人进行职业能力评估最常采用的模式是____

A.学校基础上的职业能力评估模式　　　　　B.职业康复模式

C.跨学科职业能力评估模式

6.您认为残疾人职业能力评估人员最应具备的专业能力是____

A.先进的评估意识　　　　　　　　B.精熟的评估知识

C.熟练使用评估工具的能力　　　　D.灵活采用评估方法的能力

E.沟通能力　　　　　　　　　　　F.处理评估结果的能力

7.您认为残疾人职业能力评估的内容应该包括____（此题可多选）

A.一般能力评估　　　B.工作能力评估　　　C.工作技能评估　　　D.工作态度评估

E.支持服务评估

8.您认为残疾人职业能力评估存在的主要问题有____（此题可多选）

A.评估观落后                 B.评估对象范围小

C.评估方法单一              D.评估内容不深入

E.评估模式陈旧              F.评估人员专业能力不足

G.评估工具缺乏

9.您认为残疾人开展职业能力评估的方法有____（此题可多选）

A.医学评估法      B.心理评估法      C.访谈法      D.观察法

E.测验法      F.工作样本评估法      G.情境评估法      H.在职评估法

10.除评估人员外,参与残疾人职业能力评估的人员应该有____（此题可多选）

A.家庭成员      B.教师      C.社区管理人员    D.政府人员

E.雇主

## 附录 2　残疾人职业能力调查表

尊敬的老师：

您好！

非常感谢您在百忙之中抽出时间回答我们的问卷。为了了解您所教的残疾学生职业能力评估的基本情况，我们特开展此次调查。本次调查采用匿名的形式，您的回答仅供课题研究分析使用，对您和单位无任何影响，希望您根据实际情况如实填写，无特殊注明均为单选，请在符合的情况一栏打钩。感谢您的支持与配合！

**第一部分：残疾学生基本情况**

您所教残疾学生的姓名：_____　　　性别：____　　　年龄：____

就读学校：

| 主要生活来源 | □个人所得　□家庭供养　□不定期社会救助　□享受最低生活保障　　□享受五保供养（农村）　□社会供养 |
|---|---|
| 主要残疾 | □视力（□盲　□低视力）□听力 □言语（□失语　□发音障碍　□其他）□肢体（□偏瘫　□截瘫 □脑瘫　□截/缺肢　□小儿麻痹后遗症　□关节疾患　□畸形）□智力□精神（□孤独症　□精神分裂症　□其他） |
| 残疾等级 | □一级　□二级　□三级　□四级　□未评定 |
| 致残主要原因 | □遗传　□先天　□疾病　□药物中毒　□创伤或意外损伤　□有害环境　□原因不明　□围产期因素　□接受热辐射（桑拿、睡热炕等）　□噪声　□其他 |
| 医疗保障情况（多选） | □享受城镇职工基本医疗保险　□享受农村合作医疗　□享受城镇居民基本医疗保险　□享受城乡合作医疗　□得到医疗、康复救助　□有其他医疗保险　□费用完全自理 |
| 医疗情形 | □目前有固定吃药（原因：　　　　　　　　　　　）<br>□目前有定期门诊（频率：　　　　　医院：　　　　　原因：　　　　　）<br>□目前有定期康复（频率：　　　　　医院：　　　　　原因：　　　　　）<br>□正在接受治疗　□目前没有接受医疗服务 |
| 生活自理程度 | □完全自理　□需他人部分帮助　□完全依赖他人帮助 |

续表

<table>
<tr>
<td rowspan="3">日常生活情形</td>
<td>
1.生活上有没有他人协助的部分?<br>
□有他人协助(□部分协助　□全部协助)<br>
(协助内容:□穿着打扮　□洗澡　□上厕所　□用餐　□提醒按时吃饭　□付钱或找零　□其他)<br>
□完全没有他人协助
</td>
</tr>
<tr>
<td>
2.行动上有没有他人/工具协助的部分?<br>
□有他人/工具协助(他人协助:□部分协助　□全部协助)<br>
(工具协助:□拐杖　□手杖　□轮椅　□假肢　□其他)<br>
□行动虽然缓慢,但没有他人/工具协助<br>
□行动与一般人无异,完全没有他人/工具协助
</td>
</tr>
<tr>
<td>
3.交通上有没有他人/工具协助的部分?<br>
□有他人协助(协助项目:□接送　□训练乘坐大众交通工具或骑车　□其他　□完全没有协助<br>
(1)驾照各类:□无　□有<br>
(2)可以自行使用的交通工具:□大众交通工具　□脚踏车　□机动车　□汽车　□其他
</td>
</tr>
<tr>
<td rowspan="8">教育背景</td>
<td>
□未曾接受过教育<br>
□曾接受过教育,请列出:
<table>
<tr>
<td></td>
<td>学校</td>
<td>科系</td>
<td>就读时间</td>
<td>是否接受特殊教育</td>
<td>是否毕业</td>
</tr>
<tr>
<td>小学</td>
<td></td>
<td></td>
<td></td>
<td>□否<br>□是,说明:</td>
<td>□毕业<br>□肄业<br>□在学</td>
</tr>
<tr>
<td>初中</td>
<td></td>
<td></td>
<td></td>
<td>□否<br>□是,说明:</td>
<td>□毕业<br>□肄业<br>□在学</td>
</tr>
<tr>
<td>高中(职)</td>
<td></td>
<td></td>
<td></td>
<td>□否<br>□是,说明:</td>
<td>□毕业<br>□肄业<br>□在学</td>
</tr>
<tr>
<td>大专</td>
<td></td>
<td></td>
<td></td>
<td>□否<br>□是,说明:</td>
<td>□毕业<br>□肄业<br>□在学</td>
</tr>
<tr>
<td>本科及以上</td>
<td></td>
<td></td>
<td></td>
<td>□否<br>□是,说明:</td>
<td>□毕业<br>□肄业<br>□在学</td>
</tr>
</table>
备注:
</td>
</tr>
</table>

续表

| 职业训练/实习经验 | □无职业训练/实习经验 | | | |
|---|---|---|---|---|
| | □有职业训练经验,请列出 | | | |
| | 受训/实习单位 | 职种名称或内容 | 受训/实习时间 | 备注 |
| | | | | |
| | | | | |
| | | | | |
| 工作经验 | □无工作经验 | | | | |
| | □有工作经验(请将最近的工作列出) | | | | |
| | 公司名称 | 起止日期 | 工作性质 | 薪资待遇 | 求职方式 | 离职原因 |
| | | | 职种:<br>工作内容: | □时薪: 元<br>□日薪: 元<br>□月薪: 元 | □自己找<br>□他人介绍<br>□其他: | |

## 第二部分:残疾人职业能力评估

一、感官功能

(一)视觉(矫正后视觉)

1.远视力

□1.完全无法看见

□2.无法看清室内物品,只能看见大略轮廓或影子(室内行走仍有时会撞到桌椅)

□3.看东西较模糊,但可依物件形体判别物件名称(如桌椅、电脑、复印机等)或在室内行走不会撞到桌椅

□4.能看清室内物品,如桌上大型物品(如桌上电话、手机、笔筒、茶杯、书等)

□5.能看清室内物品及细节,如挂钟上的大型数字或电视字幕等

□6.能看清室内物品及细节,且能看清室外物品如远处公交车车号

2.近视力

□1.完全无法看见

□2.距离 40 公分处能阅读报纸上的大标题(3 公分及以上)

□3.距离 40 公分处能阅读报纸上的中标题(约 1.5~2 公分)

□4.距离 40 公分处能阅读报纸上小标题(约 0.6~1 公分)

□5.距离 40 公分处能阅读报纸上的正文(约 0.3 公分)

□6.距离 40 公分处能阅读报纸内文中更小的字(小于 0.3 公分)

（二）听觉（矫正后听觉）

听觉

□1.完全无法听到任何声响

□2.能听到机动车、汽车的喇叭声或/及电动机器设备的声音

□3.能听到电话铃声

□4.能听到□语声响,如□头指示、对话、讨论、正式会议中的□头报告等

□5.能听到□语声响,且能辨识声响的大小、音调、音色等差异,如能分辨不同人的声音

□6.能辨识声响序列,如医生能辨识病患心跳声音有无异常、机械工辨识引擎声音有无异常等

针对听力障碍个案的实际听力,请做以下判断勾选:

（非听力障碍个案不用填写）

□1.完全无法听到任何声响

□2.极严重听力障碍,较佳耳可接收 91 分贝（含）以上的声响

□3.严重听力障碍,较佳耳可接收 71 分贝（含）以上至 90 分贝的声响

□4.显著听力障碍,较佳耳可接收 56 分贝（含）以上至 70 分贝的声响

□5.中等听力障碍,较佳耳可接收 41 分贝（含）以上至 55 分贝的声响

□6.轻微听力障碍,较佳耳可接收 26 分贝（含）以上至 40 分贝的声响

□7.听力正常,可听到 25 分贝（含）以下的声响

（三）其他感觉

□1.极严重感觉障碍,下列感觉仅 1 项正常

□2.严重感觉障碍,下列感觉仅 2 项正常

□3.显著感觉障碍,下列感觉 3 项正常

□4.中等感觉障碍,下列感觉 4 项正常

□5.轻微感觉障碍,下列感觉 5 项正常

□6.其他感觉正常,下列感觉 6 项皆正常

（1）触觉　□异常,说明＿＿＿＿＿＿＿＿＿＿＿＿　□正常

（2）温度觉　□异常,说明＿＿＿＿＿＿＿＿＿＿＿＿　□正常

（3）嗅觉（分辨气味）

　□异常,说明＿＿＿＿＿＿＿＿＿＿＿＿　□正常

（4）味觉（分辨酸、甜、苦、辣、咸）

　□异常,说明＿＿＿＿＿＿＿＿＿＿＿＿　□正常

（5）平衡觉:静态及动态坐姿平衡,静态及动态站姿平衡

 □异常,说明＿＿＿＿＿＿＿＿＿  □正常

（6）本体觉 □异常,说明＿＿＿＿＿＿＿＿＿  □正常

二、认知功能

（一）语言

1.阅读（理解）

□1.完全不认识字或/及能看懂自己的姓名、地址、电话等基本资料

□2.能辨识常用标志、符号,如「请勿停车」、「单行道」、「男」、「女」等或能阅读简
 单图书或卡通画册

□3.能阅读小学程度刊物

□4.能阅读中学程度刊物

□5.能阅读各类小说、杂志、图解、百科全书。阅读安全规则、工具使用及维修说
 明、机械制图与配线的方法和步骤

□6.能阅读中文或英文专业期刊、金融报告及法律文件等

2.书写

□1.完全不会书写任何字或书写姓名、地址、电话等基本资料

□2.能书写简短便条或备忘录,句子不完整,仅纪录重要词汇

□3.能运用主语、谓语与宾语书写一个完整的句子表达想法

□4.能书写几个句子、一段话或几个段落来描述一个话题或事件

□5.能按照适当格式、标点符号与文法书写商业书信、公文、简介及报告等

□6.能书写中文或英文具有专业程度的文句,如期刊文章、演讲稿、手册等

（二）数学

1.数学（应用）

□1.不具备算术技巧与能力

□2.了解数量与序列意义,能区辨数量的多寡、能进行点数 1 到 100

□3.建议参考小学程度的习题,能做加减乘除及日常应用题目

□4.建议参考中学程度的习题,能做二元一次方程式、一元二次方程式及简单几
 何问题等

□5.个案具备高中程度数学能力,询问受测者有无学过微积分、二元二次方程式等

□6.个案具备大学程度数学能力,询问受测者有无学过高等微积分、高等运算、实
 验设计、各种函数、实数及复杂变数,或概率统计与运用、统计推理和经济统
 计等

（三）问题解决能力（应用知识、经验及判断力解决问题时，不同等级的推论能力）

□1.完全无法意识问题所在

□2.可发现问题但无法理解问题背后的原因，亦无法解决问题

□3.可发现问题亦可理解问题背后原因但无法提出相关解决办法

□4.可发现问题、理解问题背后的原因亦可想出各种可能的解决办法但无法抉择

□5.可发现问题、理解问题背后的原因、想出各种可能的解决办法并能选择使用何种方式来解决问题

□6.可解决问题及类似问题，并能预防问题的发生与再发生

三、身体功能

（一）上肢活动

1.手部操作能力

□1.无法执行抓握、放开与操作物件动作

□2.能以非对掌方式抓握与放开物件，如钩状抓握（用手勾住纸袋提把）、全掌抓握（用五指与掌心包裹抓起一颗球）等

□3.能以对掌方式抓握与放开物件，如指侧抓握（拿钥匙开门）、指腹抓握（拿钱币投入存钱筒）、指尖抓握（从桌上拿一根针）等

□4.能单手操弄物件，如将物件在手指与掌心间转移、移转物件位置（翻书或点数钞票）、旋转物件（转开瓶盖）等

□5.能使用双手协调并操弄物件，如丢接球、折纸等

□6.能使用双手协调、操弄物件并使用简单工具，如用订书机装订资料、用胶带封住信封□、使用螺丝起子转螺丝等

2.上肢活动范围

□1.无法往任何方向移动上肢

□2.仅能在手腕的活动范围操作物品

□3.可在前臂活动范围操作物品

□4.单手可在整个手臂活动范围操作物品，另一只手完全无功能；或能活动的范围仅限在前面（桌面），垂直面（桌面以上）完全不能

□5.单手可在整个手臂活动范围操作物品，另一只手功能有限制；或能活动的范围仅限在前面（桌面），垂直面（桌面以上）有限制

□6.双手能在任何方向操作物品完全没有问题

(二)姿势维持

1.坐姿

□1.无法独立维持坐姿

□2.可维持坐姿(可倚靠扶手或使用背靠等)但需人监督

□3.可在无扶手与背靠的状况下维持坐姿,但时间少于30分钟

□4.可独立维持坐姿30分钟(含)至1小时

□5.可独立维持坐姿1(含)至2小时

□6.可独立维持坐姿2小时(含)以上

2.站姿

□1.无法独立维持站姿

□2.可维持站姿(可倚靠扶手或家具)但需人监督

□3.可在无扶手与背靠的状况下维持站姿,但时间少于30分钟

□4.可独立维持站姿30分钟(含)至1小时

□5.可独立维持站姿1(含)至2小时

□6.可独立维持站姿2小时(含)以上

(三)姿势变换

□1.极严重姿势变换困难,下列姿势变换皆无法完成

□2.严重姿势变换困难,下列姿势变换仅1项可独立完成

□3.显著姿势变换困难,下列姿势变换仅2项可独立完成

□4.中等姿势变换困难,下列姿势变换3项可独立完成

□5.轻微姿势变换困难,下列姿势变换4项虽可独立完成,但速度较慢,或显得有
　　些困难(如:需要扶桌椅、扶手等)

□6.姿势变换正常,下列姿势变换4项皆可完成,速度正常。

(1)坐到站、站到坐　　　　　　　　　□无法完成　　□可独立完成

(2)站姿到弯腰姿、弯腰姿到站姿　　　□无法完成　　□可独立完成

(3)站姿到蹲姿、蹲姿到站姿　　　　　□无法完成　　□可独立完成

(4)站姿到跪姿、跪姿到站姿　　　　　□无法完成　　□可独立完成

(四)行动能力(含定向概念)

□1.只能在固定区域内行动,如个人工作柜内

□2.能在固定房间内行动自如,如个人办公室等

□3.能在同一楼层的不同房间行动自如,如把杯子从客厅拿到厨房、从厨房端菜
　　送至餐桌上(至少经过一道门)等

□4.能在整栋楼的不同楼层间行动自如(含行走楼梯、搭乘电梯或手扶梯等),如拿文件到上一层或下一层楼的同事、递送公文至各楼层科室等

□5.能外出在邻近几栋楼间的行走范围内活动,如走到隔壁栋大楼的邮局寄信等

□6.可在行走范围内行动自如(含不同地面、斜坡等),约可持续走30分钟(含)以上

注:使用行动辅具 □无 □有,类型

(五)搬运

□1.无法搬运物品或搬运重量未达1公斤的物品

□2.可搬运1(含)至5公斤的重量

□3.可搬运5(含)至10公斤的重量

□4.可搬运10(含)至20公斤的重量

□5.可搬运20(含)至30公斤的重量

□6.可搬运30公斤(含)以上的重量

(六)抬举

□1.无法抬举物品或抬举重量未达1公斤的物品

□2.可抬举1(含)至5公斤的重量

□3.可抬举5(含)至10公斤的重量

□4.可抬举10(含)至20公斤的重量

□5.可抬举20(含)至30公斤的重量

□6.可抬举30公斤(含)以上的重量

(七)耐力:维持活动(工作)的耐力

□1.活动(工作)耐力未达1小时

□2.可维持耐力1(含)至2小时

□3.可维持耐力2(含)至4小时

□4.可维持耐力4(含)至6小时

□5.可维持耐力6(含)至8小时

□6.可维持耐力8小时(含)以上

四、工作行为

1.工作专注性

□1.对有目的的活动,无法专注或仅能持续注意10分钟以下

□2.对有目的的活动,仅能持续注意10(含)至30分钟

□3.对有目的的活动,能持续注意30(含)至60分钟

□4.对有目的的活动,能持续注意 60(含)至 90 分钟

□5.对有目的的活动,能持续注意 90(含)至 120 分钟

□6.对有目的的活动,能持续注意 120 分钟(含)以上

2.注意力

□1.对于外在刺激不具备侦测与反应能力

□2.对于外在特定刺激具备反应能力,如被老板叫到名字时有无反应、在文章中找出错字、机器运转时发现异常现象、停车场中有无垃圾等

□3.处于多种刺激、概念或容易分心的环境中,能够专注于适当的活动中不分心,如接电话时不被其他同事的交谈声打扰而致话题中断等(选择性注意力)

□4.维持注意力一段时间,如开车须持续注意外面的状况避免车祸发生,持续注意机器与控制器的运转,持续控制航空流量(持续性注意力)

□5.可在两种以上需求不同的活动间转移注意力焦点并分别做出适当的处理反应,如打字建档途中可暂停去接电话再接续原先打字建档活动等(转移注意力)

□6.可在同一时间分配注意力从事两个以上的活动并记住相关刺激或概念,如煮饭同时听广播、边写字边回答问题等(同时或分散性注意力)

3.沟通能力

□1.完全无法与人沟通或无法说话或使用的沟通方式无法使人理解

□2.只有特定人士理解其沟通内容

□3.必须相当耐心与专心才能了解受测者要表达的意思

□4.未能确切地表达其意,但他人可以理解

□5.可与他人闲聊或进行简单、具体事件的谈话与讨论

□6.可与他人进行复杂、抽象或概念性议题的谈话与讨论,如地球暖化、机械设计原理或维修方式、解释微积分等

"惯用的沟通习惯"(可多选)

□1.未了解问题或厘清他人的描述内容就急于回应

□2.常在尚未了解问题含义时,就以符合社会期待的态度回应或表达个人想法,如点头说"是、好、对"等方式回应

□3.提醒后可做出适当回应,如于沟通过程中发现受测者解读错误,需调整沟通或说明方式使其明白

□4.遭遇问题时会主动发问或主动寻求协助

□5.其他

"可用的有效沟通方式"(可多选)

□1.口语:□单字　□词汇　□句子

□2.手语:□自然手语　□文法手语　□家族式手语

□3.笔谈

□4.唇语

□5.表情

□6.手势与身体动作;可理解个案手势与动作者是谁?

□7.其他;沟通辅具是什么?

### 4.社交技巧

□1.不会/不愿意回应他人的询问或反应

□2.具备简单回应的技巧,如回应他人的问好,回应商品的价格、位置

□3.可对他人反应做出适当的回应,如能说明商品的使用规则及性能,能察觉他人对于自己的回应不满意而再详细说明等

□4.具备与他人建立关系的技巧,如会参加朋友举办的聚会或邀约、主动与同事攀谈、维持适当的交谈或互动距离等

□5.具备与他人维持关系的技巧,如会主动邀约朋友、同事等,并规划相关活动(看电影、烤肉等)、主动帮助他人、表达个人感受等

□6.具备妥善处理复杂关系的技巧,如采取适当离职的方式、维持同事/上司的关系

### 5.处理事务

□1.无法执行任何指令

□2.可执行单一食物中1至3个步骤,如手工香皂制作中职务"切皂基"七个步骤中完成1至3个步骤

□3.可执行单一事务(4个步骤(含)以上)

□4.可独立执行3个事务(含)以下

□5.可独立执行4个事务(含)以上或具备具体职务内容或步骤的工作

□6.同时处理多个事务,并依重要性与优先程度排定执行顺序,如公司主管、专业人员每天皆需处理许多复杂事务,需根据事务轻重缓急排序并同时处理

### 6.启动性

□1.在指示或指导下不会主动开始执行活动(工作)

□2.重复给予同样指示或指导后才会开始执行活动(工作)

□3.给予指示或指导后,要隔一段时间才会开始执行活动(工作)

□4.给予指示或指导后可立即执行活动(工作)

□5.不需任何指示或指导可主动执行活动(工作)

□6.不需任何指示或指导可主动执行活动(工作),并能执行未被规定但与其职务
相关的活动

7.工作效率

□1.操作速度慢,品质不佳,无法在时限内完成交办事项

□2.操作速度慢,且工作品质不到 50%标准

□3.操作速度慢,但工作品质超过 50%标准

□4.操作速度达标准,但工作品质不到 50%标准

□5.操作速度达标准,操作品质超过 50%标准

□6.时限内能完成交办事项,执行速度及工作品质皆达一般标准

8.时间观念

□1.不具备时间观念

□2.知道上下班时间

□3.知道何时休息与进餐

□4.知道何时该做哪一件工作

□5.知道工时安排,如个人轮班与交班时段等

□6.知道正确请假规定

9.出勤状况(考虑无他人协助或支持的状况)

□1.经常请假或无故缺勤或每天迟到早退

□2.偶尔请假,且经常有迟到早退现象

□3.偶尔请假,但不会有迟到早退现象

□4.能按照规定出勤,但经常会有迟到早退现象

□5.能按照规定出勤,但偶尔会有迟到早退现象

□6.能按照规定出勤,且没有迟到早退现象

10.职场人际压力与应对方式

□1.无法/极难接受职场人际压力

□2.能接受部分职场人际压力,但无法应对或用不正确方式应对

□3.能接受部分职场人际压力,且部分能用适当方法应对

□4.能接受部分职场人际压力,但能用适当方法应对

□5.能接受职场人际压力,且部分能用适当方法应对

□6.能接受职场人际压力,且能用适当方法应对

"工作压力来源"

□1.同事,应对方式:

□2.主管,应对方式:

□3.其他(如客户),应对方式:

11.面对工作改变

□1.无法/极难接受任何工作方式或职务的改变

□2.能接受部分工作改变,但无法应对或用不正确方式应对

□3.能接受部分工作改变,且部分能用适当方法应对

□4.能接受部分工作改变,但能用适当方法应对

□5.能接受工作改变,且部分能用适当方法应对

□6.能接受工作改变,且能用适当方法应对

12.服装仪容

□1.服装仪容完全/大部分不符合职场要求

□2.服装仪容完全/大部分不符合职场要求,但可部分改善

□3.服装仪容完全/大部分不符合职场要求,但可改善

□4.服装仪容部分不符合职场要求

□5.服装仪容部分不符合职场要求,但可改善

□6.服装仪容大部分/完全符合职场要求

13.其他干扰个人工作状况或影响职场人际关系的行为

□1.个人工作状况或影响职场人际关系完全/大部分受到异常行为的影响/干扰

□2.个人工作状况或影响职场人际关系完全/大部分受到异常行为的影响/干扰,但可部分改善

□3.个人工作状况或影响职场人际关系完全/大部分受到异常行为的影响/干扰,但可改善

□4.个人工作状况或影响职场人际关系部分受到异常行为的影响/干扰

□5.个人工作状况或影响职场人际关系部分受到异常行为的影响/干扰,但可改善

□6.个人工作状况或影响职场人际关系大部分/完全不受到异常行为的影响/干扰

注:工作中出现特殊或重复性的异常行为,如自言自语、傻笑、跪拜、摇摆或玩弄双手、发出怪声、僵直、强迫性的行为、不自主的发出声音等

五、兴趣

□0.无明确喜恶

□R.实际型(realistic):喜欢与机械操作、工具使用或有具体技术、答案或执行方式

相关的活动,如修理东西、缝纫、做菜等

□I.研究型(investigative):喜欢与思考如何解决问题、寻求新知识、需要观察、学习、研究或分析相关的活动,如研究、讨论、辩论等

□A.艺术型(artistic type):喜欢与运用想像力与创造力,一些能表现自己个性的活动,如艺文活动、随性且没有特定计划的旅游或休闲活动等

□S.社会型(social):喜欢与接近、助人、教导、启发他人相关的活动,如志工服务或公益活动等

□E.企业型(enterprising):喜欢具说服性、领导能力、影响他人或增加自己权力相关的活动,如公司主管等

□C.传统型(conventional):喜欢与文书处理、数字运算、并遵守规则纪律、接受他人指导相关之活动,如行政助理或会计等

六、价值观

□1.无明确偏好

□2.自我成长取向:工作时能不断获得新知与自我成长,发挥创造力以及促进个人成长

□3.自我实现取向:工作时能实现人生目标,展现个人才华,提升生活品质以及增进社会福祉

□4.尊严取向:工作时能满足个人成就感,获得自我肯定与自主性,赢得他人尊重及拥有管理权力和支配力

□5.社会互动取向:工作时能获得良好的社会互动,与上司和同事分享喜怒哀乐以及与他人建立良好的人际关系

□6.组织安全与经济取向:工作时能获得合理的经济报酬,以及组织是否有完善的制度以满足安全感

□7.安定与免于焦虑取向:工作时能稳定而规律地工作,以及免于紧张、混乱、焦虑与恐惧

□8.休闲健康与交通取向:工作时能获得充足的体能活动,拥有充分的休闲活动以及便利的交通